한국인에게 종교는 어떤 의미를 지니는가

한국인에게 종교는 어떤 의미를 지니는가

2026년 1월 30일 초판 1쇄 발행

지은이 | 오지섭
편집 | 이만옥
디자인 | 강승희
표지 | 장현숙
펴낸이 | 이문수
펴낸곳 | 바오출판사

등록 | 2004년 1월 9일 제313-2004-000004호
전화 | 031)819-3283 / 문서전송 02)6455-3283
전자우편 | baobooks@naver.com

ISBN 979-11-94735-25-0 93210

* 이 도서는 2025년 문화체육관광부의 '중소출판사 도약부문 제작지원'
  사업의 지원을 받아 제작하였습니다

한국인에게 '종교'는 어떤 의미를 지니는가

오지섭 지음

바오

머리말

이 책은 한국 종교에 관한 적합한 이해와 서술을 목적으로 한다. 굳이 '적합한'이라는 수식어를 붙이는 것은 한국 종교에 관한 이해와 서술이 적합하지 않게 이루어질 수 있는 문제를 지적하려는 의도이다. 한국 종교 이해와 서술이 적합하지 않게 이루어질 수 있다는 문제의식은 내가 한국 종교를 공부하며 내내 지녀온 문제의식이다.

나는 40여 년 전 한국 종교에 관한 관심으로 학문의 길에 들어섰다. 공부를 시작하면서 지표처럼 설정했던 질문이 있었다. '한국 종교의 정체는 무엇인가?' '한국 종교의 특성은 무엇인가?' 한국 종교에 관한 관심은 이런 질문으로 구체화하는 것이 당연하다고 생각했다. 나뿐만 아니라 많은 사람들이 이렇게 생각할 것이다.

그런데 한국 종교에 관한 공부를 구체적으로 진행하면서 곧바로 혼란이 생겼다. 공부를 더해갈수록 질문에 대한 답이 윤곽을 드러내기는커녕 오히려 더욱 엉켜가기만 했다. 한국 종교의 정체, 한국 종교의 특성을 좀처럼 파악할 수 없었다. 연관성 있는 단편적 내용들이 여러 퍼즐 조각처럼 널려 있을 뿐 그들을 조합하여 전체적인 하나의 그림으로 만들 수 없었다. 한 부분을 맞추면 다른 부분이 어그러지고, 어그러진 쪽을 맞추면 또 다른 부분이 어그러지는 답답한 반복이 이어졌다. 심지어 실재하지 않는 허상을 쫓고 있는 듯 막막함을 느끼기도 했다.

문제의 원인은 질문 자체가 잘못되었기 때문이었다. '한국 종교의 정체는 무엇인가?' '한국 종교의 특성은 무엇인가?'라는 질문은 한국 종교를 실체적 대상으로 전제한다. 한국 종교를 일정한 또는 고정적인 내용과 형식의 틀 안에 담아내려 한다. 한국 종교만의 일정한 틀이 당연히 존재함을 전제하고, 이러한 틀이 곧 한국 종교의 정체이자 특성이라 규정한다. 한국 종교만의 정체 혹은 특성을 역사적 전개 과정에서 찾는 작업을 한국 종교에 관한 학문적 논의의 핵심으로 설정한다.

질문이 잘못되었다는 사실을 깨달은 것이 한국 종교에 관한 이해를 전환하는 결정적 실마리가 되었다. 오히려 일정한 틀의 내용과 형식으로 규정할 수 없는 것이 한국 종교의 특성이라는 역설적 사실을 확인하면서 한국 종교에 관한 적합한 이해에 접근할 수 있었다. 한국 종교라는 고정적 실체를 해체하니 비로소 한국 종교의 온전한 모습이 보이기 시작했다.

한국 종교 이해가 적합하지 않게 이루어질 수 있는 또 하나 측면은 한국 종교의 다양성과 복합성이다. 한국 종교 역사가 다양성과 복합성의 조건을 지니고 있음으로 인해 한국 종교 역사를 이해하고 서술하는 일이 어려움을 겪는다. 적합하지 않은 이해와 서술이 이루어질 가능성이 크다. 한국 종교의 다양성과 복합성으로 인해 한국 종교 역사 전체를 본격적으로 서술한 것으로 평가할 수 있는 책은 서너 권 정도에 불과하다. 이 책들 역시 한국 종교 역사의 다양성과 복합성을 적절히 반영하지 못하는 한계를 지니고 있다.

예를 들어 한국 종교 역사를 구성하고 있는 여러 종교 전통들을 각기 다른 저자가 서술한 공동 저작 형태가 있다. 한국 종교 역사의 다양성과 복합성으로 인해 각 전통을 전공한 연구자들이 분담 서술하는 방식을 선택한 것이다. 이 경우 개별 종교 전통에 관한 독자적인 서술은 이루어졌을지라도 한국 종교 역사 전체의 유기적인 관련성과 상호작용에 관한 이해는 결여될 수밖에 없다.

기존 한국 종교 역사 서술이 지니는 또 다른 한계는 시대 흐름에 따른 관련 사항들을 단편적으로 나열하는 데 그치고 있다는 점이다. 이 경우 한국 종교 역사에서 어떤 시대에 어떤 내용들이 있었는지를 단편적으로 정리 확인할 수는 있으나, 그 모든 개별 사항들이 결과적으로 어떤 내적 연관성과 의미를 지니고 있는지 설명해주지는 못한다. 한국 종교 역사가 그저 다양하고 복합적인 여러 요소들을 모아놓은 것에 불과해질 수 있다. 한국 종교 역사가 전체적으로 어떤 의미와 특성을 지니는지 파악하는 데 어려움을 겪을 수밖에 없다.

이 책은 위에 언급한 문제의식을 배경으로 출발하였다. 내가 그동안 이 문제의식을 곱씹어온 과정과 결과를 담고 있다. 한국 종교 이해와 서술이 적합하지 않게 이루어질 수 있는 문제를 상기하고, 이에 관한 나름의 방안을 제시하는 것이 이 책의 의도이자 의의이다. 이 책에서 내가 제시하는 한국 종교 이해와 서술의 구체적 방안은 두 가지 내용이다. 이에 관한 자세한 논의는 이 책의 Ⅰ장에서 전개할 것이고, 여기에서는 핵심만 요약하여 제시한다.

첫째, 한국 종교가 단일한 고정적 실체라는 전제를 해체해야 한다. 이래야 하는 근거는 두 가지이다. 하나는 한국 종교가 단일한 고정적 실체로 규정할 수 없는, 다시 말해 일정한 틀 안에 온전히 담을 수 없는 다양성과 복합성을 지니고 있다는 사실이다. 또 하나는 한국 종교뿐 아니라 종교 전체의 본래 의미 역시 고정적 실체를 갖고 있지 않다는 사실이다. 종교는 인간의 삶 전체 안에서 살아 움직이는 의미를 지닌다. 결국 한국 종교를 일정한 틀 안으로 제한·규정하지 않고, 한국인 삶의 역사적 전개 과정 전체를 생동감 있게 역동적으로 반영하여 이해하고 서술해야 한다.

둘째, 한국 종교의 다양하고 복합적인 내용 전체를 유기적·체계적으로 이해하고 서술해야 한다. 유기적이고 체계적인 접근 없이 한국 종교의 다양성과 복합성을 서술하면 단편적 내용의 단순 나열에 그칠 수 있기 때문이다. 유기적·체계적 접근의 구체적 방법은 한국 종교의 다양하고 복합적인 내용이 궁극적으로 한국인의 삶에 어떤 의미를 지니는지에 초점을 맞추는 것이다. 한국 종교 이해와 서술이 다양하고 복합적인 그리고 방대한 자료의 모음 작업에 머무르지 않고 한국인과 한국인의 삶을 이해하는 살아 있는 관심이어야 한다.

위에 제시한 두 가지 내용을 구체화하기 위해 이 책에서는 '초월'과 '현실'이라는 두 범주를 전체 내용의 구성으로 설정하였다. 초월과 현실은 종교의 의미를 이해하는 기본 범주이다. 초월과 현실 두 범주에 관한 자세한 내용 역시 이 책의 Ⅰ장에서 자세히 설명할 것이다. 두 범주에 맞추어 한국 종교의 내용을 이해하고 서술하면 위에 제시한 한국 종교 이해의 두 가지 방안 모두를 충족할 수 있을 것이다. 종교를 초월과 현실 두 범주의 연결 의미로 이해함으로써 '삶 전체 안에서 살아 움직이는' 한국 종교를 이해·서술할 수 있다. 또한 다양하고 복합적인 한국 종교의 내용을 초월과 현실 두 범주에 맞추어 분류함으로써 '한국인과 한국인의 삶을 이해하는 유기적·체계적' 한국 종교 이해·서술을 구현할 수 있다.

초월과 현실 두 범주 설정과 더불어서 이 책에서는 현대의 대표적인 종교학자 중 한 명인 윌프레드 캔트웰 스미스(Wilfred Cantwell Smith, 1916~2000)의 종교 이해를 이론적 근거로 활용하였다. 스미스는 왜곡된 종교 이해의 문제를 제기하면서 종교의 본래 의미 회복에 주력했다. 자세한 내용은 Ⅰ장에서 설명하겠지만, 스미스는 왜곡된 종교 개념을 '물상화(物像化, reification)'라 표현하고 종교 본래 의미를 '신앙(Faith)'과 '축적적 전통(Cumulative Tradition)' 두 범주의 연결로 설명했다. 이 내용은 그대로 이 책에서 제시하는 한국 종교 이해와 서술의 두 방안에 연결된다. 물상화의 문제는 '고정적 실체로서 종교 이해' 문제와 연결되고, 종교 본래 의미의 양면인 신앙과 축적적 전통은 '초월과 현실 두 범주 설정'에 해당한다. 이런 맥락에서 이 책은 한국 종교에 대한 종교학적 이해와 서술이라는 의의를 지닌다.

책 전체 내용은 네 부분으로 구성하였다. Ⅰ장은 한국 종교의 적합한 이해를 위한 이론적 논의이다. 한국 종교 이해와 서술이 적합하지 않게 이루어질 수 있다는 문제를 제기하고, 이를 극복하기 위해 이 책에서는 한국 종교를 어떻게 이해하고 서술할 것인지에 관한 논의이다. Ⅱ장은 한국 종교의 역사적 흐름에 관한 이해이다. 한국 종교 이해에서 역사적 흐름 파악은 기본 바탕이다. 하지만 단순히 시대 순서에 따라 관련 사항들을 단편적으로 나열하는 방식을 시도하지는 않았다. 대신 한국인의 삶과 역사 흐름에 전환적 의미를 지니는 네 가지 맥락에 초점을 맞추었다. 한국 종교가 어떻게 한국인의 삶과 역사 변화에 작동했는지에 주목하는 의도이다. 한국 종교 역사 전체를 역동적 변화의 흐름 안에서 이해하고자 한 것이다. Ⅲ장과 Ⅳ장에서는 초월과 현실의 두 범주를 분류하여 한국 종교가 한국인에게 어떤 의미를 지니는지 논의하였다. 다양하고 복합적인 한국 종교 내용을 한국인의 삶이라는 초점에 맞추어 유기적·체계적으로 이해·서술하려는 시도이다.

'한국인에게 종교는 어떤 의미를 지니는가?'라는 주제는 사실 시점 설정이 민감하다. 전통적 한국인에게 종교가 지녔던 의미 또는 영향에 비해 현대 한국인에게는 종교가 다르게 작용하기 때문이다. 따라서 '한국인에게 종교는 어떤 의미를 지니는가?'에 관한 종합적인 논의는 전통적 시점과 현대 시점 양쪽 모두를 반영해야 한다. 하지만 이 책은 기본적으로 역사적 접근 방법을 사용하면서 전통적 시점에서 한국 종교를 논하였다. 현대 시점에서 한국 종교의 상황 그리고 한국인에게 종교가 어떤 의미를 지니는지에 관한 논의는 사회·문화 현상을 고려하는 또 다른 접근 방법이 필요하다. 두 맥락을 모두 동시에 다루는 논의는 대단히 방대한 작업이기에 이 책에서는 전통적 맥락에 초점을 맞추면서 부분적으로 현대적 맥락과 연관성을 논의하였다.

당연한 이야기이지만 이 책에는 나의 종교 이해가 반영되어 있다. 나는 종교를 사상 체계, 일정 틀 안의 문화 형식으로 이해하지 않고 현실 세상과 인간 삶 안에서 살아 움직이는 생명 또는 인격으로 이해한다. 사상 체계나 문화 형식의 측면 이해도 종교 이해에 필요하다. 하지만 그것에 그치는 종교 이해는 충분하지 않고 적합하지 않다. 사상 체계와 문화 형식을 형성시킨 더 근원적인 차원, 즉 인간의 종교적 삶에 초점을 맞추어야 한다. 나의 역량과 준비가 부족하여 이러한 나의 종교 이해에 대한 강조가 책의 내용에서 온전하게 드러나지 못했을 수 있지만, 종교 이해의 핵심 자체는 분명하게 전해지기를 기대한다.

부족한 책이지만 나름의 마무리를 있게 해준 분들에게 감사의 마음을 표현하고 싶다. 이 책 내용의 근간을 이루는 나의 종교 이해는 길희성 교수님과 김승혜 교수님 두 분의 스승에게서 시작했다. 두 분의 종교 이해를 내가 온전히 이어받고 발전시키지 못해 죄송하고 아쉽다. 이 책을 마무리하는 데 꽤 오랜 기간이 지났다. 처음 책을 제안해주고 오랜 기간 기다려준 바오출판사 이문수 대표에게 미안함과 감사를 전한다. 이 책의 마무리를 누구보다 기뻐하고 축하해줄 나의 가족, 아내 재신과 딸 한나 사위 동훈에게 세상 가장 크고 깊은 사랑을 전한다.

차례

머리말 004

I 한국 종교를 어떻게 이해하고 서술할 것인가?

1. 한국 종교 이해의 어려움 018

(1) 한국 종교의 다양성과 복합성 019

① 한국 종교를 규정할 수 있을까?

② '한국적'이라는 것은 고정적 실체일 수 없다.

(2) 실체적 종교 개념의 문제 022

① 기존 종교 개념의 전환—윌프레드 캔트웰 스미스의 종교 이해

② 종교를 개체적 실체로 이해하는 문제—물상화(物像化, reification)

③ 종교는 개체적 실체가 아니라 삶 그 자체이다.

④ 한국 종교라는 실체적 대상을 파악하려는 시도는 적합하지 않다.

2. 적합한 한국 종교 이해와 서술 041

(1) 종교의 본래 모습으로서 두 차원—윌프레드 캔트웰 스미스의 종교 이해 042

① 신앙(Faith)

② 축적적 전통(Cumulative Tradition)

(2) 적합한 종교 이해, 두 차원의 균형 049

(3) 한국 종교를 어떻게 이해하고 서술할 것인가? 052

(4) 통합적이고 유기적인 한국 종교 서술을 위한 범주 분류—초월과 현실 055

II 한국 종교의 역사적 전개

1. 유 · 불 · 도 수용 이전 한국 종교 065

11

(1) 단군신화 067

　　① 환인과 환웅

　　② "환웅 … 인간 세상 구하기를 탐하였다."

　　③ "환웅이 무리 3천을 거느리고 태백산 꼭대기 신단수 아래에 내려와 신
　　　　시를 열었다."

　　④ "풍백, 우사, 운사 등을 거느렸고"

　　⑤ "곰과 호랑이"

(2) 시조(始祖) 신앙과 천신(天神) 신앙 074

　　① 삼국시대의 천신 신앙

　　② 불교의 천신 개념과 연결–제석(帝釋)

　　③ 유교의 천(天) 개념과 연결

(3) 무속신앙 081

　　① 단군신화와 무속신앙

　　② 부족국가 기록 안의 무속신앙

　　③ 고대 무당의 역할과 기능

2. 유 · 불 · 도 수용과 한국인 삶의 변화 088

(1) 유교의 수용 092

(2) 불교의 수용 094

(3) 도교의 수용 100

3. 여말선초(麗末鮮初)의 변화와 한국 종교 106

(1) 전래와 수용 시기의 유 · 불 관계 인식 107

(2) 삼국시대의 유 · 불 관계 인식 113

(3) 고려시대 주자학 도입 이전의 유 · 불 관계 인식 118

　　① 최승로의 불교비판과 유 · 불 관계 인식

　　② 이규보의 유 · 불 관계 인식

(4) 고려시대 주자학 도입 이후의 유 · 불 관계 인식 129

(5) 조선시대의 극단적 배불론과 폐불 정책 132

　　① 정도전의 배불론

　　② 조선시대의 폐불 정책

4. 조선 말의 변화와 한국 종교–그리스도교, 신종교 140

  (1) 그리스도교 유입의 충격과 도전 142

    ① 한국 종교 전통과 그리스도교의 만남

    ② 그리스도교(천주교) 박해의 원인

    ③ 서학논쟁(西學論諍)

  (2) 신종교의 형성 156

Ⅲ 한국인의 삶 안에서 종교가 지닌 의미-초월

1. 인간과 세상 이해의 패러다임 전환 164

  (1) 불교의 깨달음 165

    ① 깨달음 추구의 계기

    ② 깨달음의 의미

    ③ 깨달음의 핵심 내용–무아(無我)와 연기(緣起)

    ④ 깨달음과 출가수행(出家修行)

  (2) 도교의 무위(無爲) 178

    ① 무위의 의미

    ② 무위의 세부원리1–쓸모없음의 역설

    ③ 무위의 세부원리2–오상아(吾喪我)

    ④ 무위의 세부원리3–가치 분별 이전으로의 초월과 통합

  (3) 유교의 군자(君子)다운 삶 190

    ① 군자다운 삶1–자기 성찰

    ② 군자다운 삶2–마땅함[의義]

    ③ 군자다운 삶3–지나침이 없는 적절한 조화

    ④ 군자다운 삶4–자기 비움

2. 현세적 가치 질서에 대한 비판의식 201

  (1) 한국 불교의 개혁적 역할 202

    ① 신라의 대중(大衆) 불교

    ② 나말여초(羅末麗初)의 선(禪)불교 운동과 고려시대 지눌(知訥)

    ③ 조선시대 휴정(休靜)

　　　　④ 근현대 한국 불교의 개혁 정신

　　(2) 한국 유교의 선비[士] 정신 213

　　　　① 선비의 본질

　　　　② 선비 정신의 표상─조광조(趙光祖)

　　(3) 그리스도교의 예언자 정신 217

3. 고통과 죽음에 대한 성찰과 이해 221

　　(1) 고통에 대한 종교적 이해 222

　　　　① 불교가 제시하는 고통의 뿌리 캐기

　　　　② 유교의 고통 이해─납득할 수 없는 고통의 수용

　　(2) 죽음에 대한 종교적 이해 241

　　　　① 무속신앙의 생사관(生死觀)

　　　　② 유교의 죽음 이해

IV 한국인의 삶 안에서 종교가 지닌 의미-현실

1. 현실 삶에 내재(內在)한 한국 종교─일상(日常) 영성의 의미 254

　　(1) 초월적 진리의 내재 256

　　(2) 일상 안의 초월적 진리 추구 260

2. 현실 삶의 가치와 기준[윤리] 제공 266

　　(1) 한국 무속신앙에 근거한 삶의 가치와 기준 267

　　　　① 일상 삶 안의 신앙 실천이 두드러지는 한국 무속

　　　　② 한국 무속신앙에서 이해하는 인간의 삶

　　(2) 유교에 근거한 삶의 가치와 기준 272

　　　　① 일상 삶의 윤리[가치] 제시

　　　　② 유교의 가족 윤리

　　(3) 불교에 근거한 삶의 가치와 기준 280

　　　　① 현세 삶의 가치와 기준에 관한 불교의 기본 태도

　　　　② 무소유(無所有)

③ 자비(慈悲)

(4) 한국 종교에 근거한 한국인의 행복 이해 296
　① 현실적이고 물질적인 행복
　② 궁극적이고 근원적인 행복
　③ 행복은 주어지는 것

3. 현실 정치의 원리 제공 304
　(1) 유교가 제시하는 현실 정치의 원리 306
　　① 인정(仁政)
　　② 수기안인(修己安人)
　　③ 군주(君主)가 먼저 인(仁)해야
　　④ 안정된 삶이 인정(仁政)의 기본
　　⑤ 정명(正名)
　(2) 불교가 제시하는 현실 정치의 원리 324
　　① 한국 불교의 현실 정치 원리로서 역할
　　② 한국 불교의 호국불교(護國佛敎) 특성 논란

4. 조화와 공존의 원리 제공 329
　(1) 한국 종교의 조화 · 공존적 특성 330
　(2) 조화와 공존의 한국 문화 특성 337

에필로그 339
"종교는 인간에게 어떤 의미를 지니는가, 지녀야 하는가?
　－종교의 공공성(公共性)"

참고문헌 347
찾아보기 357

I

한국 종교를
어떻게 이해하고
서술할 것인가?

1
한국 종교 이해의 어려움

머리말에서 언급했듯이 한국 종교 이해를 어렵게 만드는 원인은 한국 종교를 실체적 대상으로 전제하는 문제이다. 한국 종교를 실체적 대상으로 전제하는 것이 부적합한 이유를 다음 두 가지 측면에서 설명할 수 있다.

첫 번째는 한국 종교의 역사가 지니는 독특한 조건이다. 한국 종교의 역사에서 확인할 수 있는 '다양성과 복합성'은 한국 종교를 고정적 실체로 규정하는 것 자체를 불가능하게 한다. 두 번째는 기존의 일반적 종교 개념이다. 기존의 일반적 종교 개념은 종교를 일정한 실체로 전제한다. 한국 종교에 대한 이해에도 실체적 종교 개념을 그대로 적용한다. 하지만 실체적 종교 개념 자체가 종교의 본래 의미에 적합하지 않다.

(1) 한국 종교의 다양성과 복합성

한국은 역사적으로 전형적인 다종교 상황이었다. 고대부터 무속신앙, 유교, 불교, 도교 등이 공존해왔다. 근대 이후에는 그리스도교를 비롯하여 몇몇 신종교들이 한국 종교 역사의 주요 구성 요소로 추가되었다. 한마디로 한국 종교 역사를 통해 드러난 양상은 다양성과 복합성이다.

　이러한 특성으로 인해 한국 종교 역사에 관한 이해는 출발선에서부터 곤혹스러운 작업이다. 한국 종교 역사 이해를 위해 다루어야 할 분량이 방대하며, 그 내용이 다양하고 복합적으로 얽혀 있다. 한국 종교라는 것이 어떤 것인지, 어디서부터 어디까지를 한국 종교라고 규정해야 할지 논란의 여지도 있다.

① 한국 종교를 규정할 수 있을까?

과연 한국 종교는 무엇일까? 한국 종교의 특성은 무엇일까? 다양한 여러 종교들 중 어느 것이 한국 종교일까? 한국 종교는 한국에서 비롯한 또는 한국만의 고유성을 지닌 것이라는 기준을 설정한다면, 이 기준에 해당하는 한국 종교는 없다고 할 수 있다. 한국 종교의 역사적 전개 과정 안에 포함되어 있는 내용 중 한국만의 기원(起源)이나 고유성을 지닌 것이 없기 때문이다. 무속신앙, 유교, 불교, 도교, 그리스도교 모두 한국이 아닌 다른 곳에서 시작하고 전개된 것들이다. 근대 이후 한국에서 형성된 몇몇 신종교가 있지만 이들을 한국 종교의 전체적이고 보편적인 정체성으로 규정하기에 적합하지 않다.

역사적으로 가장 오래된 것을 한국 종교로 규정하는 것도 문제가 있다. 어느 하나를 가장 오래된 것으로 판명하기 쉽지 않다. 유교, 불교, 도교는 거의 비슷한 시기에 한국 역사에 등장한 것으로 판단해야 한다.[1] 유교, 불교, 도교에 비하면 무속신앙이 좀 더 오래된 것일 수 있다. 하지만 무속신앙의 상대적으로 조금 더 오랜 역사가 다른 종교를 압도할 정도로 한국 종교로서의 보편적 특성을 형성하지는 않았다. 상대적으로 더 오래되었다는 점만으로 무속신앙을 한국 종교의 전체적 정체성으로 규정하기에는 한국 종교 역사에서 다른 종교들이 차지하는 의미가 크다.

이처럼 다양한 여러 종교가 시대 흐름에 따라 복합적으로 작용한 한국 종교의 역사적 조건 속에서 한국 종교의 정체성이나 특성을 파악하는 것이 쉽지 않다. 그렇다면 '한국 종교'는 파악할 수 없는 대상인가? 다양성과 복합성의 조건이 한국 종교의 특성 파악을 전혀 불가능하게 만드는가?

이 지점에서 인식의 전환이 필요하다. 사실 다양성과 복합성 때문에 한국 종교의 특성 파악이 어려운 것은 아니다. 다양성과 복합성의 조건과 충돌하는 것은 '고정적 실체 개념'이다. 한국 종교의 정체성이나 특성을 고정적 실체 개념으로 전제하는 것이 다양성과 복합성의 조건을 지닌 한국 종교의 특성 파악을 어렵게 하는 원인이다. 한국 종

---

1) '한국 역사에 등장'의 의미를 역사에 기록되어 있는 이른바 공식 전래 시기로서가 아니라 좀 더 넓은 의미에서 한국인의 삶과 문화에 영향을 끼친 시기로 설정하면 유교, 불교, 도교가 한국 역사에 등장한 시기를 정확히 규정하기 어렵다. 언제인지 정확히 규정할 수 없지만 큰 차이 없는 거의 비슷한 시기였을 것이다.

교라고 하는 고정적인 그릇을 이미 설정해놓았기 때문에 한국 종교 역사의 다양성과 복합성을 온전히 담아낼 수 없는 것이다. 그릇의 함량과 성격이 미리 정해진 상태에서 그에 적합한 내용을 찾기 어렵고, 무엇인가를 그릇에 담는다 해도 남는 내용들이 문제가 된다.

② '한국적'이라는 것은 고정적 실체일 수 없다.

우리는 한국 사람이다. 한국 사람들의 역사와 전통이 이어져왔다. 이런 맥락에서 한국적인 특성이라는 것이 당연히 존재한다고 생각한다. 흔히 '한국인은 이렇다' '한국적인 특성이 이렇다' 이야기한다. 하지만 좀 더 구체적으로 그 내용이 무엇인지 따져보면 처음 생각했던 것보다 간단하지 않음을 확인하게 된다. 한국적인 것이 있는 것 같기는 한데, 당연히 있어야 할 것 같은데, 정확히 그것이 무엇인지 규정하기 쉽지 않다. 아예 한국적인 것이 존재하지 않는 것이 아닐까 하는 회의가 들기도 한다.

이렇게 한국적인 특성을 찾는 것이 곤혹스러운 이유는 한국 종교의 내용이 어렵거나 복잡하기 때문만은 아니다. '한국적'이라는 개념이 문제이다. 한국적이라는 것을 어떤 의미로 설정하느냐가 문제인 것이다. 한국적이라는 것은 고정적인 실체일 수 없다는 사실을 간과하는 것이 문제의 원인이다.

한국적인 것을 이야기할 때 그 주체는 당연히 한국인이다.[2] 한국

---

2) 좀 더 엄밀하게 논의한다면 '한국인'이라는 개념 설정도 문제가 된다. 어떤 기준으로 한국인을 규정할 수 있을까? 법률적 신분으로서는 명확한 기준을 설정할 수 있겠지만 역사나 문화에 관한 논의에서는 한국인 개념의 기준 설정이 결코 쉽지 않다. 하지만 여기

인은 오랜 역사 동안 다양한 삶의 모습을 보여주었다. 한국인이 오랜 역사 동안 보여준 다양한 삶의 모습들 중에서 어떤 내용이 한국적 독특성에 해당하는 것일까? 어느 한 내용을 한국적 독특성이라 규정하면 나머지 내용들은 한국인이 보여준 삶의 모습으로서 의미를 부여할 수 없는 것인가? 한국인은 오랜 역사 동안 이런 저런 시대적 상황의 변화 속에서 다만 한 가지 내용의 삶의 모습을 일관되게 보여주었을까? 이렇게 질문을 던지다보면 한국적 특성을 고정적인 실체처럼 규정하여 찾으려는 시도가 적합하지 않다는 판단을 하게 된다.

'한국적'이란 한국인에게 가장 근원적인 의미를 지니는 그 어떤 실체 같은 것일 수 없다. 한국인의 역사를 통해 변하지 않고 지속적으로 이어져온 고정적인 무엇일 수도 없다. 그런 것은 존재하지 않는다. 존재하지 않는 것이기에 찾을 수 없다. 고정적인 실체로서 한국적 특성을 찾으려는 시도는 애당초 잘못된 것이었다. 고정적 실체 개념을 해체하는 것이 한국 종교의 특성을 적합하게 파악하기 위한 필수 전제이다.

(2) 실체적 종교 개념의 문제

한국 종교를 이해할 때 고정적 실체 개념이 부적절하다는 판단은 일

에서는 한국 종교에 관한 논의에 집중하는 만큼 한국인의 개념 설정 문제까지는 깊이 들어가지 않겠다.

반적인 종교 개념의 문제를 통해서도 확인할 수 있다. 한국 종교를 실체적 대상으로 전제하는 것이 당연한 것처럼 생각하게 된 원인이 기존의 일반적인 종교 개념이기도 하다. 기존의 일반적 종교 개념은 종교를 하나의 실체적 대상으로 간주하고 있다. 한국 종교를 이해할 때에도 이러한 종교 개념을 그대로 적용하여 실체적 개념으로서 한국 종교의 정체성과 특성을 찾는다.

따라서 한국 종교라는 실체적 대상을 해체하고 한국 종교를 온전하게 이해하기 위해서는 기존의 종교 개념에 대한 근원적 재고가 필요하다. 새로운 종교 개념 설정이 필요하다. 종교를 본질적으로 다른 내용과 형식을 지닌 여러 개체들로 간주하는 기존의 종교 개념으로 이해하면 한국 종교 역사는 단지 여러 개체들의 뒤섞임으로 간주될 수밖에 없다. 한국 종교의 전체적 혹은 내면적 특성 파악이 어려워진다. 한국 종교의 정체성 문제, 한국인의 종교성, 한국 종교의 일관된 특징 등에 관한 해결 어려운 논란도 이러한 개체적 종교 개념에서 초래된다.

① 기존 종교 개념의 전환-윌프레드 캔트웰 스미스의 종교 이해

종교를 본질적으로 서로 다른 특성으로 구별되는 개체로 간주하고 그래서 '종교들'이라는 복수형을 당연하게 사용하는 기존의 일반적 종교 개념이 적합하지 않다는 문제는 현대의 대표적 종교학자 윌프레드 캔트웰 스미스(Wilfred Cantwell Smith, 1916~2000)의 논의를 통해

분명하게 확인할 수 있다.[3]

월프레드 캔트웰 스미스의 연구는 종교학 분야는 물론, 신학, 종교철학 등의 분야에서도 주목받으면서 여러 차원에서의 논란을 일으켰다. 스미스의 연구가 이처럼 많은 주목을 받은 것은 그가 종교에 대한 새로운 이해를 제시했기 때문이다. 실제로 스미스의 연구들은 종교에 대한 새로운 이해에 초점을 맞추고 있다.[4] 그가 기존의 종교 개념에 대해 문제를 제기하면서 새로운 종교 이해를 제시한 것은 혁신적인 의미를 지닌다는 평가를 받는다.[5]

---

3) 기존의 일반적 종교 개념에 대한 비판적 논의는 캔트웰 스미스 이외에도 여러 명의 현대 종교학들이 제시했다. 조나단 스미스(Jonathan Smith)의 Imagining Religion(1982, 『종교 상상하기』, 장석만 옮김, 2013), 러셀 맥커천(Russell McCutcheon)의 Manufacturing Religion(1997) 등이 대표적이다. 한국에서도 장석만의 『한국 근대종교란 무엇인가?』(2017) 등이 기존 종교 개념에 대한 비판적 논의를 제시했다. 이들 여러 논의 중에서 캔트웰 스미의 종교 이해를 이 책의 이론적 토대로 적용하는 이유는 이 책에서 제시하려는 적합한 한국 종교 이해와 서술에 가장 부합하는 통찰을 제공해주기 때문이다. 위에 예시한 다른 학자들은 기존 종교 개념에 대한 비판적 논의에서 종교 개념이 기존의 내용으로 형성 또는 왜곡된 배후에 주목한다. 서구 그리스도교 중심의 정치적 (구체적으로 제국주의적) 의도가 반영된 종교 개념이라는 비판이다. 이러한 논의는 분명 의미 있지만, 이 책에서 좀 더 집중하는 초점은 기존 종교 개념에 대한 비판적 논의 자체는 아니다. 기존 종교 개념에 대한 문제의식을 근거로 적합한 한국 종교 이해와 서술을 논의하는 것이 이 책의 핵심이다. 한국 종교를 고정적 실체로 파악하지 않고 한국인의 삶 전체 안에서 살아 움직여 온 실제 의미를 이해하고 서술해야 함을 제시하려는 것이다. 캔트웰 스미스의 종교 이해는 이처럼 종교의 살아 있는 의미 이해와 서술에 적합한 통찰을 제시해준다. 이후 설명할 '신앙'과 '축적적 전통'으로서 종교 이해, '인격주의적 종교 이해' 등에 해당한다.

4) Kuk-Won Bae, *Homo Fidei: A Critical Understanding of Faith in the Writings of Wilfred Cantwell Smith and its Inplications for the Study of Relgion* (a thesis for the degree of Doctor of Philosophy, Harvard University, 1997), p.356.

5) 스미스는 종교학과 이슬람에 관련한 많은 연구 서적을 발표했는데, 그중에서도 *The Meaning and End of Religion*이 종교 개념에 대한 새로운 이해의 문제를 집중적으로 다룬 책이다. 1963년에 이 책이 처음 출간되었을 때는 'A New Approach to the Great Religious Traditions'라는 부제가 붙어 있었는데, 1978년에 Haper & Row 출판사에서

스미스는 기존의 종교 개념이 종교에 대한 적합한 이해에 가장 큰 방해라는 역설적이면서 획기적인 문제를 제기한다.[6] 우리가 아무런 문제의식 없이 당연한 것으로 사용하는 기존의 일반적 종교 개념이 오히려 종교의 본래 의미를 가리고 있는 왜곡된 개념이라는 것이다.[7]

우리는 종교를 말할 때 흔히 유대교, 그리스도교, 이슬람교, 힌두교, 불교, 유교, 도교 등의 여러 이름을 떠올린다. 다른 이름을 지니고 저마다의 역사와 교리, 의례, 제도 등을 갖춘 여러 개체를 종교라고 생각한다. 이런 인식에서 종교는 교리, 역사, 제도 등의 복합체이다. 종교인이 된다는 것은 마치 단체에 가입하듯이 이들 개체 중 하나를 선택하여 소속되는 것이다. 종교를 믿는다는 것은 자신이 선택한 개체가 내세우는 차별화된 교리와 신조를 믿고 따르는 것이다.

스미스의 역사학적인 연구에 의하면 서양과 동양의 고전적인 문헌들 어디에서도 이런 식의 종교 개념은 존재하지 않는다. 그저 신앙, 경건, 헌신, 진리, 길 등의 실제적이고 생생한 주제에 대해 말하고 있을 뿐이다.[8] 종교와 종교 사이의 분명한 경계선, 배타적 선택을 요구하는 추종자들의 집단, 한 개인이 그리스도인이 '되는' 것과 같은 드러난 절차, 사회학적으로 확인할 수 있거나 개념적으로 정립된 조직

새로 책을 출간하면서 이 책의 중요성을 살려 'A Revolutionary Approach to the Great Religious Traditions'로 부제를 바꾸었다. 또한 스미스 자신도 때때로 자신의 연구를 혁신적인 것이라고 언급했다. (Kuk-Won Bae, Homo Fidei, p.2 참조)

6) Wilfred Cantwell Smith, 『종교의 의미와 목적』(길희성 옮김, 분도출판사, 1991), 역자 서문, 9쪽 참조.

7) 같은 책, 81쪽.

8) 같은 책, 39-117쪽.

이나 집단 등은 존재하지 않는다.[9]

세계의 '종교들'에 대하여 각각 이름을 붙이고 하나의 개체 개념으로 이해하면서 오늘날과 같은 종교 개념을 형성하게 된 것은 역사적으로 몇 차례의 점진적인 과정을 거쳐 이루어졌다. 이와 관련하여 스미스가 특히 강조한 것은 종교를 고정적이고 제한적인 실체로 인식하는 '물상화(物像化, reification)'의 문제이다. "종교를 하나의 사물처럼 일정한 체계를 지닌 개체적 실체로 생각하게 되면서(mentally making religion into a thing) 그와 같은 여러 실체들이 세계의 종교들이라는 관념이 생기게 되었다"고 한다.[10]

② 종교를 개체적 실체로 이해하는 문제 – 물상화(物像化, reification)

종교의 물상화가 왜곡되고 부적합한 종교 이해라는 문제를 제시하기 위해 스미스는 우선 '종교'라는 말 자체가 좀처럼 정의하기 어려운 것이라는 점을 지적한다.

> '종교'라는 말은 고약할 정도로 정의하기 어려운 말이다. 적어도 최근 이삼십 년간 어리둥절할 정도의 다양한 정의들이 제안되어 왔으나 그 어느 것도 널리 수용되지 않았다. 흔히 … (이렇듯) 계속적으로 합의를 보지 못하고 어떤 만족할 만한 대답에 이르지도 못하거나 그러한 대답을 향한 이렇다 할 만한 진전조차 이룩하지

---

9) 같은 책, 103–104쪽.
10) 같은 책, 83쪽.

못했다는 사실은 사람들이 그릇된 질문을 제기해온 것을 뜻하는 것으로 드러나는 수가 많다. 이러한 경우 우리는 '종교'라는 말이 무엇을 의미하는가를 계속해서 해명하지 못했다는 것 자체가 그 말이 폐기되어야 하며 객관적 세계에 그것에 해당하는 어떤 확실하거나 뚜렷한 대상이 없는 왜곡된 개념이라고 주장할 수 있을지 모르겠다. 우리가 '종교적'이라고 부르고 있는 현상들은 의심의 여지없이 존재한다. 그러나 이러한 현상들 자체가 어떤 명확한 실체를 이루고 있다는 관념은 아마도 근거 없는 분석일 것이다. 11)

현실적으로 '종교'라는 말을 사용하고는 있지만 구체적으로 그 말을 정의하려는 그 어느 시도도 충분히 성공하지 못했다는 사실을 지적하면서, 인간의 종교적 현상 자체가 어떤 뚜렷한 형태로 규정 짓거나 정의할 수 있는 객관적 실체가 아님을 강조한다. 인간의 종교적 삶과 전통의 다양한 흐름은 자세한 연구를 하면 할수록 너무나 많은 내적 다양성과 풍부한 다면성을 지녔고, 또한 역사적으로도 너무나 다양한 변화를 드러내고 있기 때문에 그것을 어떤 항구적이고 고정적인 본질로서 특징짓는 일은 소용없는 짓이다.12) 본질적으로 그렇게 할수 없는 것을 하나의 고정적 실체처럼 인식하려는 시도 자체가 본질을 왜곡하는 부적절한 인식일 수밖에 없다.

물상화된 현대 종교 개념의 문제는 바로 '～교'라고 부르는 어떤

---

11) 같은 책, 41-42쪽.
12) John Hick, 『종교의 의미와 목적』(Wilfred Cantwell Smith) 머리말, 15쪽.

실체가 사회 안이든, 인간의 내적 마음 안이든, 또는 추상적 관념 안이든 존재한다는 생각에서 극명하게 확인할 수 있다. 스미스는 이러한 생각이 종교 개념에 대한 문제의식을 지닌 사람들에게 뿐만 아니라 종교 전통에 속해 살아가고 있는 사람들에게까지 심각한 혼란을 초래하고 있다고 한다.

> 예를 들어 '유대교(Judaism)'라 부르는 어떤 것이 어딘가에 존재한다는 생각을 받아들였으나 그것을 어디에서도 볼 수 없는 현대 유대인이 겪는 딜레마는 심각하다. 그는 (유대교라고 하는 것이) 자기에게 어떻게든 정체성을 부여해준다고 생각하지만, 그럼에도 불구하고 언제나 잡히지 않는 이 그림자 같은 실체의 망령에 사로잡혀 일생을 보낼지도 모른다. 13)

유대인들이 전통적으로 자신들의 신앙을 간직해왔고 그 신앙이 그들의 삶에 궁극적인 의미를 주어왔다는 것은 분명한 사실이다. 그렇지만 그러한 유대인의 신앙과 삶을 일정한 형태로 규정하거나 심지어 '유대교'라는 이름으로 정의하는 것은 불가능한 일이다. 유대인의 신앙은 고정적 체제나 규격에 갇히지 않고 역사와 삶 속에서 다양한 생명력으로 살아 움직여왔기 때문이다.

종교를 물상화하게 된 과정에 대해 스미스는 여러 역사적 정황들을 들어 자세히 논하고 있다. 핵심은 종교에 대한 이해가 삶의 내용

---

13) Wilfred Cantwell Smith, 『종교의 의미와 목적』, 174쪽.

[質]이 아닌 외적 체계나 형식적 특징을 중심으로 변화했다는 점이다. 이러한 변화의 과정을 다시 세 차원으로 구분할 수 있다.[14]

첫 번째 차원은 '전통 내부의 제도화'이다. 모든 종교 전통들은 흔히 창시자로 불리는 인물의 종교적 비전(vision)에 근거한다. 탁월한 영적 능력을 지닌 인물이 인간과 세상에 관한 초월적 진리를 깨닫고 그 진리를 사람들에게 제시하면서 하나의 종교 전통이 시작되었다. 그의 비전이 사람들에게 전해지는 과정에서 자연스럽게 계승자 혹은 제자들에 의한 공동체가 형성되었고, 이러한 공동체의 제도화가 물상화의 결과를 가져왔다.

> 여기서 우리는 물상화의 점진적 과정을 볼 수 있다. 즉, 한 비전의 전파, 제자들의 출현, 공동체의 조직화, 그 공동체의 지적 이상의 정립, 그 제도들의 실제적 형태에 대한 정의와 같은 과정이다.[15]

역사적으로 볼 때 주요 종교 전통의 시작으로서 의미를 지니는 '첫 인물'[16] 중 어느 누구도 '종교'를 만들거나 전파하겠다는 의도를

---

14) 스미스 자신이 물상화의 과정을 세 차원으로 분명히 나누어 설명한 것은 아니다. 스미스는 물상화의 과정을 서양 문화권과 타 문화권에서의 여러 정황들을 들면서 다각적으로 설명하였는데, 스미스가 지속적으로 강조하는 물상화의 과정들을 그 내용에 따라 세 가지 차원으로 요약해보았다.

15) Wilfred Cantwell Smith, 위의 책, 102–103쪽.

16) 흔히 '창시자'라는 명칭을 사용하지만 스미스의 설명에 따르면 적합하지 않다. 용어의 대체와 인식 전환이 필요하다는 취지에서 여기에서는 막연하게나마 '(종교 전통의 시작으로서 의미를 지니는) 첫 인물'로 표현하고자 한다.

지니지 않았다.17) 다만 그가 제시한 비전을 중심으로 사람들이 모이기 시작하면서 필연적으로 물상화가 이루어졌다. 공동체의 조직화와 제도화가 이루어지고, 그들의 종교적 이상을 구체화하고 발전시킨다는 취지에서 교리와 사상의 체계가 만들어졌다. 교리와 사상의 체계화는 '첫 인물'의 비전이 지녔던 생생한 생명성18)과는 달리 추상화와 형식화로 이어졌다. 사람들의 관심은 이제 더 이상 '첫 인물'의 생생한 비전이나 그 안에 담긴 살아 있는 진리가 아니라 자신들의 공동체를 다른 공동체와 차별적으로 특징짓는 형식적 제도와 추상적 교리에 집중되었다.

여러 종교 전통의 역사에서 발견할 수 있는 개혁가들이나 선각자적인 인물들은 자기 시대의 종교적 상황을 예리하게 통찰하면서 형식화와 추상화의 문제를 넘어 초월적 진리로 관심을 전환하도록 노력했다.19) 그들은 사람들의 의식과 삶 속에서 '첫 인물'이 제시했던 비전의 생명성을 온전히 회복시키기 위해 물상화된 종교를 파괴하고자 노력했다.

물상화의 두 번째 차원은 '외부 세계와의 만남'이다. 서양인들이 다른 문명권의 종교적 삶들을 만나 그에 이름을 붙이면서 물상화가 이루어진 것을 말한다. 스미스의 역사학적 연구에 의하면 현재 우리

---

17) Wilfred Cantwell Smith, 위의 책, 177쪽.
18) '첫 인물'이 깨닫고 사람들에게 제시한 것은 인간과 세상에 관한 살아있는 가르침이었다. "어떻게 살 것인가?" "세상을 어떻게 이해할 것인가?"와 같이 실제 삶의 의미를 지니는 가르침이었다.
19) Wilfred Cantwell Smith, 위의 책, 177–178쪽.

가 아무런 문제의식 없이 사용하고 있는 여러 '종교들'의 이름을 정작 해당 전통 내에서는 발견할 수 없다. 이슬람을 제외하고 거의 모든 종교 전통들은 자신의 종교에 이름을 붙이는 것에 관한 인식을 지니고 있지 않았다.[20] 스미스에 의하면 세계의 주요 종교 전통들에 이름을 붙인 것은 대체로 19세기 서양에서 이루어졌다.[21]

이상(이슬람, 마니교)의 경우를 제외하고 나는 19세기 이전에는 어떤 종교의 이름도 정식화해서 사용하는 것을 발견할 수 없었다. 'Boudhism(1801)', 'Hindooism(1829)', 'Taoism(1839)' … 등이 그러한 예이다. … 이와 같은 변화는 우연적이 아니었다. 자세히 살펴보면 우리는 하나의 질서를 식별할 수 있다. 한 민족의 종교적 삶이 그들의 사회적 생존과 수명을 같이한 경우 특정한 이름을 밝히는 일은 일어나지 않았다. 그리하여 서구는 잉카인이나 사모아인이나 바빌로니아인들, 그리고 그 외 무수히 많은 민족들의 종교에 관해서는 이름을 만들어내지 않았다. 그러나 한 공동체의 종교적 전통이 역사적으로 그것이 처음 발생한 민족의 울타리를 넘어서 발전한 경우, 그리하여 다른 공동체들의 삶들이 상당한 정도로 그 전통에 전향했을 경우 … 그 '종교'를 사회적 집단으로부터 구별하기 위한 이름이 생겨났다. 이와 같은 과정은 주로 그리스어 접미사 '-ism'을 그 종교 공동체의 성원들이나 어떤 전통의 추종자들

---

20) 같은 책, 94쪽.
21) 같은 책, 같은 곳.

을 가리키는 말에 부착시키는 형태를 취했다.[22]

이름을 붙인다는 것은 그 대상을 규정한다는 의미를 지닌다. 아울러 이름이 붙여진 대상은 그 이름에 해당하는 만큼만의 특성과 영역으로 한정된다. 그런데 이렇게 이름을 붙이고 특성과 영역을 한정할 수 있는 것은 사물과 같은 실체의 경우에나 가능하다. 종교적 삶은 한정적인 틀 안에 다 담아낼 수 없는 다양하고 무한한 생명성을 함축하고 있다. 종교적 삶에 특정 이름을 붙이는 것은 곧 그들의 무한한 생명성을 한낱 사물로 제한하고 축소시켜 인식하는 결과로 이어진다. 인간의 종교적 삶을 물상화하는 것이다.

물상화의 세 번째 차원은 '추상화'이다. 생생하게 살아 움직이는 종교적 삶을 점차 추상적인 개념의 틀 안으로 한정하는 것을 말한다. 추상적 개념화함으로써 본래의 생명성과는 점점 멀어지는 관념 속의 실체로 종교를 인식하게 된다. 구체적이고 실천적인 내용에 초점을 맞추고 있던 인간의 종교적 삶에서 점차 추상적인 이상을 표현하는 개념들이 전개되어 나왔다.[23]

여기서 우리가 보게 되는 것은 제도화의 과정, 즉 물상화의 과정이다. 사용되는 개념과 술어들 그리고 관심의 대상이 개인 인격체적 정향성(定向性)으로부터 하나의 이상으로, 그러고는 추상화된 개

---

22) 같은 책, 95-96쪽.
23) 같은 책, 102쪽.

념으로, 급기야는 하나의 제도로 전환되는 것이다.[24]

스미스는 이러한 추상화된 개념으로의 전개가 여기서 그치지 않고 종교가 사회적으로 존재하는 하나의 실체인 것으로 인식하는 데에까지 이르렀다고 설명한다.

19세기와 20세기 초반에는 이상으로부터 세속적 현실성으로, 이론적 교리 체계로부터 한 역사적 현상으로서의 사회적 존재물로 근본적이고 결정적인 전환이 이루어졌다.[25]

추상적 개념화의 물상화 과정이 종교를 인간 사회와 역사에 실재하는 실체로 인식하는 단계로 이어졌다는 것이다. 이 결과로 인간 삶의 다양한 측면 전체에 의미를 지녔던 종교가 일부 측면에 불과한 의미로 축소되었다.[26] 관념적인 차원에서는 추상적 본성과 이상을 지니고 있는 그 어떤 것으로 규정되고, 사회적으로는 명확하고 고정된 형태를 지닌 실체로서 존재하는 삶의 한 측면일 뿐이다.

종교는 명확한 고정된 형태를 지닌 어떤 것이라는 관념 … 이것이 1900년을 전후로 해서 수십 년 동안 많은 사람들의 생각을 사로잡았던 종교의 정의 문제이다. 수많은 책들이 종교의 본성 혹은

---

24) 같은 책, 115쪽.
25) 같은 책, 같은 곳.
26) 같은 책, 172쪽.

불교나 기타 종교의 본성을 찾아 나섰으며 그것들은 하나 같이 그 본성이라는 것이 어디엔가 존재한다는 확신에 가득 차서 쓰여지게 되었다. 이것은 물상화의 과정을 그 논리적 극단까지 몰고 가는 것이다.[27]

③ 종교는 개체적 실체가 아니라 삶 그 자체이다.

스미스가 강조하는 것은 물상화한 종교 개념이 인간의 종교적 삶을 심각하게 왜곡시켰고 인간의 종교적 삶을 본래적으로 이해하는 데에 절대적으로 부적합하다는 문제점이다.

> 인간은 언제 어디서나 오늘날 우리가 '종교적'이라고 부르는 삶을 살아왔다. 그럼에도 불구하고 서양 문명을 제외하고는 '종교'라는 말−특히 복수 '종교들'−을 번역할 수 있는 단어는 오늘날이나 과거를 막론하고 거의 존재하지 않았다. … 적어도 다음과 같은 사실만은 분명하고 결정적이다. 즉, 인간은 전 역사를 통하여 세계 어디서나 '종교'라는 특정한 용어의 도움 없이도, 그리고 그 용어가 함축하고 있는 지적 분석 없이도 종교적일 수 있어 왔다는 사실이다. 사실 나는 어떤 면에서는 아마도 종교라는 개념이 없어야 더 쉽게 종교적일 수 있으며, 종교라는 관념이 인간의 경건성에 오히려 적이 될 수 있다고 느끼게 되었다.[28]

---

27) 같은 책, 78쪽.
28) 같은 책, 43−44쪽.

스미스는 인간의 종교적 삶의 핵심이 어떤 것인가를 우리에게 새롭게 인식시켜준다. 인간에게 있어 종교는 어떤 제도나 추상적인 이상 또는 사회적 실체가 아니라 삶 그 자체이다.

어느 민족의 종교적 삶에 있어서나 심오한 중요성을 지니고 있으며 우리의 모든 논의에서 기본적인 것은, 종교적 삶이 무엇보다도 삶의 한 종류라는 사실이다. … '불교'나 '조로아스터교'와 같은 식의 '종교'라는 물상화적 개념은 인간의 종교성이 본래 지니고 있는 개인 인격체적이고 생동적인 성질을 응고시킴으로 인해 왜곡시킨다. 나아가서 그러한 개념은 생동성을 무시할 뿐만 아니라 그 생동성이 지닌 요소들 가운데 가장 의미 깊은 것, 즉 초월과의 관계를 무시함으로써 왜곡을 초래한다. … 무슬림들에게 '이슬람'은 신앙을 통해 살아 있다. 이 신앙은 종교의 한 항목이 아니라 사람들의 가슴속에 존재하는 성질로서, 이 성질은 사람에 따라 차이를 보이며 심지어는 매일 매일 달라지는 등 여러 가지 의미에서 개인 인격체적 성질인 것이다.[29]

스미스는 이 같은 물상화 이전의 종교 본래의 의미(삶 전체로서의 의미)에 대해 서구 그리스도교 전통을 제외한 다른 전통에서의 풍부한 예를 들면서 강조하고 있다.

---

29) 같은 책, 186-188쪽.

고대 그리스에서 찾아볼 수 없는 것은 어떤 체계적이거나 역사적 실체로서의 종교에 대한 관념으로, 고대 그리스는 그런 식으로 또 하나의 실체로부터 구별되거나 혹은 사회생활의 다른 영역들로부터 구별되는 실체로서의 종교 개념을 지니고 있지 않았다. … 그리스인들은 신들에 대해서도 생각했고 하느님에 대해서도 생각했다. 그러나 그들은 '종교'에 대해서는 생각하지 않았던 것이다.[30]

고대 이집트에 있어서 종교는 하나의 명확한 단일체가 아니었다. … 현대인들이 종교적 사실과 사회적 사실 사이를 나누려고 애쓰는 구분선은 고대에는 없었던 일이며 다른 어느 곳에서보다도 이집트에서는 더욱 더 그러하였다. … 제도상으로나 개인의 감정에 있어서나 '종교'는 어떤 특수한 것으로 구별되지 않았다.[31]

인도인들에게는 그들의 사회생활에 있어서 종교적 측면과 다른 측면들을 개념적으로 구분시켜 주는 어떠한 말도 존재하지 않았다. 이것은 물론 전통적인 힌두인들의 사유가 너무 단순했거나 반성적 숙고가 결여되어 있었기 때문은 아니었다. … 전통적인 힌두인들은 종교를 물상화하지 않고도 충분히 종교적일 수 있었기 때문이다.[32]

---

30) 같은 책, 86-87쪽.
31) 같은 책, 87쪽.
32) 같은 책, 89-90쪽.

'힌두교'란 말은 어떤 한 실체를 가리키는 말이 아니다. 그것은 엄청나게 다양한 일련의 사실들에 대하여 서양이 부여한 이름이다. 그것은 사람들의 마음속에 있는 관념이며, 그것도 불충분할 수밖에 없는 관념이다. 그 말을 사용하는 것은 필연적으로 조잡하고 지나친 단순화를 낳는다.[33]

중국의 경우도 역시 종교적 체계들이라는 형식에는 들어맞지 않는다. … 서양 학자들과 무슬림 학자들은 한 사람의 중국인이 … 어떻게 동시에 '세 가지 다른 종교들(유교, 불교, 도교)에 속할 수' 있는지 상상할 수 없다. 이와 같은 당혹감은 중국 자체가 지닌 어떤 혼란스럽거나 괴상한 면 때문에 생긴다기보다는 종교 체계들에 대하여 학자들이 적용하는 명백히 부적합한 개념화로부터 발생하는 것이다. … 세 개의 학파는 중국에 확실히 존재하며 장구한 세월을 통해 소중히 간직되어왔다. 그러나 이 세 학파를 중심으로 하여 폐쇄된 공동체들, 즉 분명한 경계선과 배타적 선택의 의미를 지닌 추종자들과 외부자들을 지닌 집단들은 발생하지 않았던 것이다.[34]

스미스가 이러한 물상화의 문제를 심각하게 지적하는 것은 근본적으로 종교는 인격적 차원에서 이해해야 하는 것이라고 생각하기 때문이다. 스미스는 우리가 종교를 이해하거나 연구할 때 근본적으로 '종

---

33) 같은 책, 196쪽.
34) 같은 책, 103-104쪽.

교들'과 관여하고 있는 것이 아니라 종교적 개인 인격체들과 관계하고 있다는 사실을 강조한다.[35] 우리가 연구하는 것은 사물이 아니라 인격적 삶이라고 한다.[36]

관찰하는 사람과 관찰의 대상이 모두 인격성을 지니고 있으니 그 관찰의 방법 역시 당연히 인격적이어야 한다는 것이다.[37]

④ 한국 종교라는 실체적 대상을 파악하려는 시도는 적합하지 않다.

이상 스미스의 연구를 통해 우리는 기존의 일반적 종교 개념과 종교 본래의 의미 사이에 격차가 있음을 확인한다. 그 격차는 일반적 종교 개념이 심각하게 왜곡되어 있음을 의미한다. 왜곡된 종교 개념은 인간에게 종교가 지니는 진정한 의미를 온전히 이해하는 데 치명적 걸림이 된다.

기존의 일반적 종교 개념은 각자의 이름과 체계를 지닌 여러 실체들을 떠올린다. 종교를 일정한 내용과 형식을 지닌 실체적 대상으로 간주한다. 이러한 개념에서 종교는 일종의 사회단체나 조직과 같은 의미를 지닌다. 여러 사회단체나 조직은 저마다의 이상과 목표 추구를 제시하면서 이에 동조하는 사람을 구성원으로 가입시킨다. 구성원의 이념적 동질성을 확인하고 강화하기 위해 신조(信條)와 규칙을 제

---

35) 같은 책, 208쪽.

36) Wilfred Cantwell Smith, "Comparative Religion: Whither and Why?", *The History of Religions: Essays in Methodology* (Chicago: The University of Chicago Press, 1959), p.35.

37) Kuk-Won Bae, thesis for the degree of Doctor of Philosophy, p.267

시한다. 이념을 내면화하면서 실천적 참여를 지속적으로 이끌어가기 위해 의식(儀式)과 절차를 실행한다. 이와 마찬가지로 종교도 일정한 신조, 규칙, 의식, 절차 등의 체계를 갖춘 실체적 대상이라고 생각하는 것이 일반적 종교 개념이다.

스미스의 연구에 따르면 우리 인간에게 종교는 체계를 갖춘 실체적 대상 이전의 본질적 의미를 지닌다. 인간과 세상에 관한 근원적 질문과 그에 대한 답으로서의 궁극적 진리 그리고 궁극적 진리를 실현하려는 헌신적 삶 자체가 본래 인간에게 '종교적' 의미를 지니는 '그 무엇'이다.[38] 궁극적 진리를 깨닫고 그 진리에 따르는 삶을 살려는 경건함과 헌신을 '종교적'이라 하는 것이고, 이는 생생한 삶 자체를 의미하기에 결코 일정한 형식이나 틀로 한정할 수 없다. '종교적' 삶이 있을 뿐, '종교'로 규정할 수 있는 고정적 실체는 없다. 종교를 고정적 실체로 규정할 때 역동적인 삶으로서의 의미를 잃어버리고 단지 외형적 체계일 뿐인 '죽어 멈춘 사물'로 제한된다. '종교적' 삶의 과정과 결과로서 외형적 체계를 갖추게 된 것도 사실이지만, 외형적 체계 이전에 살아 움직이는 삶으로서의 의미가 인간에게 종교가 지니는 본질적 의미이다.[39]

한국 종교에 관한 이해에도 왜곡된 종교 개념이 문제이다. 왜곡

---

38) '종교적'이라고 형용사형으로 표현하는 것 그리고 '그 무엇'이라고 불특정 대명사로 표현하는 것 역시 종교를 실체적 대상으로 규정하는 기존의 종교 개념을 넘어서려는 의도를 나타낸다.

39) 종교에 있어 '내면적 본질'과 '외형적 체계' 두 차원의 관계에 관하여는 다음 장에서 스미스의 '신앙(Faith)'과 '축적적 전통(Cumulative Tradition)' 개념을 통해 다시 논의할 것이다.

된 종교 개념으로 인해 한국 종교라는 실체적 대상을 당연하게 전제한다. 하지만 한국 종교라는 실체적 대상을 파악하려는 시도는 애당초 성립할 수 없다. 한국인도 역사적으로 종교적 삶을 살고 종교적 추구를 이어왔지만 한국인의 종교적 삶을 한국 종교라는 고정적 실체로 규정하려는 시도는 적합하지 않다. 한국인에게 종교는 살아 있는 삶으로서 의미를 지녀왔다. 한국 종교라는 고정적 실체로 대상화할 때 한국 종교가 지니는 생생한 삶으로서의 의미를 온전히 이해할 수 없다.

2
적합한 한국 종교 이해와 서술

'한국 종교 역사의 다양성과 복합성' 그리고 '실체화[물상화]한 종교 개념의 문제'를 통해 한국 종교의 특성은 일정한 틀의 내용과 형식으로 규정할 수 없는 것이라는 사실을 확인했다. 그렇다면 한국 종교의 특성을 어떻게 이해하는 것이 적합할까? 한국 종교의 다양하고 복합적인 역사를 적합하게 서술할 수 있는 방법은 무엇일까?

나는 한국 종교에 대한 적합한 이해와 서술의 이론적 바탕 역시 윌프레드 캔트웰 스미스의 종교 이해에서 얻을 수 있다고 판단한다. 두 가지 점에 근거한 판단이다.

첫째, 한국 종교 이해가 부적합하게 이루어지는 문제와 스미스의 문제의식이 같은 맥락이기 때문이다. 앞서 설명했듯이 한국 종교에 대한 부적합한 이해와 서술의 문제는 한국 종교를 일정한 실체로 상정하는 것이 근본 원인이다. 스미스는 기존의 종교 개념을 비판하면서 물상화 문제를 지적하였다. 종교를 실체적 개념으로 이해하는 문제이다. 스미스가 제시한 물상화한 종교 개념의 문제를 적용하면 한국 종교에 대한 실체적 개념 해체의 타당성과 가능성을 확인할 수 있다.

둘째, 다양하고 복합적인 한국 종교의 역사를 통합적이고 유기적으로 이해하고 서술할 수 있는 원리를 스미스의 종교 이해가 제공해 주기 때문이다. 스미스는 물상화한 기존 종교 개념 비판의 대안적 의미에서 올바른 종교 이해의 내용을 제시했다. 왜곡된 종교 개념에 가려져 있던 종교 본래 의미에 관한 내용이다. 핵심은 종교가 지닌 내면적 본질의 차원과 외형적 체계의 차원을 구분하여 이해하는 것이다. 스미스가 제시한 올바른 종교 이해의 구도를 적용하면 한국 종교의 다양성과 복합성을 통합하여 유기적으로 서술할 수 있다.

(1) 종교의 본래 모습으로서 두 차원—윌프레드 캔트웰 스미스 의 종교 이해

사실 스미스의 종교 이해는 종교에 관련한 새로운 무엇을 만들어낸 것은 아니다. 이제까지 아무도 모르고 있던 것을 처음으로 발견해낸 것도 아니다. 단지 잘못된 인식으로 인해 왜곡되고 가려져 있던 본래 모습에로 다시 눈을 돌리게 해주었을 뿐이다. 그러나 본래 모습을 가리고 있던 잘못된 인식이 너무나 두텁고 완고하기에 그것이 잘못된 것이라는 스미스의 지적은 혁신적인 의미를 지닌다. 처음부터 그랬던 본래 모습을 제시한 것인데, 왜곡된 모습을 왜곡이라 인식하지 못하고 있던 현실에서는 스미스가 일깨워주는 본래 모습이 오히려 당혹스럽고 도전적인 것으로 받아들여진다.

다시 말하면 스미스가 제시하는 종교 이해는 종교가 본래 지니고 있던 또 하나의 차원을 부각시켜주는 것이라고 할 수 있다. 지금까지 종교를 평면적으로 인식함으로 인해 가려져 있던 또 하나의 면을 다시 볼 수 있도록 입체적인 시각을 제시해준다. 앞면만이 전부인 것으로 알고 있다가 뒷면도 있었다는 사실을 깨우쳐주는 것과 같다. 어떻게 보면 단순한 일이지만, 현실적으로는 혁신적인 의미를 지니는 시각의 전환이다.

스미스가 일깨워준 종교의 본래 모습은 '신앙(信仰, faith)'과 '축적적 전통(蓄積的 傳統, cumulative traditions)'이라는 두 차원을 마치 동전의 양면처럼 함께 지니고 있다. 사실 이 두 차원은 굳이 다른 이름으로 구분할 필요가 없는 것이지만 기존의 잘못된 종교 개념을 제거하고 올바른 종교 이해를 위해서 스미스 자신이 의도적으로 설정한 개념이다.[40]

① 신앙(Faith)

흔히 신앙이라는 말에서는, 신앙이 개인적이고 주관적이어서 객관적으로 파악하거나 논의할 수 없는 것이라는 인상을 받는다. 종교적 인간에게 신앙이 이러한 의미를 지니는 것은 분명 사실이다. 종교에 있

---

40) Wilfred Cantwell Smith, 『종교의 의미와 목적』, 211쪽.

어 주관적 내면적 의미가 무시당하거나 소홀히 다루어져서도 안 된다. 그런데 스미스를 비롯한 종교학자들이 종교 이해에 있어 신앙에 주목할 때는 "개인 인격체적 신앙의 본성을 이해하려는 노력이 아니라 그것이 인류의 종교적 역사에서 수행해온 역할을 이해하려는 시도"[41]라는 점을 분명히 한다. 종교적 인간에게 신앙이 주관적 의미를 지니지만 종교 이해에 있어서는 신앙이 인간과 역사에게 드러낸 객관적 현상과 의미에 초점을 맞추는 것이다.

이렇게 신앙을 객관적으로 이해하는 시도가 가능한 근거를 스미스는 다음과 같이 설명한다.

> 관찰자는 … 한 인격체의 신앙을 보는 것이 아니라 그 표현을 본다. 이러한 표현은 여러 가지이며 역사 속에서 축적됨에 따라 그것들은 우리가 다양한 종교 전통이라고 부르는 것을 구성한다. 그렇다면 한 가지 사실은 벌써 분명해졌다. 즉, 인간의 신앙은 다양한 형태로 표현된다는 사실이다. 신앙은 표현될 수 있다. 좀 더 역사적으로 말해 신앙은 관찰 가능하게 표현되어 왔다. 산문과 시적 언어로, 의례와 도덕과 같은 행위의 형태로, 예술, 제도, 법률, 공동체, 인격, 그리고 그 밖의 다른 여러 방식으로 표현되어 왔다.[42]

주관적인 신앙을 객관적으로 이해하는 것이 가능하고 또 그러한

---

41) 같은 책, 230쪽.
42) 같은 책, 같은 곳

시도를 하는 것이 타당한 근거는 개인의 내면적 신앙이 다양한 형태의 외면적 표현을 통해 객관적 관찰 대상으로 드러난다는 사실이다.

스미스는 이러한 신앙의 드러난 표현들을 고찰할 때 염두에 두어야 할 중요한 점을 제시한다. "신앙의 특정한 표현이나 표현 유형에 인간이 관여한다는 사실은 그것을 통하여 그것보다 더 위대한 어떤 것과 관여한다는 기본적인 진리를 나타내주고 있다."[43] 스미스가 말하는 '더 위대한 어떤 것'은 '초월적 요소'이다. 우리가 종교 이해를 위해 신앙을 고찰할 때 핵심은 종교적 인간에게 그러한 경험과 표현을 가능하게 한 바탕으로서 '초월적인 그 무엇'의 존재이다. 신앙은 '초월적인 그 무엇'에 대한 인간의 경험이고, 우리가 신앙을 이해하고자 시도하는 것은 결국 인간에게 초월 경험이 어떤 의미를 지니는지를 이해하는 데 초점이 맞추어져 있다.

> 신앙이라는 말로써 나는 개인 인격체적 신앙을 뜻한다. … 우선 그 말을 한 특정한 인격체의 내적인 종교적 체험이나 개입을 뜻하는 말로서 이해하면 된다. 즉, 사실이든 혹은 관념뿐이든, 초월적인 것이 그에게 미치는 영향을 의미하는 것이다.[44]

신앙은 종교적 인간의 내적인 상태를 의미한다. 좀 더 구체적으로 표현한다면 '초월적인 그 무엇'을 체험한 인간이 그를 향해 자신의 존

---

43) 같은 책, 같은 곳
44) 같은 책, 212쪽.

재와 삶 전체를 방향 설정한 내면 상태를 의미한다. 이때의 '초월적인 그 무엇'은 인격적인 신(神)일 수도 있고 비인격적인 실재(實在)나 원리(原理)일 수도 있다. 통틀어서 초월적 진리라고 표현할 수도 있다. 핵심은 인간이 초월성을 체험하고 그 체험을 자신의 전 존재에 있어 가장 궁극적인 의미로 받아들이게 되었다는 사실이다.

초월성 체험의 핵심은 '역설적 진리'의 수용이다. 현실 삶에서 대부분의 사람들이 받아들이고 따르고 있는 가치와 '전혀 다른(상반되는)' 가치를 진리로 수용하고 따른다. 현세적 가치 질서를 따르는 삶에 근원적 한계나 회의를 경험하고 전혀 다른 차원의 초월적 진리를 따르는 삶으로 방향을 전환한다. 이때의 방향 전환은 생각과 말과 행동 등 자신의 모든 것에 걸쳐 일관되게 이루어지는 전인격적 변화이다. 한순간의 일시적인 경험이 아니라 이후로는 계속 그런 삶을 살아가는 지속적인 변화이다.

스미스에 의하면 신앙은 인간의 보편적 자질(universal quality)이다.[45] 초월적인 진리를 자신의 전 존재에 있어 가장 궁극적인 의미로 받아들이는 체험 그 자체는 모든 인간들에게 열려 있는 보편적인 현상이다. 인간이라면 누구나 초월적 진리를 경험할 수 있는 가능성을 지니고 있다. 이 말은 곧 종교에 있어 신앙은 가장 보편적인 본질에 해당한다는 것을 의미한다. 초월적인 것을 체험하는 구체적인 양상과 상황은 서로 다를 수 있지만 초월 체험 그 자체는 보편적인 본질이다.

---

45) Wilfred Cantwell Smith, *Toward a World Theology: Faith and the Comparative History of Religion* (Philadelphia: The Westminster Press, 1981), p.113

② 축적적 전통(Cumulative Tradition)

한편 '축적적 전통'에 대해 스미스는 다음과 같이 설명한다.

> 축적적 전통이란 연구 대상이 되는 공동체의 과거 종교적 삶의 역
> 사적 축적물을 구성하는 외적·객관적 자료의 전체 덩어리를 의미
> 하는 것으로서, 사원, 경전, 신학적 체계, 무용 양식, 법, 사회 제
> 도, 관습, 도덕적 규범, 신화 등을 가리킨다. 즉, 한 인격체나 한
> 세대로부터 다른 인격체와 다른 세대로 전수되는 것으로서, 역사
> 가가 관찰할 수 있는 모든 것을 의미한다.[46]

쉽게 말해 축적적 전통이란 개인의 내면적인 신앙이 외형적으로
표현된 모든 것을 의미한다. 종교적 인간이 초월을 체험하고 초월을
향해 모든 것을 헌신한 마음 상태에서 그 결과로 자연스럽게 우러나
와 형성된 모든 것들이 축적적 전통이다.

초월적 진리의 경험은 처음 한 개인의 내면 차원에 간직된다. 그
런데 신앙의 의미에서 설명했듯이 초월적 진리의 경험은 전인격적
차원에서 삶 전체를 변화시키는 전적이고 강렬한 힘을 지닌다. 따라
서 초월성의 경험은 개인의 내면을 가득 채우는 데 그치지 않고 겉으
로 넘쳐흐르게 된다. 초월적 진리가 내면에 가득 찬 사람은 그의 겉
모습부터 말과 행동 등 전인격적 차원에서 초월적 진리를 자연스럽
게 드러낸다.

---

46) Willfred Cantwell Smith, 『종교의 의미와 목적』, 212쪽.

초월적 진리가 겉으로 드러나는 것은 삶의 모든 차원에서 인간의 다양한 표현 방식으로 이루어진다. 예를 들어 초월적 진리를 말로 표현하고 구체적으로 설명하려는 의도에서 이런 저런 언어나 개념을 제시한다. 이렇게 초월적 진리와 관련하여 제시된 언어와 개념들이 여러 시대와 사람들을 거치면서 점차 축적된 것이 현재 모든 종교 전통 안에 갖추어진 '교리 사상'이다. 또한 초월성 경험을 계속 간직하고 기억하고 강화하려는 의도에서 경험의 핵심 내용을 일정한 형식에 담아 재현한다. 이렇게 초월성 경험을 반복 지속적으로 기억하는 형식들이 현재 모든 종교 전통 안에 갖추어진 '의례'이다. 또 초월성을 경험한 누군가는 시(詩)나 노래로, 음악이나 그림으로 표현하기도 한다. 이렇게 형성된 '종교 예술'을 모든 종교 전통이 축적해오고 있다.

또한 초월성 경험이 삶 전체의 실천으로 이어지면서 현실 삶의 구체적인 상황마다 초월적 진리를 적용시키고자 한다. 이런 상황에는 어떻게 하는 것이 초월적 진리에 부합하는 것인지 구체적인 지침 혹은 규정들이 형성되었으니, 이것이 모든 종교 전통이 갖추고 있는 '율법 또는 계명'이다. 초월성 경험은 사회적 차원으로 표현되기도 한다. 초월성 경험을 공유하는 과정에서 자연스럽게 '공동체'가 형성되고, 이러한 종교 공동체는 사회 조직이나 단체로서의 형식과 내용을 갖추게 된다. 이밖에도 초월성 경험이 인간을 통해 다양한 삶의 차원에서 표현되고 형성된 결과들 모두가 축적적 전통에 해당한다.

그런데 중요한 것은 축적적 전통이라고 해서 한번 쌓이고 나면 그대로 고착화되고 획일화되는 것은 아니라는 사실이다. 축적적 전통은 항상 변하며 항상 축적되며 항상 신선하다.[47] 종교적 인간의 신앙 자체가 늘 살아 움직이는 것이기에 그 신앙의 표현으로서의 축적적 전통은 시대적 상황과 지역의 조건에 따라 다양하게 변화할 수 있다. 신앙이 시공을 넘어서 모든 인간들에게서 공통적으로 확인할 수 있는 보편성인 것에 비해, 축적적 전통은 구체적인 시간과 공간에 영향을 받아 다양화될 수 있는 개별성인 것이다.

(2) 적합한 종교 이해, 두 차원의 균형

요약하면 신앙은 내적인 차원이고 축적적 전통은 외적인 차원이다. 초월성 경험으로서의 내적 신앙이 자연스럽게 그리고 삶의 다양한 방식을 통해 외적으로 표현되어 드러난 결과가 축적적 전통이다. 신앙은 모든 인간들 사이의 보편적인 특성이고 축적적 전통은 시대와 지역에 따른 개별적 다양성이다. 종교에는 이 두 차원이 동전의 양면처럼 함께 존재한다. 어느 하나도 그 의미를 소홀히 할 수 없다. 신앙은 축적적 전통의 근원이 되고, 축적적 전통은 신앙을 구체화하고 새롭게 신앙을 불러일으켜 주기 때문이다.

　적합한 종교 이해는 신앙과 축적적 전통 양면 모두를 균형 있게 볼 수 있어야 한다. 동전을 온전히 이해하기 위해서는 앞면과 뒷면을 모두 보아야 하는 것과 같다. 스미스가 기존의 잘못된 종교 개념으로

---

47) 같은 책, 248쪽.

지적한 물상화는 축적적 전통 한 면만을 종교 전체로 이해한 문제라고 할 수 있다. 종교를 교리 체계와 의례, 제도 등을 갖춘 외형적 실체로서만 이해하는 문제이다. 이렇게 실체화한 종교 이해에 따라 각자의 이름을 지니고 개별성을 띠는 여러 '종교들'이라는 개념이 생겨났다. 개체적 의미가 강해진 종교들은 자신들만의 역사와 교리 체계, 제도 등을 배타적으로 고수하는 경향을 띠게 되었다. 종교에 대한 이해 역시 이들 개별적 실체들 각각에 초점을 맞출 뿐 종교 전체에 대한 보편적이고 통합적인 이해는 소홀해졌다.

스미스의 종교 이해는 신앙과 축적적 전통 양면을 함께 지닌 종교 본래의 모습을 일깨워줌으로써 외형적 실체로서의 개별적 종교 이해를 벗어나 종교 전체에 대한 통합적인 이해의 지평을 열어준다. 축적적 전통의 차원에서는 여러 종교들이 각자 지니고 있는 개별적 특성과 그들 사이의 서로 다름이 두드러진다. 축적적 전통의 차원만이 종교의 전체라고 했을 때는 이러한 서로 다름이 그대로 본질적인 문제가 된다. 여러 종교들은 본질적으로 서로 다른 것으로 간주된다. 그러나 종교에는 축적적 전통과 더불어 그 근원이 되는 신앙의 차원이 있다고 했을 때에는 축적적 전통의 차원에서 두드러지는 서로 다름은 단지 외면적인 혹은 부차적인 내용이 된다.

더욱이 신앙이 보편적인 특성을 지닌 것이라고 하면 축적적 전통에서의 서로 다름은 하나의 보편성에 근거한 다양한 드러남으로 이해할 수 있다. 신앙이라는 보편적인 특성이 각각의 독특한 상황과 조건에 따라 다양한 축적적 전통들로 표현되고 구체화된 것이다. 이렇게 신앙과 축적적 전통 양면을 동시에 이해했을 때 종교를 개별 실체로 파악하는 대립적 종교 이해를 극복할 수 있다. 여러 종교들이 보여주는 서로 다름은 더 이상 대립적인 것이 아니라 하나의 보편성에 근거하는 다양한 표현들로서 조화를 이룰 수 있다.

종교를 개체적 실체로 간주하는 기존의 종교 개념에 의하면 종교를 이해하고 서술하는 작업은 서로 다른, 심지어 대립적이기까지 한 여러 개체들을 병렬적으로 나열하는 것일 수밖에 없다. 나열된 개체들 사이에 선택적 가치 판단을 하거나 기껏해야 외형적 공통점 찾기 정도일 뿐이다. 인간의 삶과 역사에서 왜 이렇게 많은 '종교들'이 나타난 것인지, 인간에게 종교는 근원적으로 어떤 의미를 지니는 것인지에 관해서는 충분한 이해를 얻을 수 없다.

스미스가 제시하는 종교 이해는 이러한 개체적 종교 개념에 따른 문제를 해결해준다. 종교에는 본래 신앙과 축적적 전통 두 차원이 있다는 사실을 일깨워줌으로써 여러 개체들로 파편화된 듯한 종교들을 통합하여 유기적으로 이해할 수 있게 해준다. 인간에게 종교가 지니는 근원적 의미는 '초월 추구의 삶'이다. 초월적 진리를 경험하고 그에 따른 삶을 살려는 추구가 인간에게 종교가 지니는 보편적 의미이다. 이러한 인간의 보편적 추구가 다양한 형태로 표현되면서 서로 다른 종교들이 존재하게 되었다. 신앙이라는 보편적 의미를 바탕으로 삼아 축적적 전통이라는 개별적 의미를 이해할 때 여러 종교들은 인간의 다양한 초월 추구의 삶이라는 의미로 통합하여 이해할 수 있다. 다시 말하면 종교를 개체적 실체로서가 아니라 초월 추구의 삶이라는 의미에 초점을 맞추어 이해할 때 서로 다른 종교들에 대한 통합적이고 유기적인 이해와 서술이 가능할 수 있다.

(3) 한국 종교를 어떻게 이해하고 서술할 것인가?

스미스의 종교 이해는 적합한 한국 종교 이해와 서술에도 그대로 적용된다. 특히 '한국 종교 역사의 다양성과 복합성' 그리고 '실체화한 종교 개념의 문제'에 대한 적절한 해결책이 될 수 있다.

스미스의 종교 이해를 적용하면 한국 종교에 관한 관심의 애당초 질문이 바뀌어야 한다. '한국 종교는 무엇인가, 한국 종교의 특성은 무엇인가'가 아니라 '한국인의 초월 추구의 삶은 어떻게 이루어졌는가, 한국인에게 종교는 어떤 의미를 지녔는가, 한국인은 종교적 추구를 통해 인간과 세상을 어떻게 이해했는가'가 되어야 한다.

'한국적'이라는 개념 역시 고정적 실체로서가 아니라 유동적이고 진행적인 의미로 이해해야 한다. 한국인의 삶은 지난 오랜 역사 동안 이어져왔고 그 안에서 보여준 다양한 삶의 모습들 중 어느 하나만이 한국적인 것이 될 수 없기에 유동적이다. 한국인은 현재에도 여전히 또 다른 삶의 모습을 보여주고 있기에 진행적이다. 과거를 지나 현재에 그리고 미래로 이어지는 한국인의 삶의 모습이 모두 그대로 '한국적'이다.

결국 '한국적'인 것을 찾는 작업은 지나온 전통과 현재를 연결시키는 일이다. 한국인이 지난 역사에서 어떤 삶의 모습을 보여왔고 지금은 어떤 삶을 살고 있는지 연결성 속에서 이해하는 일이다. 지난 삶의 내용 중에서 현재 삶의 모습에 영향을 주고 있는 것들을 찾아보고, 그 연결성이 긍정적 의미를 지니는지 아니면 부정적 요소로 작용하고 있는지 성찰하는 작업이다. 부정적 요소는 극복하고 긍정적 의미를 지니는 것은 더욱 풍부히 살려내면서 지금 현재 삶을 만들어간다. 이렇게 전통적인 내용들과의 연결 속에서 이루어지고 있는 지금 현재 한국인의 삶의 모습이 '한국적'인 것이다.

'한국적'인 것의 의미를 이렇게 전제하면서 한국 종교를 이해하고 서술한다는 것은 한국 종교 역사 이해와 서술을 단지 지난 흔적들의 재구성으로서만 설정하지 않는다는 뜻이다. 과거부터 현재까지 살아 진행되고 있는 '삶으로서의 의미'를 강조하는 데 초점을 맞추고자 하는 의도를 나타낸다. 오랜 역사 동안 한국 종교는 각 시대 상황에 따라 한국인의 삶 전반에서 다양한 양상으로 작용하였다. '어떻게 살 것인가, 어떻게 사는 것이 의미 있는 삶인가' 등의 궁극적 의미를 제공해왔고, 구체적으로 현실 삶의 여러 영역에 영향을 주었다. 이러한 한국 종교의 '삶으로서의 의미'는 현재에도 여전히 연속성을 지닌다.

나는 이 책을 시작하면서 한국 종교 이해와 서술의 어려움을 지적하였다. 한국 종교의 다양성과 복합성 그리고 한국 종교를 고정적 실체 개념으로 파악하려는 관념으로 인해 부적합한 이해와 서술이 이루어질 수 있는 문제이다. 실제로 이러한 문제 때문에 한국 종교에 관한 본격적인 서술이 많지 않고, 그나마 이루어진 작업들도 단순히 시대 순으로 관련 내용을 나열하거나 한국 종교 역사에 관련된 여러 종교 전통들(무속신앙, 유교, 불교, 도교, 그리스도교 등)을 개별적으로 서술하는 데 그치는 한계를 지니고 있다.

한국 종교에 대한 적합한 이해와 서술은 통합적이고 유기적으로 이루어져야 한다. 한국 종교 역사를 단지 개별적 사항들의 모음 내지 나열로서가 아니라 하나의 유기체처럼 통합하여 이해하고 서술할 필요가 있다. 시대 흐름에 따라 드러난 다양한 내용들을 모두 섭렵하면서 동시에 그들 내용 사이의 전체적인 의미 구조를 설명해주는 서술이어야 한다. 표면적으로 각기 다른 양상을 드러내고 있는 내용들 사이의 유기적인 관련성과 상호작용을 조명하고, 이를 통해 한국 종교가 지니고 있는 내면적 의미를 파악하는 데 한국 종교 이해와 서술은 초점을 맞추어야 한다.

그렇다면 한국 종교의 다양성과 복합성을 유기적으로 통합하여 이해할 수 있는 구심점은 무엇으로 설정해야 할까? 이미 지적했듯이 한국 종교라는 일정한 형식의 틀을 설정하고 그 안에 한국 종교의 다양성과 복합성을 담아내려는 시도는 적합하지 않다. 오히려 한국 종교를 고정적 실체 개념 안에 가두려 하지 않을 때 한국 종교의 다양성과 복합성을 훼손시키지 않으면서 한국 종교에 대한 통합적이고 유기적인 이해가 가능해진다. 한국 종교는 일정한 형식과 내용으로 한정할 수 있는 것이 아니라 과거로부터 현재로 이어오고 있는 한국인의 생생한 삶 전체 안에서 의미를 지닌다는 사실이 적합한 한국 종교 이해와 서술의 전제이자 핵심이다. 한국인의 삶 안에서 어떤 의미를 지니는지가 한국 종교를 통합적 유기적으로 이해하고 서술하는 구심점이 되어야 한다.

이러한 설정은 처음 언급했듯이 스미스의 종교 이해를 적용한 결과이다. 스미스의 종교 이해가 제시하는 개념으로 다시 표현하면, 나는 한국 종교를 한국인의 '신앙'에 초점을 맞추어 통합적으로 이해하고 서술하고자 한다. 스미스가 제시한 '신앙' 개념은 종교의 본질적 의미를 설명해준다. 초월적인 그 무엇을 궁극적인 의미이자 진리로 경험하고 그를 향해 삶 전체의 방향을 설정한 헌신과 경건함의 내면적 상태를 '신앙'이라 표현한 것이고, 이를 통해 인간에게 종교가 지니는 본질적 의미는 초월적 진리에 따르는 삶 그 자체라는 사실을 확인할 수 있다. 한국 종교 역시 한국인에게 '신앙'으로서 의미를 지닌다. 역사적으로 종교는 한국인에게 '인간과 세상 그리고 삶을 이해하는 시각과 원리(Korean View of Life or Way of Life)'을 제공해주었다. '신앙'으로서의 의미에 초점을 맞출 때 다양하고 복합적인 한국 종교를 통합적이고 유기적으로 이해할 수 있다.

'신앙'으로서의 의미에 초점을 맞춘 후, 다시 말해 역사적으로 종교가 한국인의 삶에 어떤 의미를 제공했는지에 초점을 맞춘 후 한국 종교의 역사를 구성하고 있는 다양하고 복합적인 내용들을 몇 가지 범주로 분류하는 것이 다양하고 복합적인 한국 종교를 통합적이고 유기적으로 서술하는 구체적인 방식이다. 한국 종교의 역사를 구성하는 여러 내용들을 파편적으로 나열하는 데 그치는 한계에서 벗어나 전체적인 구조와 내면적 의미까지 파악할 수 있는 한국 종교 서술이다.

(4) 통합적이고 유기적인 한국 종교 서술을 위한 범주 분류 −초월과 현실

통합적이고 유기적인 한국 종교 서술을 위해 한국 종교의 역사에서 전개된 여러 내용들을 우선 '초월'과 '현실' 두 가지 범주로 분류하고, 다시 각각의 범주 안에 세부 주제들로 나누어 살펴볼 것이다. 초월과 현실의 두 범주는 종교가 인간의 삶 전체에서 지니는 의미를 토대로 설정한 것이다. 앞서 윌프레드 캔트웰 스미스의 종교 이해를 통해서도 확인했지만, 종교가 인간의 삶 전체에 지니는 의미는 다음과 같이 요약 정리할 수 있다.

동서고금(東西古今)을 막론하고 인간은 인간과 세상에 관한 근원적 관심을 지녀왔다. 인간이란 어떤 존재인가, 인간은 왜 태어나는 것일까, 어떤 삶을 살아야 하는가, 인간이 살고 있는 세상은 어떻게 시작되었고 어떻게 구성되고 운행되는가 등의 관심이다. 이러한 관심과 질문을 '궁극적 관심(질문)'이라 하고, 이 결과로 얻은 답 혹은 의미를 '궁극적 의미'라고 한다.

인간에게 종교가 지니는 기본적 의미는 '궁극적 의미' 추구에 있다. 인간이라면 누구나 세상 삶을 살아가면서 앞에서 이야기했던 것과 같은 '궁극적 관심(질문)'을 떠올리게 되고 이에 대한 답을 찾으려 한다. 이러한 인간의 '궁극적 의미' 추구는 오랜 인간의 역사 안에서 많은 인물들에 의해 지속적으로 시도되어왔다. 그들은 각자의 과정과 방식으로 '궁극적 의미'를 추구했고 그 결과 몇몇 인물들에 의해 대단히 놀라운 의미들이 발견되었다. 인간에게 종교의 의미는 이러한 궁극적 의미의 발견, 즉 '초월적 진리'의 깨달음으로부터 시작된다.

결국 모든 종교는 초월적 진리 혹은 초월성을 근간으로 한다. '초월(超越)'이라는 말은 기본적으로 '너머'의 의미이다.[48] 어떤 기준을

---

48) 종교에 관한 논의에서 초월이라는 개념은 다양한 스펙트럼을 지닌다. 언급하는 맥락에 따라 다른 의미를 지니기도 한다. 따라서 이 책에서 사용하는 초월 개념의 의미와 의도가 절대적인 기준이 될 수는 없다. 한국인의 삶과 역사에서 종교가 지니는 의미를 통합

넘어서는, 그래서 그것과는 전혀 다른 무엇을 뜻한다. 종교에서 초월은 일반적인(현세적인) 가치나 질서 기준을 넘어서는 진리를 의미한다. 이렇게 종교에서 초월이 '너머' 혹은 '전혀 다른' 무엇이라는 것은 구체적으로 두 가지 의미로 이해할 수 있다.

첫째, 초월적 진리는 '마땅함'과 '불변'의 진리라는 의미이다. 인간과 세상에 관한 마땅하고 당연하고 변함없는 진리라는 뜻이다. 상황과 조건에 따라 이럴 수도 있고 저럴 수도 있는 일반적(현세적) 가치나 질서와 전혀 다른 것으로, 마땅히(당연히) 그리고 늘 그러해야 하는(변함없는) 가치이고 질서이다.

둘째, 초월적 진리는 '역설적 진리'로서 의미를 지닌다. 현실 삶에서 대부분 사람이 받아들이고 따르고 있는 가치와 '전혀 다른(상반되는)' 가치를 진리로 수용하고 따른다는 의미이다. 쉽게 표현해서 모든 종교의 가르침은 기본적으로 우리가 알고 있는 일반적인(현세적인) 기준과는 전혀 다른 성격과 의미를 제시한다. 그리스도교의 "한쪽 뺨을 때리면 다른 쪽 뺨도 내밀어라" "원수를 사랑하라" 등과 같은 예수의 가르침, 불교의 공(空)과 무아(無我)와 같은 '욕망과 집착 해체'의 가르침, 유교와 도교에서도 강조하는 겸허함과 자기 비움의 가르침 등은 모두 인간의 현세적 가치 질서와 상반되는 방향일 수밖에 없다. 이들 가르침대로 살다가는 현실 삶에서 뒤처지고 이상한 사람, 바보 같다는 소리를 듣기 쉽다. 이렇게 현실적인 가치 기준에서는 전혀 다르지만, 당장에는 손해를 보고 바보스럽지만 궁극적으로는 이

적이고 유기적인 체계로 이해하기 위한 일종의 작업가설적 개념 정의인 셈이다.

렇게 사는 것이 마땅한 진리임을 믿고 따르는 것이 종교적 추구이다.

다시 말해 초월적 진리의 깨달음은 현세적 가치 질서를 따르는 삶에 근원적 한계나 회의를 경험하고 전혀 다른 차원의 초월적 진리를 따르는 삶으로 방향을 전환하는 것이다. 이때의 방향 전환은 생각과 말과 행동 등 자신의 모든 것에 걸쳐 일관되게 이루어지는 전인격적 변화이다. 한순간의 일시적인 경험이 아니라 이후로는 계속 그런 삶을 살아가는 지속적인 변화이다.

종교적 인간은 초월적 진리의 깨달음(간단히 표현해 초월의 경험) 이후에는 이전까지의 가치 질서와는 전혀 다른 가치 기준에 따르는 삶을 살게 된다. 이전까지의 가치 기준과 초월적 가치 기준 사이에 확연한 구분이 이루어진다. 흔히 사용하는 성(聖)과 속(俗)의 개념으로 표현하면 초월적 가치 기준이 성을 의미하고 이전까지의 가치 기준은 속에 해당하는데, 성과 속의 구분이 이루어지는 것이다.

이렇게 종교는 기본적으로 초월의 의미를 강조한다. 그런데 인간에게 종교가 지니는 의미는 초월의 의미 강조에 국한되지 않는다. 종교에서 성과 속의 구분을 근간으로 하는 것은 흔히 그 진정한 의미를 오해하기 쉽다. 성과 속의 구분을 성과 속의 이분법적 대립으로 잘못 이해해서는 안 된다. 분명 성과 속은 전혀 다른 가치이다. 하지만 종교가 이 둘의 구분으로부터 출발하는 것은 무조건 속을 부정하고 일방적으로 성을 선택하려는 의도는 아니다. 성과 속을 이분법적으로 대립시키고 현세 삶 전체를 속으로 간주하면서 현세 삶을 모두 무의미하고 무가치한 것으로 판단하는 것이 아니다. 현세 삶 전체를 거짓된 악으로 배격하고 현세 삶을 떠나서 저 너머의 그 어떤 세계로 옮겨가려는 것이 아니다.

성과 속의 구분을 통해 추구하는 진정한 의미는 성에 따라 속을 변화시키는 데 있다. 이전까지의 삶을 초월적 진리에 따라, 초월적 진리에 부합하게 변화시키는 것이 종교적 추구의 진정한 의미이다. 현세 삶을 포기하는 것이 아니라 속으로서의 현세 삶을 초월적 진리에 부합하게 변화시키고 완성하려는 것이 초월 추구의 본래 의미이다. 저 너머의 초월적 진리를 '지금 여기'의 현세 삶 안에서 실현하려는 것이 초월 추구의 본래 의미이다.

초월 추구의 본래 의미에서는 결코 현세 삶을 무의미하거나 무가치한 것으로 배격하지 않는다. 비록 질적으로는 초월적 진리에 어긋나는 불완전하고 모순된 현세 삶이지만 이를 변화 완성시키려 한다. 그러기 위해 현세 삶에 관심을 갖고 현세 삶을 위한 모든 일에 의미와 가치를 부여한다. 현세 삶을 변화 완성시키기 위해 현세 삶의 모든 영역에서 이루어지는 일에 참여하고 노력한다. 초월적 진리에 어긋나는 현세 삶의 문제 상황에 대해 초월적 진리의 기준에서 단호한 비판과 개혁의 노력을 다하는 것이 마땅한 종교의 역할이다.

이런 의미에서 종교적 추구의 삶에는 성과 속이 함께 의미를 지닌다. 무조건 속을 부정하고 성만을 일방적으로 선택하는 이분법적 대립이 종교의 본래 의미는 아니다. 따라서 종교가 인간의 삶에 어떠한 의미를 지니는가에 관한 전반적인 이해는 성과 속 두 범주 모두를 대상으로 이루어져야 한다. 이런 의미를 함축하여 '초월'과 '현실'이라는 두 범주를 종교 이해의 기본 구조로 설정하곤 한다. 인간에게 종교는 초월과 현실 두 범주 모두에서 의미를 지닌다. 초월과 현실의 일치가 종교적 추구의 궁극적 의미이다.

　통합적이고 유기적인 한국 종교 서술을 위한 범주 분류 역시 우선 초월과 현실 두 범주를 설정하였다. 한국인의 삶 안에서 종교가 지닌 의미를 초월의 범주에 해당하는 내용들과 현실의 범주에 해당하는 내용들로 분류하고, 다시 두 범주에 해당하는 내용들을 세부 주제로 분류하여 그에 관한 구체적인 한국 종교의 내용을 설명할 것이다. 이러한 한국 종교 서술을 통해 종교가 한국인에게 어떤 의미를 지녔는지 통합적이고 유기적으로 파악할 수 있을 것이다.

II

한국 종교의 역사적 전개

한국인의 삶 안에서 종교가 지닌 의미를 '초월'과 '현실' 두 범주로 분류하여 살펴보는 것은 쉽게 표현해 한국 종교에 대한 주제별 이해 방법이다. 한국인의 삶 안에서 종교가 지닌 의미를 이해하기 위해서는 주제별 이해와 더불어 역사적 이해도 필요하다. 한국인의 삶 안에서 종교가 어떤 의미를 지니는지를 역사적 맥락 안에서 이해하려는 의도이다. 역사적 시대 상황에 따라 한국 종교는 어떻게 작용하였는지, 또한 한국 역사의 시대 변화에 종교는 어떤 영향을 주었는지에 초점을 맞춘다.

그렇다고 단순히 한국 종교 관련 내용을 시대 순으로 나열하는 방식으로 역사적 이해를 시도하지는 않을 것이다. 머리말에서 지적했듯이 다양성과 복합성을 지닌 한국 종교는 통합적이고 유기적인 이해와 서술이 필요한데, 단순히 한국 종교 관련 내용을 시대 순으로 나열하는 방식은 적합하지 않기 때문이다. 따라서 한국 종교의 역사적 전개 과정을 모든 시대에 걸쳐 살펴보지 않고, 한국인의 삶에 결정적 의미를 지니는 역사적 맥락과 내용에 집중할 것이다. 해당 역사적 맥락 안에서 한국 종교에 어떤 변화가 일어났고 그러한 한국 종교의 시대적 변화가 한국인의 삶에 어떤 의미를 지녔는지가 역사적 이해 작업의 핵심이다.

한국 종교의 역사를 이야기할 때 언제 그리고 무엇부터 시작해야 할까? 이 질문 역시 '한국 종교'를 실체로 전제하고 있다는 점에서 애당초 논의의 어려움을 내포하고 있다. 한국 종교를 이해하는 데 반드시 필요한 내용이지도 않다. 한국 종교 이해의 초점을 '한국인의 삶에 어떤 의미를 지니는지'에 맞추면 한국 종교의 기원이나 원형을 반드시 규명해야 하는 것은 아니다. 한국 종교의 기원이나 원형 문제를 의식하지 않고, 실제 역사 안에서 확인할 수 있는 한국인의 삶 속 종교의 의미에 관심을 집중하는 것으로 충분하다.

종교가 한국인의 삶에 어떤 의미를 지니는지를 역사적으로 이해할 때 특별히 네 가지 시대 맥락에 주목할 필요가 있다. 한국 종교 역사를 이해하는 데 중요한 내용과 시대 상황은 훨씬 많지만, 종교가 한국 역사와 한국인의 삶에 작용하는 양상과 의미를 큰 흐름으로 정리할 때 결정적 의미를 지니는 시대 맥락 네 가지에 주목하는 것이다.

첫 번째는 '유(儒)·불(佛)·도(道) 수용 이전'이다. 한국 종교의 기원이나 원형은 명확히 규명할 수 없지만 한국인의 역사와 삶에 의미를 지니는 가장 첫 번째 종교에 관한 내용이라는 점에서 의미를 지닌다. '유·불·도 수용 이전'이라는 시점을 설정한 것은 유·불·도 수용 이전과 이후의 변화가 획기적이기 때문이다.

주목해야 할 두 번째 시대 맥락은 '유·불·도 수용과 한국인의 삶의 변화'이다. 유·불·도는 이전의 한국 종교와 확연히 다른 새로운 종교였다. 유·불·도의 수용은 한국 역사와 한국인의 삶을 이전과 다른 차원으로 전환시켰다. 유·불·도가 지닌 각각의 특징이 어떻게 이러한 시대 전환에 작용했는지를 파악하는 것이 두 번째 시대에 관한 논의의 핵심이다.

세 번째로 주목할 시대 맥락은 '여말선초(麗末鮮初)의 변화와 한국 종교'이다. 유·불·도 수용 이후 삼국시대로부터 고려시대에 이르기까지는 종교와 한국인 삶의 영향 관계에 큰 변화는 없었다. 유·불·도에 의한 전반적인 흐름이 그대로 이어졌다. 고려 말이 되면서 역사적 상황이 급변하기 시작했고, 그 변화의 흐름에 종교가 중요한 작용을 하였다. 이 시대의 변화에 종교가 어떻게 작용하였는지, 종교의 변화가 이 시대 인간과 세상에 어떤 영향을 끼쳤는지를 파악하는 것이 중요하다.

네 번째로 주목할 시대 맥락은 '조선 말의 변화와 한국 종교'이다. 여말선초에 비롯한 한국 종교 관련 변화는 조선시대 내내 큰 변화 없이 지속되었다. 조선 말이 되면서 시대 상황에 큰 변화가 진행되었고, 이 시대의 변화에 종교 역시 중요한 요소로 작용하였다. 특히 서양 그리스도교의 유입은 한국 역사 전체에 있어서 가장 큰 변혁을 가져왔다. 한마디로 한국 역사의 첫 문화충돌이었다. 아울러 여러 신종교의 등장은 이 시대의 변화를 반영하면서 동시에 새로운 시대 변혁을 이끄는 역할도 했다.

1
유·불·도 수용 이전 한국 종교

이미 언급했듯이 언제 그리고 무엇이 한국 종교 역사의 시작인지는 명확하지 않다. 다만 한국 종교의 역사적 흐름을 고찰하고자 할 때 유·불·도 수용 이전의 내용을 첫 번째 대상으로 삼아야 할 필요성은 분명하다.

유·불·도는 한국 종교의 역사와 한국인의 삶에서 근간을 이룬다. 영향을 준 시기가 오래라는 점은 물론이고, 영향의 깊이와 범위에서도 유·불·도가 한국인의 삶과 종교의 근간이라는 사실이 분명히 드러난다. 유·불·도의 수용 자체가 한국 종교는 물론 한국 역사 전체의 시대 전환에 결정적 요소가 되었다. 유·불·도의 수용을 기점으로 한국 고대의 정치·사회·문화 모든 면에서 이전과 확연히 다른 새로운 차원으로 변화가 이루어졌다.

이렇게 유·불·도 수용 이후의 변화와 의미가 뚜렷하다면 자연스럽게 유·불·도 수용 이전 한국인의 삶과 종교는 다른 의미를 지니는 맥락으로 구분된다. 이 맥락에 해당하는 내용을 흔히 이야기하는 한국 종교의 기원 혹은 고유성으로 규정하려는 의도가 아니라, 획기적 전환점인 유·불·도 수용 이전에는 어떤 종교가 한국인의 삶에 영향을 주었는지를 파악하려는 것이 이 시대 맥락에 주목하는 이유이다. 이 시대 한국인의 삶에 의미를 지녔던 종교 내용이 유·불·도 수용에 따라 어떻게 변화되었는지가 중요한 초점이다.

우선 이 시대의 한국 종교에 관한 내용은 사료의 한계로 인해 충분히 전체 모습을 파악하는 데 어려움이 있다. 시대 자체가 아직 본격적인 기록 사료가 이루어지기 이전이고, 부분적인 내용을 확인할 수 있는 사료들도 이후 시대에 기록된 간접적인 사료라는 한계가 있다.

사료적인 한계 이전에 이 시대의 한국 종교에 관한 내용 자체가 뚜렷한 체계를 갖추고 있지 않다는 점에서 이해의 어려움이 있다. 이 시대의 정치 사회 문화 모든 면이 아직 고대국가에서와 같은 체계를 갖추기 이전이기 때문에 종교 역시 다른 삶의 영역과 중첩되어 있는 상황이다. 삶의 영역이 각 부분으로 명확히 분리되지 않으면서 종교 역시 삶 전체 영역에 걸쳐 내재되어 작용하고 있다. 따라서 이 시대 한국 종교를 외형적 실체로서의 종교 개념으로 접근하는 것은 이해를 더욱 어렵게 만든다.[1]

---

1) 이 책의 I-1에서 논의한 '실체적 종교 개념'의 문제, 특히 Wilfred Cantwell Smith의 '물상화(物像化)' 내용 참조

이러한 조건에서 이 시대 한국인의 삶에 의미를 주는 종교 내용을 확인할 수 있는 자료로 단군신화, 시조(始祖) 신앙과 천신(天神) 신앙, 무속신앙에 주목할 수 있다.

(1) 단군신화

단군신화를 통해 유 · 불 · 도 수용 이전의 한국 종교를 파악하려는 시도가 어느 정도의 의미를 지니는지에 관해서는 논란이 있을 수 있다. 단군신화에 대해서는 그동안 여러 분야에서 많은 연구가 있었다.[2] 각자의 입장에 따라 논란도 많다.[3] 여기에서는 그 같은 세부적인 논의까지 다룰 수는 없고, 단군신화의 의미 분석을 통해 그로부터 확인할 수 있는 유 · 불 · 도 수용 이전의 한국 종교 관련 내용에 집중하고자

---

2) 단군신화에 관심을 갖는 연구 분야는 역사학, 신화학, 문학, 종교학 등 다양하다. 역사학에서는 고조선의 역사와 관련한 한국 상고사 연구로서 관심을 갖는다. 이기백 편, 『단군신화론집』(새문사, 1990)과 이종욱, 『고조선사연구』(일조각, 1993) 등이 대표적이다. 신화학에서는 단군신화의 신화적 의미를 분석하고 다른 문화권의 신화와 비교를 통해 한국신화의 특징 파악에 관심을 갖는다. 이선아, 『단군신화와 게세르칸 : 북방 영웅 신화의 원형 탐구』(민속원, 2020)를 예로 들 수 있다. 문학에서는 윤경수, 『한국고소설의 동굴 모티프 연구: 단군신화의 수용을 중심으로』(태학사, 1999)에서처럼 한국 고소설의 특징적 요소를 단군신화 안에서 확인한다. 종교학에서는 단군신화의 종교적 혹은 사상적 의미를 해석하면서 이를 통해 상고시대 한국 종교의 내용을 파악하고자 한다. 이은봉, 『단군신화 연구』(온누리, 1986)와 김정신 외 공저, 『단군 · 단군신화 · 단군신앙』, 한국정신문화연구원 편 (고려원, 1984)이 대표적이다.
3) 단군신화 관련 논란은 단군과 고조선의 역사성 논란과 연결된다. 실증적 역사 연구에서는 한국 상고사에서 단군과 고조선의 의미를 신중하게 다루는 반면, 이른바 국수주의(國粹主義) 성향의 연구에서는 단군과 고조선의 의미를 절대화한다.

한다. 특히 단군신화에 포함되어 있는 신화적 상징의 의미를 해석하는 데 집중할 것이다.

신화는 어느 특정 시기 특정 인물에 의해 형성된 것이 아니라, 오랜 시기에 걸쳐 수많은 사람들의 생각과 삶을 통해 형성된 것이다. 따라서 특정인, 특정 부류 사람의 세계관을 반영하는 것이 아니라 그 민족 더 나아가 인류 전체가 공유하는 사유를 반영하고 있다. 이런 의미에서 신화 안에서 인간의 삶과 사유의 원형을 확인할 수 있다. 신화적 언어와 상징의 해석을 통해 이러한 원형을 파악하는 것이 신화 이해의 핵심이다.

신화를 종교 연구, 특히 본격적인 문자 사료가 형성되기 이전 시대의 종교 문화를 이해하는 데 의미 있는 자료로 활용하는 것은 이미 보편화되었다. 종교 연구에서는 신화의 사료적 의미를 '태초의 시간, 태초의 사건에 관한 이야기'로 설명한다.[4] 태초의 시간과 사건이라 표현한 것은 단지 시간적 의미 혹은 창조의 의미로서가 아니라, 세상과 인간의 근원적[궁극적] 의미를 나타낸다. 신화는 세상과 인간의 시작 혹은 근원이 '성스러움'과 연결되어 있음을 이야기해줌으로써 세상과 인간에 궁극적 의미와 질서를 부여한다. 신화는 표면적으로 신(神)에 관한 이야기 형태로 존재하지만, 그 내면적인 의미는 인간과 세상의 이야기이다.

---

4) 신화의 종교적 의미에 관하여는 미르체아 엘리아데(Mircea Eliade, 1907-1986)의 연구 참조. *Cosmos and History: The Myth of Eternal Return*(『영원회귀의 신화』, 심재중 역, 이학사, 2003), *Patterns in Comparative Religion*(『종교형태론』, 이은봉 역, 한길사, 1997) 등

단군신화에서도 그 내면의 상징적 의미 해석을 통해 유·불·도 수용 이전 한국 종교의 원형적 기본 내용을 확인할 수 있다. 단군신화의 표면적 내용은 단군(檀君)과 고조선(古朝鮮) 건국 과정이 중심을 이루고 있다. 그렇지만 단군신화를 역사적 사실의 직접적인 기록으로서보다 앞서 언급한 신화적 상징성의 표현으로 접근한다면 그 시대 사람들이 지녔던 종교문화의 핵심적 내용을 읽어낼 수 있다. 유·불·도 수용 이전 한국인이 인간과 세상의 시작을 어떻게 이해하였고 그 안에서 어떤 궁극적 의미를 추구하였는지 파악할 수 있다.

단군신화의 내용은 의미상 두 부분으로 나눌 수 있다.[5] 첫 번째 부분은 환인(桓因)의 아들 환웅(桓雄)이 인간 세상에 관심을 갖고 무리와 함께 내려와 '신시(神市)'를 열었다는 내용이다. 하늘, 즉 신(神)에 관한 이야기이다. 두 번째 부분은 곰과 호랑이가 환웅을 찾아와 인간되기를 소망하고 결국 곰이 사람이 되어 환웅과 결혼하여 단군왕검(檀君王儉)을 낳았다는 내용이다. 인간 세상에 관한 이야기이다. 단군신화의 전체 내용 구성이 신에 관한 이야기와 인간에 관한 이야기라는 점에서 신화의 전형적인 의미를 반영하고 있다.

전체적으로는 신과 인간에 관한 이야기인 단군신화 안에 다시 세부적인 여러 상징성이 담겨 있다. 각 상징성마다 정치, 사회, 문화적 맥락의 의미를 지니고 있고, 동일한 상징성이 해석에 따라 다른 맥

---

5) 단군과 고조선 그리고 단군신화에 관한 기록은 일연(一然)의 『삼국유사(三國遺事)』「기이편(紀異篇)」에 수록되어 있다. 조선시대 이승휴(李承休)의 『제왕운기(帝王韻記)』 등에도 기록되어 있는데, 기본적으로 『삼국유사』의 기록에 의존한 듯하다. 정사(正史)를 표방한 김부식(金富軾)의 『삼국사기(三國史記)』에는 기록되어 있지 않은 점은 주목할 만하다.

락의 의미를 드러내기도 한다. 유·불·도 수용 이전 한국인의 종교 문화를 확인하고자 할 때에는 다음 몇 가지의 상징성에 주목할 필요가 있다.

① 환인과 환웅

종교적 의미에서 단군신화의 세부적인 상징성들을 살펴볼 때, 무엇보다 우선 환인이라는 신에 주목하지 않을 수 없다. 환인은 좀 더 구체적인 내용을 확인할 수 없어 아쉽지만 드러난 정황만으로도 천신(天神)이 분명하다. 그리고 이 점은 유·불·도 수용 이전 한국 종교에 천신 신앙이 중심을 이루고 있었다는 사실을 확인시켜준다.[6]

단군신화에 등장하는 환인을 유·불·도 수용 이전부터 한국인이 지녀왔던 천신 신앙의 반영으로 이해하는 것은 단군신화를 수록하고 있는 사료에 따라 환인에 대한 설명이 다르게 표현되고 있는 점을 통해서도 확인할 수 있다. 『삼국유사』에서는 제석(帝釋)으로, 『제왕운기』 등의 조선시대 기록에서는 상제(上帝)로 설명하고 있다. 제석과 상제는 각각 불교와 유교에서 '천신'을 의미한다. 단군신화를 기록하면서 불교와 유교의 입장을 반영하여 다른 이름으로 표현한 것인데, 결국 환인을 천신으로 이해하였다는 점은 분명한 셈이다.

---

6) 유·불·도 수용 이전 한국 종교에서 천신(天神) 신앙이 중심 의미를 이루고 있다는 점에 관하여는 이후 논의에서 다시 구체적으로 언급할 것이다.

② "환웅 ⋯ 인간 세상 구하기를 탐하였다"

환인의 아들 환웅이 하늘에서 내려다보며 "인간 세상 구하기를 탐하였다"는 내용에서도 유 · 불 · 도 수용 이전 한국인이 지녔던 천신 신앙의 특징을 확인할 수 있다. 천신 개념은 여러 문화권에서 공통적으로 확인할 수 있는 보편적이고 핵심적인 신 개념 중 하나이다.[7] 천신 개념의 일반적 특징 중 하나는 격절신(隔絕神, Deus Otiosus, '은퇴한 신')의 성격이다. 흔히 천신은 인간과 세상의 시작을 부여하고 만물의 근본 원리를 제공한다. 그런데 이 모든 근원적 작업을 마무리한 후 천신은 인간과 세상의 구체적인 상황에 직접 관여하지는 않고 최고 혹은 궁극적 권위만을 유지한 상태에서 뒤로 물러나 있다.

이에 비해 단군신화의 환웅은 인간과 세상에 적극적인 관심을 지니고 실제로 참여하는 천신으로 나타난다. 이에 근거하여 유 · 불 · 도 수용 이전 한국인이 지녔던 천신 개념이 인간 세상 저 너머에 도도하게 자리 잡은 권위적이고 두려운 존재가 아니라 인간 생활과 친근하면서도 긴밀한 관계를 갖는 성격이라고 이해할 수 있다. 이 의미를 좀 더 깊게 해석해보면 유 · 불 · 도 수용 이전부터 한국인이 지니고 있던 종교성의 중요한 내용을 확인할 수 있다.

한국인은 오래 전부터 인간과 세상에 대한 이해를 신적 존재, 즉 초월성과 연결시키고 있다. 그런데 한국인의 초월성 이해는 단순히

---

7) 천신(天神, Father Sky)에 대한 종교현상학적 설명은 W.B. Kristensen, *The Meaning of Religion* (Martinus Nijhoff, 1971), pp.40-51과 G. van der Leeuw, *Religion in Essence and Manifestation* (Gloucester, Mass. Peter Smith, 1967), pp.177-181 참조

현세와의 대립적 구분에 초점을 맞추고 있지 않다. 초월성은 현세의 가치나 질서와 분명 다른 의미를 지니는 것으로 구분되지만, 이 구분의 의도 또는 지향은 초월성과 현세의 이분법적 대립에 있지 않다. 오히려 둘의 조화와 합일에 초점을 맞춘다. 초월성[초월적 진리]을 현세 삶 안에 실현하고, 초월적 가치와 질서에 따라 인간과 세상을 변화시키고자 한다는 의미에서 둘(초월성과 현세, 聖과 俗)의 조화와 합일을 추구한다.[8] 이를 '초월의 내재(內在)' 개념으로 설명할 수도 있다.[9] 이렇게 초월과 현세의 조화, 초월의 내재를 강조하는 한국 종교의 특징을 천신인 환웅의 인간과 세상에 대한 적극적인 참여에서 확인할 수 있다.

③ "환웅이 무리 3천을 거느리고 태백산 꼭대기 신단수 아래에 내려와 신시(神市)를 열었다."

단군신화에 등장하는 여러 명칭이 실제로 어떤 대상을 지칭하는지를 파악하려는 시도는 그리 바람직하지 않다. 계속 언급했듯이 신화는 직접적인 사실 기록이 아니라 상징성으로 읽어야 하기 때문이다. 태백산 역시 실제 어느 지역의 산인지를 밝혀내는 것은 중요한 의미를 지니지 않는다.

---

8) 이를 한국 종교 전통에서는 천(天)·지(地)·인(人) 삼재(三才)의 조화와 합일 개념으로 표현하였다. 한국 종교의 역사적 흐름 안에서 지속적으로 확인할 수 있는 특징으로, 이후 논의의 여러 맥락에서 반복적으로 설명할 것이다.

9) 이분법적 대립 구도 안에서 현세와 격절적인 초월성을 부각시키는 것이 아니라, 현세 삶 안에서 구체적으로 경험할 수 있고 실현시키고자 하는 내재적 초월성의 의미를 강조하는 개념이다.

산은 여러 문화권의 종교 혹은 신화에서 보편적으로 등장하는 상징성이다. '우주산(宇宙山, cosmic mountain)'으로 표현되면서 세상의 근원적 의미를 지니는 공간을 나타낸다. 이곳에서 세상이 시작되기도 하고, 세상의 질서와 궁극적 의미를 간직한 중심으로서 의미를 지닌다. 단군신화의 태백산은 이러한 우주산으로서 의미를 지닌다. 신단수 역시 같은 의미를 지니는 우주목(宇宙木, cosmic tree)의 상징성으로 이해할 수 있다.

천신인 환웅이 태백산 신단수에 내려왔다는 것은 천[초월성]과 세상의 연결, 초월성이 인간과 세상 안에 드러남을 의미한다. 이렇게 펼쳐진 신시는 현세 안에서 초월적 가치와 질서가 온전히 실현된 성스러운 공간이다. 천신인 환웅이 태백산 신단수 아래에 내려와 신시를 펼침으로써 세상 안에 초월적 진리가 드러났고, 현세 삶의 질서와 궁극적 의미가 제시된 것이다. 위에서 한국 종교의 특징으로 언급한 초월과 현세의 조화, 초월의 내재를 다시 한번 확인할 수 있다.

④ "풍백(風伯), 우사(雨師), 운사(雲師) 등을 거느렸고"
이들 명칭은 일종의 관직명으로서 당시의 정치 체계를 나타내는 것일 수도 있다. 그러나 이들이 하늘로부터 내려온 일종의 신격들임을 고려했을 때, 지고신적(至高神的) 요소와 다신적(多神的) 요소가 함께 존재하는 특징에 주목할 필요가 있다. 환인 혹은 환웅은 지고신이고 풍백 등은 그 명을 수행하는 일종의 기능신(機能神)에 해당하는 것이다. 이는 고대 다신론 체계의 보편적인 특징으로, 여러 기능신들은 해당 사회의 여러 영역과 역할을 반영한다. 이런 맥락에서 단군신화가 반

영하고 있는 당시 사회는 농경문화임을 확인할 수 있다.

⑤ "곰과 호랑이"

단군신화에 등장하는 곰과 호랑이의 상징성은 기본적으로 토템 신앙을 나타낸다. 토템 신앙은 고대 종교 문화를 구성하는 보편적인 특징 중 하나이다. 그런데 단군신화에 반영되어 있는 당시의 정치 사회 상황을 해석해내려는 시도에서는 곰과 호랑이의 상징성에 특별한 의미를 부여한다.[10] 곰과 호랑이는 토착 세력으로, 환웅은 토착 세력보다 앞선 문화를 보유한 이주 세력으로 해석한다. 단군신화에 나오는 곰과 호랑이 그리고 환웅 사이의 이야기는 당시에 선진 이주 세력과 토착 세력들 사이에 이루어진 모종의 정치적 상호 작용을 반영한 상징성으로 이해한다. 결국 환웅으로 상징되는 이주 세력과 곰으로 상징되는 토착 세력의 결합에 의해 고조선이라는 정치 세력이 형성되었다는 해석이다.

(2) 시조(始祖) 신앙과 천신(天神) 신앙

단군신화와 더불어 유·불·도 수용 이전 한국 종교의 내용을 확인할 수 있는 또 하나의 자료는 시조 신앙과 천신 신앙에 관한 것이다. 단군신화에도 시조 신앙과 천신 신앙의 내용이 반영되어 있다. 단군신

---

10) 이종욱, 『고조선사연구』(일조각, 1993) 참조

화가 기본적으로 고조선의 시조인 단군왕검에 관한 신화이고, 단군 신화에 등장하는 환인과 환웅에게서 천신 신앙을 확인할 수 있다. 고조선 이외의 한국 고대 부족 국가들에서도 시조 신앙과 천신 신앙을 공통적으로 확인할 수 있다. 부여와 고구려에 관련된 주몽신화, 신라의 혁거세신화 등이 모두 시조 신앙과 천신 신앙을 반영하고 있다.

한국 종교에 있어 시조 신앙과 천신 신앙은 깊은 연관성을 지닌다. 한국 고대 부족 국가 대부분이 자신들의 시조를 천신과 연결시키고 있기 때문에 시조 신앙이 곧 천신 신앙의 의미를 지닌다. 천신을 이 세상 모든 현상을 다스리는 힘의 근원으로 받아들이는 천신 신앙을 바탕으로, 자신들의 시조가 하늘의 아들임을 내세워 지배자의 권위를 정당화하고 강화한다.

시조 신앙이 천신 신앙에 바탕을 두고 있다고 한다면 앞서 살펴본 단군신화에 이어서 다시 한번 유·불·도 수용 이전 한국 종교의 핵심 내용이 천신 신앙이라는 사실을 확인하는 셈이다. 실제 부여의 영고(迎鼓), 고구려의 동맹(東盟), 동예의 무천(舞天)과 같이 각 부족 국가마다 천신에게 제사를 지냈다.[11] 진한(辰韓)에서는 사람이 죽으면 그 주검에 커다란 새의 날개를 붙여서 하늘로 올라가도록 기원했다는 기록, 부여에서는 전쟁을 하려고 할 때에도 하늘에 제사를 지내서 하늘의 뜻을 미리 알아보았다는 기록, 봄철 파종기에 풍년을 기원하며 드리는 의례와 가을철 수확기에 추수 감사를 목적으로 드리는 의례

---

11) 한국 고대 부족국가의 종교 문화에 관하여는 중국 진수(陳壽)가 280-289년 사이에 편찬한 『삼국지(三國志)』 권30 「위서(魏書)」 오환선비동이열전(烏丸鮮卑東夷列傳)의 기록을 참조한다. 이 사료를 흔히 '삼국지위지동이전'이라 칭하기도 한다.

등에 관한 기록도 모두 천신 신앙의 내용을 확인시켜준다.

이처럼 유 · 불 · 도 수용 이전의 뚜렷한 특징으로 드러나는 천신 신앙은 유 · 불 · 도 수용 이후 시대에도 그 흐름을 확인할 수 있다. 사실 유 · 불 · 도 수용 이전의 천신 신앙 특징이 이후 시대에도 같은 흐름으로 이어졌다는 점에 대해서는 견해의 차이가 있을 수 있다. 유교와 불교의 영향에 의해 천신 개념에 변화의 측면이 드러나기도 하고, 일반화된 의미에서의 '하늘'을 대상으로 하는 내용을 이전 시대의 명확한 천신 신앙과 구분해야 한다는 해석도 있을 수 있다.

이들 개념의 변화에 관한 세밀한 논의 역시 한국 종교 역사에서 충분한 의미를 지닌다. 하지만 이곳 논의에서는 기본적으로 하늘을 대상으로 한국 고대인이 지니고 있던 초월성 인식이라는 의미에 초점을 맞추어 그러한 세부 개념의 변화를 넓은 의미의 한 범주로 통합하고자 한다. 삼국시대 기록에서 확인할 수 있는 하늘 혹은 천신에 관한 내용, 불교의 천신 개념으로 해석된 내용, 유교의 천(天) 개념과 연결된 내용을 모두 넓은 의미의 한 흐름으로 정리해보려는 것이다.

① 삼국시대의 천신 신앙

삼국시대에는 각 나라마다 어떤 형태로든 국가의례가 행해졌다. 신라는 사직(社稷)과 명산대천(名山大川)에 드리는 제사, 고구려는 분명한 제천의례(祭天儀禮), 백제는 분명치 않지만 양쪽의 성격이 섞여 있는 것이었다.[12] 국가의례는 모든 국민이 모여 행하는 행사이다. 따라서

---

12) 김부식(金富軾), 『삼국사기(三國史記)』 권32 「잡지(雜志)」 제1 제사(祭祀)

천신에게 드리는 국가의례를 통해 모든 국민들에게 천신 신앙이 보편적으로 공유되었으리라 추측할 수 있다.

국가의례에 관한 기록 이외에도 당시 사람들의 기본 인식에 천신 신앙이 보편적으로 자리 잡고 있었음을 확인시켜주는 기록들도 있다. 신라의 명장(名將) 김유신(金庾信)이 개인적인 수련을 쌓던 시기에 산속 깊은 동굴에서 하늘을 대상으로 기원을 드리고 종교적 내용이 풍부한 체험을 했다는 기록이 대표적인 예이다.[13] 또한 신라의 어느 젊은이들이 자신들의 각오를 하늘에 두고 맹세하면서 돌에 기록한 '임신서기석(壬申誓記石)'에서도 당시 사람들이 보편적으로 지니고 있던 천신 신앙을 확인할 수 있다.[14]

두 기록에 따르면 천신은 맹세의 대상이 된다. 맹세의 신뢰, 권위를 최고로 확증하고자 할 때 하늘[천신]에 맹세를 하였다. 천신을 최고의 신뢰와 권위를 지닌 존재로 이해했다는 의미이다. 또한 천신이 언제나 모든 것을 지켜보고 있다는 것, 따라서 맹세를 지키는지 안 지

---

13) 김부식(金富軾), 『삼국사기(三國史記)』권41 「열전(列傳)」제1 김유신(金庾信)
"홀로 보검을 가지고 인박산(咽薄山)의 깊은 골짜기로 들어가서 향불을 피우고 먼저 중악(中嶽)에서 축원한 것과 같이 하늘에 맹세하고 기도하니 하늘에서 갑자기 영광(靈光)이 내려 그 보검에 실리고, 삼 일째 되는 밤에는 허성(虛星)과 각성(角星)의 두 별빛이 아득히 빛나며 칼에 내려 드리우니 보검이 스스로 움직이는 것 같았다."

14) '임신서기석(壬申誓記石)'
"임신년 6월 16일에 두 사람이 함께 맹세해 기록한다. 하늘 앞에 맹세한다. 지금부터 3년 이후에 충도(忠道)를 집지(執持)하고 허물이 없기를 맹세한다. 만일 이 서약을 어기면 하늘에 큰 죄를 지는 것이라고 맹세한다."
제작 시기는 552년(진흥왕 13) 또는 612년(진평왕 34)의 어느 한 해일 것으로 보는 견해가 유력. 1934년경 경상북도 경주시 현곡면 금장리 석장사(石丈寺)터 부근에서 발견되어 현재 국립경주박물관에 보관. 『한국민족문화대백과사전』'임신서기석' 항목 참조

키는지도 천신이 늘 지켜보고 있다는 의미이기도 하다. 맹세를 지키지 않으면 천신은 벌을 내릴 수 있는 존재이기도 하다.

아울러 천신은 의로움의 준거가 된다.[15] 천신은 의로운 일에 대해 항상 그리고 반드시 지지해주고, 보호해주고, 도움을 준다. 천신은 정의(正義)의 신이다. 곤경에 처하더라도 끝까지 의로움을 지켜나갈 수 있는 힘이 된다. 같은 맥락에서 천신은 궁극적으로 의탁하여 큰 힘을 기원할 수 있는 대상이다.

② 불교의 천신 개념과 연결-제석(帝釋)

천신 신앙과 연관하여 한국 종교에서 주목할 개념 중 하나가 제석이다. 제석은 주로 고려시대에 집중적인 주목을 받았다. 고려 초기에는 원구(圓丘)라는 천제(天祭)가 국가 차원에서 실시됐다.[16] 『고려사』에 그 절차 등이 상세하고 길게 기록된 것으로 보아 비중이 높은 의식이었음을 알 수 있다. 원구는 주로 곡(穀)을 비는 국가 의식이었다. 고려 초기까지 풍요다산(豊饒多産)과 관련하여 천신 신앙이 이어지고 있음을 확인할 수 있다.

그러나 점차 후대로 갈수록 원구에 관한 기록은 찾아보기 힘들어진다. 가끔 나올 때에도 대부분 기우제(祈雨祭) 등의 목적으로만 기록

15) 일연(一然), 『삼국유사(三國遺事)』 권2
　　신라 진성여왕 때 왕거인(王居人)이 옥에 갇혔을 때 시를 지어 하늘에 호소하니 하늘이 그 옥에 벼락을 쳐서 그를 놓아주었다는 기록.
16) 고려 성종(成宗) 때에 본격적으로 실시된 것으로 기록되어 있다. 『고려사(高麗史)』 권13 예일(禮一)

되고 있다. 그 대신 제석도량(帝釋道場)이 궁중에서 열렸다는 기록이 자주 등장한다. 제석도량은 제석을 대상으로 한 신앙 형태이다. 제석은 불교 안에 연원을 지니는 천신 개념이다. 기본적으로 같은 천신 형태라는 점에서 자연스럽게 유・불・도 수용 이전 한국 종교의 전통적인 천신 신앙과 연결성을 고려하게 된다. 두 가지 해석이 가능하다.

첫째, 고려시대에 부각된 제석 신앙은 전통적인 천신 신앙과 무관하게 전적으로 불교 신앙 안의 의미에 근거한 것이라는 해석이다. 이 해석은 제석 개념 자체가 불교 안에서 중요한 의미를 지닌다는 사실이 전제될 때 타당성을 얻을 수 있다. 불교 안에서 본래 중요한 의미를 지니는 제석 신앙이 불교문화 위주의 고려시대에 두각을 드러내는 것은 당연한 일이다. 그런데 불교 안에서 본래 천신은 그 성격과 위치 면에서 결코 중요하지 않은 개념이다. 불교에서 궁극적으로 벗어나려고 하는 윤회(輪廻) 세계 안의 존재일 뿐이다. 따라서 고려시대에 제석 신앙이 주목을 받은 것은 독자적으로 불교 내부의 의미에 근거한 것이라 판단하기 어렵다.

둘째, 고려시대 제석 신앙의 부각은 전통적인 천신 신앙과의 깊은 연관성에 따른 결과라는 해석이다. 둘의 연관성에 관하여 다시 두 가지 해석이 가능하다. 하나는 유・불・도 수용 이전 한국 종교의 천신 개념이 그대로 유지되면서 외형적 차원에서 제석이라는 이름으로 바뀌었을 뿐이라는 해석이다. 다른 하나는 유・불・도 수용 이전 한국 종교의 천신 개념이 불교의 제석 개념으로 흡수 또는 변형된 것이라는 해석이다. 어느 해석이 타당한 것일지의 판단은 유・불・도 수용 이전 한국 종교의 천신 개념과 불교의 제석 개념 중 어느 쪽이 더 중심적인 의미와 영향력을 지닌 것인지에 따라 결정되어야 할 것이다. 전자는 부족국가 시대부터 고려 초기까지 분명한 흐름을 유지하면서 한국인의 의식에 영향을 주었다. 후자는 본래 불교 안에서 결코 중요한 의미와 위치를 지니지 않는다. 이렇게 볼 때 유·불·도 수용 이전 한국 종교의 천신 개념이 내면적인 의미가 이어지면서 고려시대 불교문화 안에서 불교식 천신의 이름으로 표현되었다는 해석이 더 타당할 것이다.

③ 유교의 천(天) 개념과 연결

천신 신앙과 관련하여 검토해봐야 하는 또 하나는 유교의 천 개념이다. 유교의 천 개념은 유교 역사 안에서도 많은 변화를 거쳤다. 인격성을 지닌 고대의 상제(上帝) 개념부터 성리학(性理學)에서의 비인격적 원리로서의 개념까지 스펙트럼이 넓다. 그렇다보니 전통적인 천신 신앙의 흐름과 유교의 천 개념이 중첩되어 구분이 애매한 지점도 있다. 연원을 따지면 전통적인 천신 신앙이 먼저이겠지만, 유교가 수용된 이후 한국인의 하늘에 대한 인식 내용 중에는 전통적인 천 신앙에 해당하는 것인지 유교의 천 개념에 따른 것인지 구분하기 어려운 경우가 적지 않다.

실제로 삼국시대에 국가 주도로 행해진 제천(祭天) 의례를 유교의 제천 의례와 혼합된 성격으로 해석하기도 하고, 고려시대의 원구(圓丘)를 유교적 제천 의례의 시작으로 간주하기도 한다. 중화(中華)적 명분질서를 내세운 조선시대에 제천 의례는 쇠퇴하였지만 일반화된 의미에서의 천에 대한 인식은 보편적으로 유지되었다고 할 수 있다.

이 내용에서도 전통적인 천신 개념과 유교의 천 개념 사이의 구분이 어려울 정도로 유사한 면을 지니고 있다.

이렇듯 연원적인 면에서는 유·불·도 수용 이전 한국 종교의 전통적인 천신 신앙과 유교의 천 개념 사이에 중첩적인 애매함도 있지만, 양쪽 모두 기본적으로는 넓은 의미에서 한국인이 간직해온 천신 신앙의 범주 안에 포함시킬 수 있을 것이다.

(3) 무속신앙

유·불·도 수용 이전 한국 종교의 내용과 관련하여 검토해볼 수 있는 세 번째 자료는 무속신앙이다. 그런데 유·불·도 수용 이전 한국 종교의 내용으로 무속신앙을 검토하는 작업이 명확하지는 않다. 이는 무속신앙 자체의 특성에 기인한다. 무속신앙은 혼합적인 특성을 지닌다. 다양한 종교 문화 요소들이 무속신앙 안에 포함되어 있다. 문제는 무속신앙 안에 포함되어 있는 여러 요소들의 연원이나 계통을 정확히 규명하기 어렵다는 점이다. 특히 고대의 무속신앙은 민간신앙을 비롯한 여러 종교 문화 요소들과 습합(褶合)된 성격이 더욱 두드러진다. 따라서 유·불·도 수용 이전 한국 종교의 내용을 검토할 때 그 요소가 무속신앙에 해당하는 것인지 아니면 다른 범주에 속하는 것인지 명확한 구분이 쉽지 않다.

이런 어려움이 있지만 유·불·도 수용 이전 한국 종교에서 무속신앙이라는 범주를 포함시켜야 하는 이유는 충분하다. 우선 무속신앙이라는 범주 구분이 앞서 언급했듯이 다른 종교 문화 요소들과 중첩되어 애매한 점이 있지만, 그렇다고 무속신앙만의 특성이 없는 것은 아니다. 다른 종교 문화 범주들과의 교집합 영역이 있지만 무속신앙은 분명 그 자체로 독자적인 범주이다.[17] 또한 무속신앙이 유·불·도 수용 이전부터 한국 종교에서 중요한 의미를 지녔다는 사실은 분명하다. 무속신앙이 한국에서 기원하였다거나 한국만의 신앙 형태라고 할 수는 없다. 언제부터 한국인의 삶에 의미를 지니기 시작했는지 명확히 규명하기도 어렵다. 하지만 무속신앙이 유·불·도 수용 이전 한국 종교에서 의미를 지녔던 분명한 하나의 범주라는 점에서 검토의 대상에 포함되는 것이 타당하다.

① 단군신화와 무속신앙

한국 종교에서 무속신앙에 관한 검토는 단군신화로부터 시작할 수 있다. 무속신앙과 단군신화의 연관성을 언급하면서 단군이라는 이름이 무당과 관련 있을 것이라는 점을 지적하기도 한다. 하지만 이러한 주장은 추정 가능성일 뿐 정확한 사실 확인은 어렵다. 이보다는 단군신화의 내용 중에 무속신앙적인 특징이 존재한다는 점에서 무속신앙과

---

17) 무속신앙을 독자적인 범주로 설정할 수 있는 무속신앙만의 특성이 무엇인지에 관하여는 논란의 여지가 있지만 무속신앙을 다른 종교 범주와 구분할 수 있는 그 어떤 특성을 인정한다는 점에는 이론이 없다. 무속신앙을 규정하는 특성으로 가장 많이 주목하는 것은 샤먼(shaman, 巫)이라는 존재와 그의 엑스타시(ecstasy, 몰아경沒我境) 체험 능력이다. 『샤먼, 살아 있는 인류의 지혜』(피어스 비텝스키 지음, 김성례·홍석준 옮김, 창해, 2005) 참조. 한국 무속신앙의 경우 굿의 역할과 의미를 강조한다는 점이 중요한 특성으로 주목받는다.

단군신화의 연관성을 확인할 수 있다.

한 가지 예로 '환웅이 신단수를 통해 내려왔다'는 내용을 들 수 있다. 여기서 주목할 것은 신단수이다. 신단수는 앞서 단군신화의 상징성을 해석할 때 우주목(cosmic tree)으로서의 의미를 지닌다고 했다. 우주목의 상징성은 무속신앙의 맥락에서도 중요한 의미를 지닌다. 무속신앙은 샤먼(shaman, 巫)의 역할, 특히 엑스타시(ecstasy, 몰아경沒我境) 상태에서 천계(天界, 혹은 영계靈界)와 지상계를 오가며 소통시키는 역할이 핵심이다. 한국 무속신앙과 동일한 계통으로 추정하는 퉁구스계의 샤머니즘에서는 엑스타시 상태에서 샤먼의 영(靈)이 특정 나무 기둥을 통해 천계와 지상계를 여행한다고 한다. 이 나무 기둥은 천계와 지상계의 연결 지점이라는 점에서 세상의 중심, 즉 우주목으로서의 의미를 지닌다. 단군신화의 신단수에서 이러한 무속신앙적인 특징을 확인할 수 있다.

또한 '홍익인간(弘益人間)'의 의미에서도 무속신앙적 특징을 읽을 수 있다. 단군신화에서는 환인이 환웅을 내려 보내면서 '널리 인간을 이롭게 할 만하다(弘益人間)'고 한다. 환인이 환웅을 내려 보내면서 제시한 일종의 통치 이념으로 표현되고 있지만, 신화의 상징성으로 해석한다면 실제 고조선을 세운 당시 사람들이 지니고 있던 이상적 삶의 원리를 나타낸 것이라 할 수 있다. 핵심은 '널리 인간을 이롭게 한다'는 것을 구체적으로 어떤 의미로 이해하느냐는 점이다. 여기에서 지나치게 후대의 정제된 인식과 개념을 적용시키는 것은 적합하지 않다. 당시 사람들의 삶과 생각에 기준을 맞춘 의미 해석이 필요하다.

'널리 인간을 이롭게 한다'는 것에 고차원적인 정치 철학이나 윤리 도덕적 이념으로서의 의미를 부여하기보다 글자 그대로 인간의 현세 삶이 평안하고 안정되기를 추구하는 의미로 이해하는 것이 적합하다. 이렇게 해석할 때 홍익인간은 무속신앙의 기본 특징을 표현하고 있다. 무속신앙은 인간의 현세 삶에 초점을 맞춘다. 인간의 현세 삶이 평안하고 안정되기를 위해 신령과 소통하고 살아 있는 사람들은 물론 죽은 사람들과도 조화로운 관계를 유지하려는 것이 무속신앙의 특징이다. 단군신화의 홍익인간은 이러한 무속신앙적인 가치가 표현된 내용으로 이해할 수 있다.

아울러 북아시아의 샤머니즘에서 시조 동물로 신앙되는 곰이 등장하는 점을 비롯한 단군신화의 세부 요소들 중에서도 단군신화가 기본적으로 무속신앙과 연관되어 있음을 확인할 수 있다. 다만 이러한 요소들은 앞서 언급한 무속신앙의 혼합적 특성 때문에 명확히 무속신앙적인 특징이라고만 한정할 수 없는 중첩적인 성격을 지닌다. 어쨌든 단군신화와 무속신앙의 연관성을 추론할 가능성은 인정할 수 있다.

② 부족국가 기록 안의 무속신앙

단군신화 이외의 고대 부족국가 관련 기록에서도 무속신앙과 연관된 내용을 확인할 수 있다. 삼한(三韓)에 관한 기록에서는 소도(蘇塗)라고 불리는 성역(聖域)에서 천군(天君)이라고 불리는 사람이 음주가무(飲酒歌舞)로 신들을 즐겁게 했다고 한다.[18] 여기에서의 천군은 나라의 공식 제사를 드리는 제사장이다. 삼한 이외의 다른 부족 국가의 제

---

18) 『삼국지(三國志)』 권30 「위서(魏書)」 오환선비동이열전(烏丸鮮卑東夷列傳)

천(祭天) 의례에서도 이와 같은 성격의 제사장이 있었다.

당시 정치 사회적 상황 안에서 제사장의 위치와 역할이 이후 역사적 전개 과정에서 큰 변화를 겪기는 했지만, 이들 제사장이 무속신앙의 무당으로서 의미를 지니는 것으로 이해할 수 있다. 부족국가에서 고대국가 체제로 전환 이후 불교와 유교국가 시대를 거쳐 그리스도교 수용과 근대화 과정까지, 무속신앙과 무당의 의미는 제한되고 왜곡되었다. 이렇게 변천된 오늘날 무당의 모습에서 볼 때 고대 부족국가의 제사장이 쉽게 연결되지 않지만, 그들의 역할과 의미는 무속신앙의 무당에 해당하는 것으로 인정할 수 있다.

아울러 부족국가 시대 기록에서 확인할 수 있는 여러 형태의 제천의례를 무속신앙의 특징으로 해석하기도 한다. 제천 의례의 대상인 천신은 무속신앙에서의 신령에 해당하고, 제천 의례를 통해 모든 사람의 안녕과 현세 삶의 이로움을 빌었다는 점은 무속신앙의 굿이 지닌 의미와 같은 맥락을 지니는 것으로 이해한다. 제천 의례를 주관하는 제사장과 무당의 연결성은 위에서 언급한 바와 같다. 다만 이 같은 제천 의례와 무속신앙의 연결성 역시 무속신앙의 혼합적 성격이 드러나는 맥락이라는 점에서 논란의 여지는 있을 수 있다.

③ 고대 무당의 역할과 기능

고대 부족국가 시대의 제사장을 무당의 원형에 해당하는 것으로 이해했을 때 고대 무당의 역할과 기능을 대략 세 가지로 정리할 수 있다.

첫째, 국가 의례의 제사장 역할이다. 위에 언급한 삼한의 천군을 비롯한 각 부족국가의 제사장들에게서 이러한 역할을 확인할 수 있다. 이와 관련 하여 "신라의 2대 임금이었던 남해왕의 누이동생 아노가 종묘제사를 담당했다"는 기록도 있다.[19] 공주이면서 제사장 역할을 수행했다는 점에서 당시 제사장의 위치를 짐작할 수 있고, 또한 당시에 여성 제사장의 존재를 확인할 수 있는 기록이다.

둘째, 치병(治病)의 기능이다. 고구려 2대 유리왕이 병이 났을 때 무당을 불러 병을 치료하는 기록이 대표적 예이다. 기록에 따르면 유리왕이 하늘에 제사지낼 희생 돼지에 상처를 낸 두 신하를 구덩이 던져 죽인 일이 있었는데, 한 달 후 왕이 병이 나자 무당이 와서 왕이 죽인 두 신하의 귀신이 화근이라고 하여 왕이 그를 시켜 귀신에게 사죄하자 곧 병이 나았다고 한다.[20] 흥미 있는 점은 후대로 갈수록 이러한 고대 무당의 치병 기능이 불교 등의 외래 종교에게로 이전되는 것이다. 무당이 치병에 실패했는데 스님이 와서 병을 고쳤다는 기록이 나오기 시작하는 것이다.

셋째, 예언 기능이다. 이때의 예언은 단순히 앞일을 맞추는 의미에서의 예언이 아니라, 국가나 사회 차원의 중요한 일을 앞두고 올바른 결정을 예시(豫示)하는 의미이다. 더 넓게는 왕과 국가로 하여금 현 시국을 정확히 파악하고 옳고 그름을 충고하는 기능도 수행한다. 정치적 자문 역할이라고 할 수 있다.

이처럼 고대 무당의 지위와 기능은 정치 사회적으로 상당히 중요하고 높은 의미를 지니는 것이었다. 그러나 유·불·도 수용 이후 무

---

19) 김부식(金富軾), 『삼국사기(三國史記)』 권32 「잡지(雜志)」 제1 제사(祭祀)

20) 김부식(金富軾), 『삼국사기(三國史記)』 권13 「고구려본기(高句麗本紀)」 제1 유리왕(琉璃王)

당의 역할과 위치는 축소되기 시작했다. 치병을 비롯한 종교적 기능은 불교로, 정치 사회적 역할은 유교로 대체된 것이다. 국가 차원의 의례도 제천 의례를 비롯한 무속신앙적인 것에서 유교나 불교적인 의례로 대체되면서 무속신앙의 의미와 영향력은 제한되었다.

이상 단군신화, 시조 신앙과 천신 신앙, 무속신앙 관련 자료들을 통해 유·불·도 수용 이전 한국 종교의 내용을 정리해보았다. 다시 정리하면, 자료의 제한으로 인해 좀 더 구체적인 내용을 이끌어내는 데 어려움이 있지만 한국 종교의 내용을 유·불·도 수용 이전 시대까지 소급할 수 있는 근거는 분명하다.

유·불·도 수용 이전 한국 종교의 특징도 확인할 수 있다. 역시 자료의 제한으로 논란의 여지는 있지만 천신 신앙을 주목할 만한 특징으로 제시할 수 있다. 단군신화, 시조 신앙, 무속신앙 세 범주에 천신 신앙이 지속적으로 연관되고 있다는 점이 그 근거가 될 수 있다.

아울러 유·불·도 수용 이전 한국인의 천신 신앙이 지닌 특징도 확인할 수 있다. 천신을 초월적인 대상으로 인식하면서도 단지 격절(隔絶)적인 절대 타자로서의 의미를 강조하는 것이 아니라, 인간과 함께 조화를 이루는 측면을 강조하는 특징이다. 천(天)·지(地)·인(人)의 조화, 초월의 내재성 등으로 표현할 수 있는 특징이다. 이러한 천신 신앙의 특징이 이후 시대에 어떻게 전개되었는지의 문제도 한국 종교의 역사적 전개 과정 이해에 중요한 이슈이다.

2
유·불·도 수용과 한국인 삶의 변화

앞서 살펴본 것과 같이 유·불·도 수용 이전 시대에도 한국인의 삶과 문화에 중요한 의미를 지니는 종교적 특징을 확인할 수 있다. 하지만 한국 종교로서 더욱 분명한 의미와 형식이 드러난 것은 유·불·도의 수용 이후이다. 한국 종교의 역사적 전개 과정 전체에서 지배적인 영향력을 지니는 것도 유·불·도이다. 더 나아가 유·불·도의 수용은 종교 영역에서뿐만 아니라 정치·사회·문화 전반에 걸쳐 획기적인 의미로 작용했다. 한마디로 표현해 유·불·도의 수용은 새로운 시대로의 전환을 의미한다.

유·불·도 각각이 어떤 과정으로 수용되었고 또 그 수용이 어떤 의미를 지니는지를 구체적으로 살펴보기에 앞서 이 맥락에서 확인할 수 있는 한국 종교의 특징을 언급할 필요가 있다. 유·불·도의 수용은 표면적인 차원에서 볼 때 분명 새로운 문명의 유입이다. 그러나 일반적으로 새로운 문명의 유입 과정에서 드러나는 충격이나 혼란은 없었다.[21] 그 이유가 무엇일까? 크게 두 가지 해석이 가능하다.

첫째, 새로운 문명의 유입이라고는 하지만 넓은 의미에서 같은 문명권으로 분류할 수 있다는 점에서 이질감 혹은 거부감이 없었을 것이라는 해석이다. 이 해석과 관련하여 정확하고 세부적인 논의를 진행하는 것은 쉽지 않다. 한반도 지역과 연관된 고대 문명권을 어떻게 분류할 것인지, 그들 사이의 접촉과 교류 상황을 명확히 규명할 수 있는지, 한국인 또는 한국 문명의 연원을 어떤 것으로 파악할 것인지 등의 문제가 간단하지 않다.

이처럼 세부 내용의 복잡성이 있지만, 새로운 문명의 유입이 충돌과 갈등의 상황으로 이어졌느냐 아니면 이질감이나 거부감 없이 자연스러운 수용으로 이어졌느냐의 문제에 초점을 맞춘다면 한반도 지역과 연관된 고대 문명권 사이에는 기본적인 친밀감이 있었을 것이라는 추론에 더 비중이 실린다. 인종과 언어상의 연관성, 자연과 지리적 환경의 유사성 등의 조건을 떠올릴 수 있고, 무엇보다 지역적 인접성으로 인해 일찍부터 자연스러운 접촉과 교류가 이루어졌을 가능성이 높기 때문이다.

---

21) 단적으로 그리스도교의 수용 과정과 비교해보면 특징을 분명히 확인할 수 있다. 그리스도교의 수용은 당시 조선의 사회 문화 전반에 큰 충격과 동요를 가져왔다. 수차례에 걸친 박해 사건이 이를 입증한다. 이에 반해 유·불·도의 수용은 박해는커녕 갈등과 혼란이 전혀 없었다. 신라의 불교 수용 과정 관련하여 '이차돈의 순교' 기록이 있는데, 이는 불교 수용으로 인한 충돌이 아닌 다른 맥락의 의미로 해석할 필요가 있다. 이에 관하여는 신라의 불교 수용 과정에서 다시 자세히 설명할 것이다.

사실 위의 해석이 합리적으로는 어느 정도 설득력을 지닐 수 있다. 위의 해석을 부정하고 대체하려는 의도가 있는 것도 아니다. 다만 더불어 고려할 수 있는 또 하나의 해석 가능성을 논의해보고자 한다. 특히 이 해석은 한국 종교의 특성과 연관하여 의미를 지닐 수 있다. 유·불·도의 수용이 큰 충돌이나 혼란 없이 자연스럽게 이루어질 수 있었던 것은 한국인과 한국 문화의 바탕이 지니고 있던 특성에 의한 것이라는 해석이다.

이렇게 새로운 문명의 자연스러운 수용을 본바탕과 연관시켜 해석할 때 우선 가장 기본적인 경우를 생각할 수 있다. 본바탕이 뚜렷한 특성을 갖추지 않은 백지(白紙)와 같은 상태인 경우이다. 그런데 본바탕이 백지와 같은 상태여서 새로운 문명을 자연스럽게 수용할 수 있었다는 해석은 이론적인 설정일 뿐이지 현실적으로는 가능성이 희박하다. 아무리 상고(上古) 시대라 하더라도 백지와 같은 상태일 수는 없다. 더욱이 유·불·도의 전래 시기를 최대한 앞당겨 잡아도 고조선을 비롯한 부족국가 시대 즈음이고, 이때는 이미 나름대로의 문명 체계를 갖춘 상황이다.

백지 상태가 아니라 일정 특성을 지닌 본바탕이었다면 그것의 성격이 관건이다. 자기주장이 강하고 배타성이 강한 성격이라면 당연히 새로운 문명의 수용 과정이 순탄하지 않을 것이다. 유·불·도의 수용이 자연스럽게 이루어졌다는 사실은 한국인과 한국 문화의 바탕이 조화와 공존 그리고 포용과 원융(圓融)의 성격일 가능성을 떠올리게 한다. 명확하게 그런 성격을 갖추고 있다고 단정할 수 없더라도 최소한 배타성이 강한 바탕은 아니었다는 해석은 가능하다.

한국인과 한국 문화의 바탕을 실체화하여 일정 특성으로 파악하는 것 자체가 정확히 규명하기 어려운 논의일 수 있다. 하지만 한국 역사에서 새로운 문명 유입의 첫 사례인 유·불·도 수용이 흔한 갈등과 충돌 없이 자연스럽게 이루어졌다는 사실은 분명 주목할 만한 내용이다. 한국 종교의 특성 파악과 관련해서 의미 있는 단서임에 틀림없다.[22]

앞서 전체적인 맥락에서 제시했듯이 유·불·도의 수용은 새로운 시대로의 전환을 의미한다. 유·불·도의 수용이 새로운 시대로 전환을 이끌었다고 할 수도 있고, 새로운 시대로 전환을 도모하는 과정에서 유·불·도 수용이 이루어졌다고 할 수도 있다. 정치와 사회적으로는 부족국가 체제에서 본격적인 고대국가 체제로 전환이 이루어졌고, 문화와 종교로서는 고차원적인 원리와 폭넓은 체계 안에서 다양성의 통합을 추구하게 되었다. 개인의 삶과 사회 질서를 위한 윤리도 보편성과 이상적 가치를 지향하게 되었다.

이렇게 유·불·도가 한국인의 삶 여러 영역에서 의미를 지니게 된 양상에 관해서는 이 책의 Ⅲ장과 Ⅳ장에서 자세하게 논의할 것이다. 일단 여기에서는 유·불·도 각각의 수용 과정을 살펴보고자 한다.

---

22) 이러한 한국인과 한국 문화 그리고 한국 종교의 특성을 이후 한국 종교 역사 전개 과정에서 확인하는 것이 한국 종교 이해의 중요한 주제 중 하나이다. 조화와 공존적인 한국 종교의 특성에 관한 자세한 내용은 이후 관련 맥락에서 지속적으로 논의할 것이다.

(1) 유교의 수용

유·불·도의 수용이 새로운 시대로의 전환을 의미한다고 했는데, 유교의 경우 이러한 의미를 나타낸 것이 처음 수용 시기부터였다고 할 수는 없다. 이는 유교를 어떤 내용으로 규정하느냐의 문제와 연관되어 있다. 유교 전통의 구체적인 시작은 공자(孔子)를 시점으로 삼는다. 그런데 공자 스스로도 밝혔듯이 유교의 내용이 단순히 공자에 의해 처음 드러난 것은 아니다.[23] 공자 이전부터 전승된 가르침을 계승한 것이다. 이렇게 보면 유교는 공자 이전 시대의 중국 전통에서 연원을 찾을 수 있다.

유교를 공자 이전 시대의 중국 전통까지를 포함하는 것으로 규정하면 한국에 유교가 수용된 시기와 과정에 관한 추론은 중국 문화와의 초기 접촉에 관한 기록들에까지 거슬러 올라가게 된다. 중국 문화와의 접촉은 곧 중국 문화 안에 넓고 깊게 스며 있는 유교 문화(공자 이전 시대의 중국 전통까지를 포함하는 넓은 의미의 유교)의 자연스러운 전래를 의미하기 때문이다. 하지만 이 같은 넓은 의미의 유교 문화 전래는 기본적인 문화로서의 의미 정도로 평가할 수 있다. 새로운 시대로의 전환으로 평가할 수 있는 본격적인 유교의 의미는 처음 수용 시기부터가 아닌 좀 더 후대에 나타나기 시작했다.

---

23) 『논어(論語)』「술이(述而)」1, 子曰 述而不作 信而好古 竊比於我老彭
    당시 사람들이 공자를 창작하는 성인으로 일컬었기 때문에 공자가 말하였다. "말을 세우는 도가 둘이 있으니, 예전 사람이 이미 함이 있는 것을 뒤의 사람이 전하는 것을 '술'이라 이르고, 예전 사람이 하지 않은 것을 내가 비로소 한 것을 '작'이라 이른다." 유교문화연구소 옮김, 『논어』(성균관대학교출판부, 2005), 207쪽 의해 인용.

넓은 의미에서 유교 문화의 전래와 연관된 첫 번째 기록은 기자(箕子)에 관한 것이다. 중국 은(殷) 말기 혹은 주(周) 초기에 기자가 조선으로 와서 백성들에게 예의(禮儀)를 가르치고 8조(條)의 법금(法禁)을 시행했다는 기록이다.[24] 기자조선(箕子朝鮮) 또는 기자동래설(箕子東來說)에 관한 기록[25]을 유교 문화의 첫 전래로 판단하는 주장이다. 하지만 기자동래설 자체가 역사적 신빙성에 논란[26]이 있기 때문에 이를 유교 전래 시기로 판단하는 것은 설득력이 약하다.

기자동래설보다 좀 더 역사적 실재성을 인정할 수 있는 내용은 위만조선(衛滿朝鮮)에 관한 기록이다.[27] 위만조선은 중국의 연(燕), 제(齊), 노(魯) 등의 춘추전국 시대 여러 나라와 교류가 활발했다. 이들 나라는 공자와 맹자의 출생지라는 점을 비롯하여 유교 문화와 깊이 연관되어 있다. 이러한 정황상 위만조선을 통해 유교 문화가 자연스럽게 유입되었을 가능성을 충분히 추측할 수 있다. 다만 이때의 유교적 영향은 기본적인 문화에 해당하는 내용일 것이고, 사료가 부족하여 좀 더 자세한 상황을 확인할 수 없는 한계가 있다.

---

24) 『한서(漢書)』「지리지(地理志)」

25) 『상서대전(尙書大傳)』 / 『사기(史記)』「송미자세가(宋微子世家)」

26) '기자동래설'에 대한 논란을 이곳에서 자세히 다루는 것은 맥락에 맞지 않는다. 다만 기자동래설을 부정하는 주요 근거 몇 가지를 간단히 소개하면, 기자가 조선으로 왔다는 사실 자체가 당시 상황을 고려했을 때 실현 가능성이 적고, 기자동래설을 전하는 중국 측 기록에 시대적으로 모순된 점이 있으며, 기자동래설을 부각시킨 의도가 중화의식(中華意識)과 연관 있다는 점 등이다.

27) 『사기(史記)』「조선전(朝鮮傳)」과 『한서(漢書)』「조선전(朝鮮傳)」에 B.C.194년-108년 존재한 것으로 기록되어 있다. 위만조선에 관하여는 관련 사료들과 고고학적 발굴 등에 의해 역사적 실재성이 확인되고 있다. 통치 체제와 사회 문화 제도 면에서 일정 수준을 갖추었던 것으로 확인된다.

중국 문화와의 접촉을 통한 유교 문화의 유입 가능성이 한층 분명하게 드러나는 것은 위만조선이 한(漢) 무제(武帝)에 의해 멸망한 이후이다. 우선 한나라가 점령지 통치를 위해 낙랑(樂浪)·임둔(臨屯)·진번(眞蕃)·현도(玄菟)의 4군현을 설치한 기록에 주목할 만하다. 4군현이 설치된 이후 낙랑을 중심으로 한나라의 관리와 상인 등이 많이 거주하게 되었고 더불어 중국의 여러 문물이 전해졌다. 자연히 이를 통해 유교 문화도 유입되었을 것이다. 또한 한 무제가 유교에 의한 국가 통치 기반을 강화한 사실을 고려하면 이 시기에 유교 문화와 질서가 유입되었을 가능성을 더 높게 추론할 수 있다.

이처럼 유교는 문화 전반에 걸친 넓은 성격으로 인하여 처음 전래 시기와 과정을 명확하게 규정하기 쉽지 않다. 중국 문화와의 접촉·교류에 관한 기록을 토대로 일찍부터 유교 문화의 유입 가능성을 추론할 뿐이다. 하지만 유교 문화가 오랜 기간에 걸쳐 자연스럽게 한국인의 삶과 문화 전반에 의미를 지니게 된 사실은 분명히 확인할 수 있다. 초기에는 기본적인 문화 유입으로서 의미를 지니다가 점차 고대 국가의 체제를 강화하는 시기로 접어들면서는 유교가 새로운 정치 체제와 사회 질서로서 본격적인 의미를 지니게 되었다.

(2) 불교의 수용

불교는 초기 수용 시기부터 새로운 시대로의 전환이라는 분명한 의미를 지니는 점에서 초기 유교 문화 유입과 대비된다. 불교 수용의 의미는 크게 세 가지로 정리할 수 있다.

첫째, 부족 신앙의 대체이다. 부족국가 시대에는 각 부족국가의 상황과 특성을 반영한 시조(始祖) 신앙 등이 의미를 지녔다. 하지만 정치와 사회 체제가 복잡하고 큰 규모로 확대되면서 부족국가 시대의 신앙은 한계를 지니게 되었다. 다양성을 포괄할 수 있는 고차원적이고 보편적인 신앙 체계이어야 적합한 의미를 지닐 수 있었다. 불교는 이러한 새로운 상황에 맞는 신앙으로 적극 수용되었다. 이 과정에서 불교는 여러 부족 신앙이나 토착 신앙을 포용하면서 한국 불교의 융합적 특성을 형성하게 되었다.

둘째, 고대 국가의 통합적 체제 강화이다. 불교는 고구려 백제 신라가 중앙집권적 고대 국가로서의 체제를 강화해가는 시기에 전래되거나 공인되었다. 불교가 고대 국가로서의 체제 정비와 강화에 밀접히 관련되어 있었음을 확인할 수 있다. 중앙집권적 고대 국가는 부족국가 시대의 개별적이고 제한적인 특성들을 하나의 큰 틀 안으로 통합시켜야 했다. 불교는 다양성을 하나로 통합할 수 있는 보편적인 신앙 체계로서 의미를 지녔다. 불교의 가르침에 간직되어 있는 대립과 갈등 통합의 원리가 유효했다. 이런 맥락에서 고구려 백제 신라 모두 왕실이 불교 수용을 적극적으로 주도하였고, 이는 한국 불교의 국가 불교 또는 호국불교로서의 성격 형성으로 연결되었다.

셋째, 선진 문명의 유입이다. 불교의 수용은 주로 중국으로부터 이루어졌다. 중국으로부터 불교가 전래되면서 자연스럽게 중국의 앞선 문물이 함께 유입되었다. 불교의 수용은 단지 새로운 종교의 유입으로서 의미만이 아니라 정치 사회 문화 전반에 걸친 새로운 시대로의 전환으로서 의미를 지녔다.

불교의 구체적인 수용 시기와 과정에 관하여도 유교에 비하면 분명하게 기록에서 확인할 수 있다. 공식적인 불교 수용의 첫 번째 역사 기록은 고구려의 불교 수용에 관한 것이다. 고구려 17대 소수림왕 2년(372)에 중국 전진(前秦)의 왕 부견(符堅)이 사신과 승려 순도(順道)를 통해 불상과 경문을 보내왔고, 소수림왕은 사신을 보내어 감사함을 표하였다는 기록이다.[28] 또한 소수림왕 4년에는 아도(阿道) 스님이 왔고,[29] 소수림왕 5년(375)에 초문사(肖門寺 혹은 성문사省門寺)를 세워 순도를 머물게 하고 이불란사(伊弗蘭寺)를 세워 아도를 머물게 하였다고 한다.[30] 순도 스님이 처음 고구려에 불교를 전하였다는 기록은 『삼국유사(三國遺事)』에도 나온다.[31] 한편 불교의 유입이 이보다 더 앞선 시기에 이루어졌을 것으로 추측할 수 있는 기록도 있다. 중국 동진(東晉)의 고승 지둔(支遁, 314-366)이 고구려 승려에게 서신을 보냈다는 기록이다.[32] 지둔의 입멸 연대인 366년을 고려하면 소수림왕 2년(372)의 불교 수용보다 훨씬 몇 년 전에 이미 고구려에 불교가 들어와 있었다는 추측이 가능하다. 더욱이 지둔과 같은 고승

---

28) 김부식(金富軾), 『삼국사기(三國史記)』 권18 「고구려본기(高句麗本紀)」 제6 소수림왕(小獸林王) 2년

29) 김부식(金富軾), 『삼국사기(三國史記)』 권18 「고구려본기(高句麗本紀)」 제6 소수림왕(小獸林王) 4년

30) 김부식(金富軾), 『삼국사기(三國史記)』 권18 「고구려본기(高句麗本紀)」 제6 소수림왕(小獸林王) 5년

31) 일연(一然), 『삼국유사(三國遺事)』 권3 「흥법(興法)」 순도조려(順道肇麗) 조(條)

32) 혜교(慧皎), 『양고승전(梁高僧傳)』 권4 「축법심전(竺法深傳)」 / 각훈(覺訓), 『해동고승전(海東高僧傳)』 권1 「망명전(亡名傳)」

이 직접 서신을 보냈다면 그 상대인 고구려의 승려도 (아니면 중국에서 건너간 승려였다 하더라도) 어느 정도 연륜을 갖춘 승려였을 것으로 짐작할 수 있다. 따라서 그 시기 고구려의 불교가 결코 미미한 상태는 아니었을 것이라는 추론도 가능하다.

소수림왕 2년의 기록과 지둔 관련 기록을 종합하여 해석해볼 수도 있다. 국가 차원에서의 공식적인 수용과 민간 차원에서의 비공식적인 유입에 관한 기록으로 구분하여 이해하는 것이다. 종교 또는 사상과 같은 무형의 문화가 전래되는 과정이나 시기는 정확히 규정하기 어렵다. 언제부터인지 모를 다양한 접촉과 교류에 곁들어 자연스럽게 유입되는 경우가 많기 때문이다. 역사 기록에서 확인할 수 있는 수용 과정이나 시기는 공식적인 혹은 상징적인 의미를 지니는 내용이라 할 수 있다. 이 둘을 시기적으로 비교한다면 자연스러운 전래가 먼저라는 것이 합리적인 추론일 것이다.

소수림왕 때 전해진 불교의 자세한 내용이나 그에 대한 반응 등에 관해서는 사료가 부족하여 정확한 내용을 파악할 수 없다. 다만 그다음 고국양왕 때에 당시 불교의 내용을 추측할 수 있는 간단한 기록이 있다.[33] 고국양왕이 "불법을 숭신(崇信)하여 복(福)을 구하라"고 영을 내렸다는 내용인데, 이 짧은 기록을 통해 당시 고구려 불교의 성격을 부분적으로 가늠할 수 있다. 첫 번째는 불교 신앙을 국가 차원에서 권장하였다는 사실이다. 불교의 수용이 중앙집권적인 고대국가의 체제

---

33) 김부식(金富軾), 『삼국사기(三國史記)』 권18 「고구려본기(高句麗本紀)」 제6 고국양왕(故國壤王) 9년

를 강화하려는 의도와 연결되어 있음을 확인할 수 있다. 이렇게 한국 불교는 수용 초기부터 국가불교로서의 성격을 지니고 있었다. 두 번째는 불교를 현세 이익[복]을 얻기 위한 것으로 받아들이고 있다는 사실이다. 종교 신앙의 기복적인 성향은 현대에도 여전하지만 이것이 종교의 본질적인 의미라고 할 수는 없다. 수용 초기의 고구려 불교는 불교 본연의 의미에 집중하기보다는 현세 기복적인 수준의 내용이었던 것으로 짐작할 수 있다.

백제와 신라의 불교 수용 과정과 의미도 고구려와 큰 맥락에서는 다르지 않다. 백제의 경우 15대 침류왕(枕流王) 1년(384)에 인도의 승려 마라난타(摩羅難陀)에 의해 불교가 전래되었다는 기록이 있다.[34] 기록에 따르면 마라난타가 백제에 오면 침류왕이 환영하고 극진히 대접했다고 한다. 다음 해에는 한산(漢山)에 사찰을 짓고 열 명의 백제 사람으로 하여금 승려가 되게 했다는 기록도 있다.[35] 백제 역시 불교 수용이 국가와 왕실의 적극적인 주도로 이루어졌음을 확인할 수 있다.

신라에 불교가 처음 유입된 시기에 관해서는 몇 가지 다른 기록이 있어 명확하지 않다. 13대 미추왕 2년(263)에 고구려승 아도(我道)가 왔다는 기록, 19대 눌지왕 때(417-458) 묵호자(墨胡子)가 고구려로부터 들어왔다는 기록, 21대 비처왕 때(479-500) 아도(阿道)가 시자

---

34) 각훈(覺訓), 『해동고승전(海東高僧傳)』 권2 「마라난타(摩羅難陀)」 / 김부식(金富軾), 『삼국사기(三國史記)』 권24 「백제본기(百濟本紀)」 제2 침류왕(枕流王) 1년
35) 김부식(金富軾), 『삼국사기(三國史記)』 권24 「백제본기(百濟本紀)」 제2 침류왕(枕流王) 2년

(侍者) 3인을 데리고 들어왔다는 기록, 법흥왕 14년 (527)에 아도(阿道)가 들어왔다는 기록 등이 있다.[36] 이들 기록은 비공식적인 초기 전래에 관한 것이고, 신라에서 불교가 공식적으로 수용된 것은 또 다른 기록으로 확인할 수 있다.

신라의 불교 공인은 법흥왕 14년(527)에 이른바 이차돈(異次頓)의 순교 사건을 계기로 이루어졌다.[37] 이차돈의 순교에 관한 기록은 언뜻 신라 불교 수용 과정에서 갈등과 충돌이 있었던 것으로 보인다. 고구려와 백제의 불교 수용 과정이 갈등과 충돌 없이 우호적으로 이루어진 것과 비교된다. 그러나 이차돈 순교 사건의 내막을 자세히 살펴보면 이것이 불교 자체로 인한 갈등과 충돌과는 다른 맥락을 지니고 있음을 확인할 수 있다. 불교를 공인하려는 법흥왕에 신하들이 반대하는 상황에서 이차돈이 순교를 자처하여 이적(異蹟)을 일으키고, 그 결과에 힘입어 법흥왕은 반대하던 신하들을 굴복시킬 수 있었다는 것이 이차돈 순교 사건의 핵심이다. 신라 귀족들이 불교의 공인을 반대했던 것은 사실 내부적으로 귀족 세력과 왕권과의 주도권 싸움

---

36) 이처럼 신라에 처음 불교가 유입된 시기와 관련하여 여러 기록(『계림잡전(鷄林雜傳)』, 『해동고승전(海東高僧傳)』, 『삼국사기(三國史記)』 등)에 차이가 있는 것은 전혀 별개의 사안들 사이의 문제는 아닌 듯하다. 동일한 사안에 대해 각 기록에서 표기의 차이와 착오가 있는 것으로 판단된다. 이러한 차이와 착오의 발단은 신라에 불교를 전한 승려가 누구인가의 문제이다. 아도(我道 혹은 阿道)가 고구려 사람인지 중국 사람인지, 아도와 묵호자(墨胡子)가 다른 인물인지 동일 인물인지에 관한 혼란에 따라 그의 신라 입국 시기 등의 내용에 차이가 생긴 것으로 판단할 수 있다. 신라에 처음 불교를 전한 한 사람의 승려를 각기 다른 이름으로 표기하고 또 그에 관한 정보에 착오가 있는 데서 비롯된 문제인 듯하다.

37) 김부식(金富軾), 『삼국사기(三國史記)』 권4 「신라본기(新羅本紀)」 제4 법흥왕(法興王) 14년

이 그 원인이었다.[38]

　이렇게 보면 신라에서도 고구려 · 백제와 마찬가지로 불교의 수용은 국가 차원에서 왕의 적극적이고 우호적인 주도에 의해 이루어졌던 것으로 판단할 수 있다. 이는 불교가 중앙집권적인 고대국가로서 체제를 정비하고 강화하는 과정에서 중요한 의미를 지녔기 때문이다. 이런 맥락에서 한국의 불교는 수용 초기부터 국가불교로서의 성격이 두드러지게 되었다는 사실도 주목할 필요가 있다.

(3) 도교의 수용

유 · 불 · 도 삼교의 수용 관련하여 도교의 수용에 관한 논의가 가장 명확하지 않다. 이는 도교의 특성에 따른 어려움이다. 도교는 기본적인 개념 정의 문제에서부터 학자들 사이에 논란이 있다. 전체적으로 볼 때 다양한 영역의 내용들이 도교와 연관되어 있기 때문이다. 도교의 개념 정의, 다시 말해서 도교의 내용과 영역을 어떻게 규정하느냐에 어려움이 있는 상황에서 중국과 한국의 역사적 전개 과정에 드러난 구체적 유형들을 몇 가지로 정리해보는 것이 도교의 전체 면모를 파악하는 데 유용하다.

　첫 번째는 노자와 장자의 사상을 중심으로 하는 이른바 도가(道家)사상이다. 도가사상을 도교와 다른 성향을 지닌 내용으로 구분하

---

38) 고익진, 『한국고대불교사상사』 (동국대학교출판부, 1989), 42쪽

는 해석도 있지만, 넓은 의미에서 도교를 논의할 때 도가사상을 포함시키는 것이 일반적이다. 도가사상은 중국은 물론 한국 역사에서 중요한 의미를 지니고 있다. 유교가 제시하는 삶의 원리와는 다른 방향과 의미를 지닌 삶의 차원을 제시해주었고, 이러한 인생관과 세계관이 문학과 미술 등의 문화 전반에도 많은 영향을 주었다.

두 번째는 신선(神仙)으로 상징되는 불로장생(不老長生)의 추구이다. 불로장생은 현세적 인간의 유한성 또는 한계를 넘어서는 궁극적 완성의 경지를 의미한다는 점에서 영원성의 추구라는 모든 종교의 보편적 추구와 같은 맥락을 지닌다. 중국과 한국에서도 고대부터 이러한 추구가 존재했었고, 오랜 기간 이어져온 구체적인 추구 과정에서 여러 사상과 민간신앙 그리고 의학 등이 혼합된 수행 체계가 형성되었다. 이러한 수행 체계와 그 완성 경지로서 신선에 관한 내용이 여러 기록을 통해 전해지고 있다. 이 흐름을 다시 세분화하여 두 가지로 나누어볼 수 있다. 하나는 실제로 신선이라는 존재의 실현 가능성을 믿고 수행을 행했던 사람들이고, 다른 하나는 신선 혹은 불로장생이 직접 목적은 아니고 건강을 위해 수행법을 활용했던 사람들이다. 특히 후자의 경우 조선시대의 철저한 유교 중심 분위기에서도 건강을 위해 도교적 수행법에 관심을 갖고 실천한 유학자도 있었다.

세 번째는 의례(儀禮)도교이다. 도교 전통에서는 천신(天神)을 비롯한 여러 신격들에 대한 신앙과 의례가 형성되었다. 이들 도교 의례가 국가 혹은 왕실 차원에서 수용되고 거행되기도 하였다. 이 경우 도교 의례가 국가적 목적에서 국가 주도로 이루어졌다는 의미에서 국가도교로 명칭하기도 한다.

네 번째는 교단(敎團)도교이다. 고대로부터 도교 관련 다양한 내용과 흐름이 이어져오다가 중국 후한(後漢) 시기에 이르러 일정한 체계를 갖춘 교단들이 형성되었다. 도교 교단이 형성되었다는 것이 이전까지 이어져온 도교 내용과 흐름 전체가 하나의 교단으로 모아졌음을 의미하지는 않는다. 넓은 의미의 도교 흐름 안에서 또 하나의 세부적 현상으로 교단도교의 형태가 형성된 것으로 이해하는 것이 적합하다. 따라서 교단도 시대에 따라 여럿이 형성되었다가 사라지기도 하는 변천 과정이 이루어졌다. 주목할 점은 중국의 경우 이러한 교단도교가 오랜 역사를 거치며 활발하게 이루어졌는데, 한국의 경우 교단도교의 모습은 거의 찾아볼 수 없다는 사실이다.[39]

이렇게 광범위하게 다양하고 복합적인 내용이 연결되어 있다 보니 명확하게 도교의 개념이나 범주를 규정하기 어렵고, 명확하게 규정하기 어려운 내용의 수용 시기와 과정 역시 역사적으로 뚜렷하게 드러나지 않는다. 삶과 문화의 광범위한 차원에서 언제부터인지 모르게 자연스럽게 전래 수용된 셈이다.

따라서 도교의 수용 시기와 과정 역시 두 가지 맥락으로 구분하여 논의할 필요가 있다. 첫 번째는 넓은 의미의 문화 또는 사상으로서 도교의 수용이다. 이에 관하여는 명확한 역사 기록으로 확인하기는 어렵고, 관련 자료들을 통한 간접적 확인이나 추론으로 논의할 수밖에 없다. 다만 이 경우에는 도교의 성격과 영역이 더욱 광범위하

---

39) 고구려에 잠시 교단도교가 전래되었다는 기록이 있지만 내용의 정확성에 논란이 있다. 한국에 교단도교가 형성되지 않은 이유에 관하여 현대 학자들 사이에 여러 논의가 이루어졌지만 아직까지 명확한 설명이 정립되지 않았다.

고 모호해짐으로써 논의의 어려움이 있다. 두 번째는 구체적인 형식과 체계를 갖춘 도교의 수용이다. 역사 기록에서 수용 시기와 과정에 관한 내용을 확인할 수 있다. 하지만 도교의 경우 구체적인 형식과 체계라고 할 수 있는 것이 두드러지지 않아서 이에 관한 논의 역시 명확하지 않다.

첫 번째 넓은 의미의 문화 또는 사상으로서 도교의 수용 관련해서는 우선 단군신화의 내용에서 단서를 확인할 수 있다. 단군신화에 나오는 천신(天神) 신앙을 도교적인 특징으로 해석할 수 있는 것이다. 다만 천신 신앙을 온전히 도교적인 연원으로 판단할 수 있는지의 논란이 있다. 앞서 지적한 도교의 광범위하고 복합적인 성격으로 인해 명확한 논의가 쉽지 않다. 아울러 단군을 신선(神仙)적인 존재로 이해하는 것도 도교와의 연관성을 확인할 수 있는데, 이 역시 도교의 경계를 명확히 구분하기 어려운 문제가 계속된다. 단군을 어떤 존재로 해석하느냐의 문제도 여전히 논란이 있다.

문화 또는 사상으로서 도교의 수용과 관련한 또 하나 단서는 백제의 기록에서 확인할 수 있다. 백제 근초고왕(近肖古王) 시기, 고구려와의 전투 상황에서 장군 막고해(莫古解)가 태자에게 간언을 하면서 『도덕경(道德經)』의 구절을 인용하는 내용이 있다.[40] 전투에서 승기를 잡은 태자가 무리하게 공격을 이어가려하자 막고해가 이를 만류하면서 『도덕경』44장의 "만족할 줄 알면 치욕을 당하지 않고 그칠 줄

---

40) 김부식(金富軾), 『삼국사기(三國史記)』 권24 「백제본기(百濟本紀)」 제2 근초고왕(近肖古王) 24년

알면 위태로움을 당하지 않는다"[41]는 내용을 인용한 것이다. 단편적인 기록이지만 이 시기에 이미 노자의 사상이 백제에 폭넓게 수용되어 있었다는 사실을 확인할 수 있다.

두 번째 기록상에 나타난 도교 전래 내용은 고구려 기록에서 확인할 수 있다.

> 당(唐)고조가 도사(道士)에게 명하여 천존상(天尊像)과 도법(道法)을 가지고 고구려에 와 『도덕경』을 강술하게 되자, 왕 이하 수천 명이 관청(觀聽)하였다. 또 그 이듬해 국왕이 사람을 당에 보내어 도법을 구해오게 했다.[42]

당고조가 고구려에 도사를 파견하고 도교를 전하게 한 의도와 배경에 관하여는 해석의 여지가 있다. 당고조가 자신들의 도교 문화를 전파함으로써 고구려를 자신들에게 복속시키려는 의도가 있었고, 고구려 영류왕 입장에서는 당과 화친을 유지하기 위해 도교를 수용했다는 해석이 있다. 또한 고구려 내부적으로는 불교와 긴밀한 기존 정치세력을 견제하기 위해 도교를 수용하고 후원했다는 해석도 있다. 배경이 어떤 것이었든 결과적으로 도교의 내용이 고구려에 수용된 최초의 기록이라는 의미는 분명하다.

도교의 수용과 관련하여 주목할 또 한 가지는 고구려와 백제, 신

---

41) 知足不辱 知止不殆
42) 김부식(金富軾), 『삼국사기(三國史記)』 권20 「고구려본기(高句麗本紀)」 제8 영류왕(榮留王) 7년

라의 도교 내용이 다른 특성을 지닌다는 점이다. 이 역시 기본적으로는 도교의 내용이 다양하고 복합적이라는 사실과 연관된다. 지리적 위치에 따라 고구려는 주로 중국의 북방 문화와 백제와 신라는 중국의 남방 문화와 접촉하게 된 결과이기도 하다. 고구려는 산악(山嶽) 신앙 등 북방 문화의 도교와 앞서 언급한 정치적 배경에서 수용된 교단도교가 주류를 이루었고, 백제·신라는 남방 문화의 특징인 도가 사상 중심의 도교 문화가 두드러졌다.

3
여말선초(麗末鮮初)의 변화와
한국 종교

한국 종교의 역사적 전개 과정 이해에서 주목할 세 번째 시대 맥락은 고려 말과 조선 초의 변화 상황이다. 유·불·도 삼교의 수용 이후 삼국시대와 고려시대에도 한국 종교 이해에 관련한 의미 있는 내용은 많았다. 그런데 이 시기에 한국 종교의 전체적 흐름에 두드러진 변화는 없었다. 유·불·도 삼교를 중심으로 한 내용 전개가 지속되었다. 삼교가 각자의 고유한 의미와 역할로서 한국인의 삶에 영향을 주었고, 이 과정에서 삼교는 상호보완적인 조화와 공존의 관계를 유지하였다.[43]

---

43) 유·불·도 삼교가 한국인의 삶에 영향을 준 구체적 내용에 관하여는 이 책의 Ⅲ장과 Ⅳ 장에서 자세하게 논의할 것이다.

이러한 흐름에 변화가 드러난 시기는 여말선초이다. 변화의 초점은 유교와 불교 사이의 관계 인식이다.[44] 여말선초에 일어난 유·불 관계 인식의 변화가 어느 정도의 의미를 지니는지는 이전 시대까지의 상황과 비교해보면 분명히 드러난다.

(1) 전래와 수용 시기의 유·불 관계 인식

유교와 불교가 언제 어떻게 전래·수용되었는지는 앞서 Ⅱ-2(유·불·도 수용과 한국인 삶의 변화)에서 살펴보았다. 유교와 불교의 관계 인식과 관련하여 전래·수용 시기에 주목할 내용은 두 가지이다.

첫째, 한국에서의 유교와 불교는 처음부터 동등한 조건을 지니고 있었다. 유교와 불교 중 어느 하나가 토착적인 기반을 지니고 있었던 것이 아니라, 둘 모두 외래 종교라는 같은 입장이었다. 전래와 수용 시기 역시 큰 차이가 없었다. 굳이 따지자면 유교가 불교보다 먼저 한국 고대 사회 전반에 유입되었을 가능성이 있지만, 그 기간의 차이로 인해 유교가 불교에 비해 우월한 위치나 배타적 기득권을 형성

---

44) 삼교 중 도교를 제외하고 유교와 불교 사이의 관계에 초점을 맞추는 것이 한국 종교 역사에서 도교의 역할이나 의미를 소극적으로 다루려는 의도는 아니다. 유교·불교와 비교했을 때 도교가 작용했던 형식이 달랐기 때문이다. 중국의 경우 도교가 유교·불교와 견주어 또 하나의 주체로서 삼교 관계를 형성했었던 것에 비해, 한국에서는 도교가 외형적 실체성을 드러내기보다 삶과 문화의 내면적 또는 기저적(基底的) 차원에서 작용했다고 할 수 있다. 따라서 삼교의 관계 인식에 관한 논의에서는 외형적 실체로서 작용이 뚜렷했던 유교와 불교 사이에 초점을 맞추게 된다.

한 것은 아니었다.

이처럼 한국의 유교와 불교가 수용되는 과정에서 동등한 조건을 지녔던 사실은 중국의 경우와 비교했을 때 주목할 점이다. 중국에서 유교와 불교의 만남은 처음부터 동등한 조건에서 이루어지지 않았다. 유교는 중국인에 의해 형성되고 그들이 대단한 자부심을 지니고 있는 '전통'이었던 것에 반해, 불교는 생소하고 이질적인 '외래' 종교였다. '전통 대 외래'라는 서로 다른 조건에서 만남이 시작된 것이다.[45]

'전통 대 외래'의 조건이 중국 유·불 관계에 더욱 갈등적 요소로 작용하게 된 데에는 중화의식(中華意識)이라는 또 하나의 요소가 영향을 미쳤다. 중화의식은 자신들의 전통에 대한 자부심을 넘어서 극단적인 배타성을 드러내는 중국인의 독특한 특성이다. 이러한 중화의식이 자신들의 전통인 유교와 외래 종교인 불교와의 관계 인식에 어떤 방향으로 작용했으리라는 것은 쉽게 짐작할 수 있다. 중화의식은 특히 자신들의 전통이 침체해 있는 상황 그리고 그러한 침체의 원인에 외래 문화가 관여되어 있다고 판단했을 때 더욱 극심한 배타성으로 이어졌다.[46]

---

45) 중국에서 유교와 불교의 갈등은 실제로 불교가 중국에 처음 전래되면서부터 드러났다. 불교 전래 초기 중국의 유·불 관계를 한마디로 표현하면 '전통적인 유교 입장에서의 이질적인 불교에 대한 경계와 공격' 그리고 '새로이 들어와 적응하려는 불교 입장에서의 자기 변론과 홍보'였다고 할 수 있다. 이러한 정황을 잘 반영하는 사료가 「모자이혹론(牟子理惑論)」(「홍명집(弘明集)」권1, 「대정신수대장경(大正新修大藏經)」제52권, 1면上-7면上)이다. 당시 유교는 새로이 유입된 불교를 자신들의 세계관과 가치관에 근거해 검토해보고 자신들의 기준에서 벗어나는 점들을 모두 잘못된 것으로 비판하였다. 이러한 비난들을 37개 항목으로 정리하고 각각에 대한 불교 입장에서의 변론을 제시하는 것이 「모자이혹론」의 구성이다.

46) 이에 해당하는 대표적인 상황이 당말송초(唐末宋初)의 신유학(新儒學) 형성이다. 신유

전래·수용 시기 유교와 불교의 관계 인식과 관련하여 주목할 두 번째 내용은 유교와 불교 수용 이전의 바탕이다. 이에 관하여는 앞서 유·불·도 수용 시기와 과정을 논의하면서 이미 언급하였다. 표면적인 차원에서 볼 때 새로운 문명의 유입에 해당하는 유·불·도 수용이 별다른 충격이나 혼란 없이 이루어진 상황을 어떻게 해석할 수 있을지의 문제였다. 결정적인 사료가 충분하지 않은 상황에서 여러 해석이 가능하지만 유·불·도 수용 이전의 바탕이 조화와 공존 그리고 포용과 원융(圓融)의 성격일 가능성에 주목하였다.

이러한 해석의 근거가 될 수 있는 것이 신라 최치원(崔致遠, 857~?)의 「난랑비서(鸞郎碑序)」이다. 최치원은 신라 말 최고의 학자이며 문장가로 수많은 작품들을 통해 다방면의 폭넓은 관심을 보여주었다. 특히 그의 사상 속에서 유·불·도가 원융무애(圓融無碍)하게 만나고 있는 점은 여러 학자들의 주목을 받고 있다.[47] 최치원은 당시 유·불·도를 자연스럽게 겸하면서 넘나드는 인식을 갖추고 있었다.[48]

우선 주목할 사실은 최치원이 유교와 불교를[49] 개별적으로 이해

학, 특히 송초의 주자학 형성 배경과 이와 연관된 유교 중심의 배타성(불교 등을 이단으로 배척)에 관하여는 이후 '고려 후기 주자학의 수용' 부분에서 다시 논의할 것이다.
47) 김인종, 「고운(孤雲)의 생애」, 『고운 최치원(孤雲 崔致遠)』 대우학술총서 공동연구 (민음사, 1989), 11쪽
48) 최치원의 사상적 깊이와 영향력을 고려했을 때 이러한 인식은 단순히 한 개인의 사상에 그치지 않고 당시의 전반적 이해로 이어질 수 있다.(같은 글, 7쪽) 최치원이 지니고 있던 유·불 관계 인식은 당시의 전반적인 유·불 관계 인식을 파악하는 데에도 의미 깊은 단서를 제공해주는 것이다.
49) 최치원의 이해와 논의는 유·불·도 삼교에 걸쳐 이루어지고 있지만, 이곳 논의에서는 맥락에 맞게 유교와 불교로만 지칭한다.

하는 것이 아니라 전체적으로 하나의 맥락 안에서 통찰하고 있다는 점이다.[50] 그에게 있어 유교와 불교는 서로 구분 짓거나 대립적으로 인식할 수 있는 것이 아니었다. 유교와 불교 모두가 근본적으로는 동등한 의미와 가치를 지니고 있는 것으로 마땅히 하나로 넘나들 수 있는 것으로 인식하고 있었다.

최치원의 유·불에 대한 인식은 그의 저술 여러 곳에서 확인할 수 있지만, 그 중에서도 가장 잘 알려진 것은「난랑비서」이다. 이 문헌에서 주목할 내용은 한국인이 유·불·도를 서로 구분 없이 하나로 인식할 수 있었던 바탕을 제시하고 있다는 점이다. 이 내용은 유·불·도 수용 이전에 한국이 고유하게 지니고 있던 그 어떤 바탕에 관계된 것이라는 점에서 한국인의 고유한 신앙, 사상, 정신 등의 문제에 관심을 갖는 여러 학자들이 지금까지 많은 관심을 기울였던 내용이다.

나라에 현묘(玄妙)한 도(道)가 있으니 풍류(風流)라 한다. 그 교(教)를 세운 근원은 선사(仙史)에 상세히 실려 있으니, 실은 삼교(三教)를 포함하고 있어 여러 생명들을 가까이 하여 감화(感化)시키는 것이다. 이를테면 들어와서는 집에 효도하고 나가서는 나라에 충성하는 것은 노사구(魯司寇, 공자)의 뜻이고, 무위(無爲)로 일을 처리하고 말없이 교(教)를 행함은 주주사(周柱史, 노자)의 종지(宗旨)이며, 여러 가지 악한 일을 짓지 않고 여러 가지 착한 일

50) 최일범,「고운(孤雲) 최치원(崔致遠)의 사상 연구−삼교관(三教觀)을 중심으로」,『동방사상논고(東方思想論攷)』도원(道原) 유승국 박사(柳承國 博士) 화갑기념논문집(華甲記念論文集) (1984), 304쪽

을 받들어 행하는 것은 축건태자(竺乾太子, 석가)의 교화(敎化)이
다.51)

　여기에서 주목할 내용은 '풍류'라고 하는 '현묘한 도'에 관한 것이
다. 일단 최치원이 밝힌 바에 의하면 한국에는 본래 '풍류'라고 하는
고유한 도가 있었다. 이에 대해 여러 학자들은 다양한 해석을 제시
했다. '풍류는 곧 우리나라 고대로부터 전래해온 고유신앙'52)이라고
확정하기도 하고, '풍류도가 곧 화랑도이다'53)라는 주장을 내세우기
도 하고, '최치원이 지녔던 동인의식(東人意識)을 바탕으로 우수한 문
화민족으로서의 강한 자부심과 긍지가 표출된 것'54)이라고 평가하기
도 한다.
　아울러 '이 풍류가 실은 삼교를 포함하고 있다'는 내용에 대해서
도 '고유의 무속(巫俗) 사상 내지 전통사상 위에 삼교의 사상을 수용
습합(習合)하여 형성된 것'55)으로 이해하기도 하고, '유·불·도 삼교
가 융합하여 풍류도가 이루어진 것이 아니라 풍류라는 도가 군생(群

---

51) 國有玄妙之道 曰風流 設敎之源 備詳仙史 實乃包含三敎 接化群生 且如入則孝於家 出
　　則忠於國 魯司寇之旨也 處無爲之事 行不言之敎 周柱史之宗也 諸惡莫作 諸善奉行 竺乾
　　太子之化也. (김부식, 『삼국사기(三國史記)』권4 「신라본기(新羅本紀)」 제4 진흥왕眞興
　　王 37)
52) 유승국(柳承國), 「신라시대에 있어서 유·불·도 삼교의 교섭에 관한 연구」, 『대한민국
　　학술원 논문집』 제35집(1996) 43-44쪽
53) 안창범(安昶範), 「화랑도의 종교적 성격과 선(仙)·불(佛)·유(儒)와의 관계」, 『제주대논
　　문집』(1985), 146-148쪽
54) 최영성(崔英成), 「고운(孤雲) 최치원의 삼교관(三敎觀)과 그 특질」, 『동양고전연구』 제9
　　집(1997), 187-190쪽
55) 유동식(柳東植), 『한국 무교(巫敎)의 역사와 구조』(연세대출판부, 1978), 92쪽

生)을 접화(接化)하는 가운데 나타나는 가르침의 모습이 삼교 각각의 종지(敎旨)와 같다는 삼교병행론(三敎竝行論)의 입장'[56]이라고 해석하기도 하며, '우리나라 고래로부터 내려오는 현묘한 도에는 유교, 불교, 도교뿐만 아니라 어떠한 종교사상도 나올 수 있다는 뜻'[57]으로 해석하기도 한다.

아쉬운 것은 풍류에 관한 더 이상의 자세한 설명을 최치원 자신의 저술에서는 물론 다른 문헌에서도 찾기 어렵다는 점이다. 풍류가 정확히 무엇을 지칭한 것이며 풍류와 삼교의 관계는 정확히 어떤 것인지를 입증할 관련 사료가 부족한 상태에서는 여러 학자들의 주장 중 어떤 것도 결정적인 설득력을 인정받기 어렵다. 풍류에 관한 더 이상의 명확한 내용 규명과 결론이 어렵다. 그렇다고 해서 이 기록이 아무런 의미도 제시해주지 못하는 것은 아니다. 최치원이 언급한 풍류의 정확한 실체를 규명할 수는 없지만, 이 기록을 통해 유·불·도 수용 이전 한국인 또는 한국 문화의 바탕이 기본적으로 어떤 성격의 것이었는지는 확인할 수 있다.

풍류의 실체 논란에 상관없이 기본적으로 인정할 수 있는 사실은 최치원이 한국인 또는 한국 문화의 바탕을 언급하고 있다는 점이다. 그 바탕이 구체적으로 어떤 내용이고 어떤 연원을 지니고 있는지가 명확하지 않다. 그럼에도 불구하고 '이 풍류가 실은 삼교를 포함하고 있다'는 최치원의 설명은 한국인 또는 한국 문화의 바탕이 조화와 원

---

56) 한종만(韓鍾萬), 「한국의 유·불·도 삼교 회통론(會通論)」, 『여산(如山) 유병덕(柳炳德) 화갑기념(華甲記念) 한국철학종교사상사』(원광대 종교문제연구소, 1990), 284쪽

57) 유승국, 위의 글, 44쪽

융적 성격이라는 사실을 시사해준다.

풍류와 삼교의 정확한 관계, 즉 풍류라고 하는 것이 삼교의 정수(精髓)에 해당하는 내용을 본래 다 갖춘 것인지 아니면 삼교의 유입 이후 그 내용들을 모두 수용하여 하나의 이해체계를 형성한 것인지는 모호하다. 어느 쪽이든 삼교를 개별적 혹은 대립적인 의미로 구분 짓는 것이 아니라 하나의 큰 의미 틀 안에서 조화와 원융적 관계로 이해하고 있음은 공통적이다. 유·불·도의 가르침을 각기 다른 삶의 영역(유교는 효와 충, 도교는 무위의 삶, 불교는 선과 악의 윤리적 삶)과 연결시키면서도 기본적으로는 인간 존재와 삶을 위한 가르침이라는 넓은 의미에서 다 같은 도(道)로 이해하는 것이다.

유교와 불교의 전래·수용 시기와 관련한 위의 두 가지 내용은 이 시기 유·불 관계 인식이 조화와 공존적이었음을 확인시켜준다. 한국에서 유교와 불교는 처음부터 동등한 조건과 의미를 지녔고, 한국인과 한국 문화가 지닌 조화와 원융적 바탕은 이러한 유교와 불교의 관계 인식을 자연스러운 것으로 유지시켜주었다.

(2) 삼국시대의 유·불 관계 인식

전래와 수용 시기의 조화로운 유·불 관계 인식은 이후 삼국시대에도 큰 변화 없이 이어졌다. 이 시기 유교와 불교를 조화와 공존적 관계로 인식했던 구체적 논리는 '상호보완적 역할분담론'이라고 할 수 있다. 이는 앞서 최치원의 풍류에 관한 설명에서도 드러났던 내용이다. 일단 유교와 불교(아울러 도교)의 가르침이 각기 다른 삶의 영역에서 역할과 의미를 지니는 것임을 밝힌다. 하지만 이들이 별개이거나 대립적인 것이라고 이해하지 않는다. 오히려 인간 존재와 삶 전체의 궁극적 완성을 위해서는 모두 필요하고 의미 있는 가르침으로서 통합시킨다. 전체적 큰 틀의 의미를 실현하기 위한 각자의 역할이 나누어져 있을 뿐, 각자의 역할은 마땅히 서로 보완되어야 하는 것으로 이해한다.

이러한 유·불 관계 인식을 확인할 수 있는 대표적 인물이 강수(强首, ?~692)이다. 강수는 유교의 유입 이후 300여 년이 지난 신라 문무왕 때의 인물로, 명실상부한 한국 최초의 유학자로 평가받는다. 유교를 단순히 정치적 이념이나 학문으로 국한시켜 규정하지 않고 '우주와 인간에 관한 근원적 진리의 체험과 그에 대한 삶 전체를 통한 반응'[58]이라고 이해한다면, 강수야말로 최초의 '유교 신앙인'이었다고 할 수 있다.[59] 그에게서 유교의 가르침이 한 인간의 근본적인 가치관과 세계관에 영향을 주고, 유교적 이상과 덕목이 삶 전체를 통해 실천되는 모습을 확인할 수 있다.

---

58) 현대의 대표적인 종교학자 윌프레드 캔트웰 스미스가 제시한 '신앙'이라는 범주가 바로 이러한 의미를 가장 적합하게 드러내준다고 할 수 있다. 그리고 바로 이러한 범주를 종교에 대한 작업가설적인 이해 범주로 채용했을 때, 이른바 '유교가 종교냐 아니냐'는 논란에 대해 분명한 대답을 할 수 있을 것이다. (윌프레드 캔트웰 스미스, 『종교의 의미와 목적』, 길희성 역, 분도출판사, 1991, 9쪽 역자 서문 참조)

59) 강수의 이러한 면모는 그가 조강지처(糟糠之妻)를 버리지 않았다는 이야기를 통해 잘 알려져 있다. "가난하고 천한 것은 부끄러운 것이 아니지만, 도(道)를 배우고도 이를 실천하지 않는 것은 진실로 부끄러운 일입니다"(김부식, 『삼국사기(三國史記)』 권46 「열전(列傳)」 제6 강수强首)라는 말을 통해 그가 유교의 가르침을 통해 궁극적인 진리로서의 도를 체험하고 그 도를 자신의 삶 전체를 통해 실현하고자 했던 진정한 '유교 신앙인'이었음을 확인할 수 있다.

이처럼 철저한 유교적 신념을 지니고 있었던 강수가 당시 불교에 대해서는 어떤 인식을 지니고 있었는지는 이 시기의 유·불 관계 인식을 파악하는 데 의미 있는 근거를 제공해준다. 이와 관련해서 강수가 처음 학문을 선택하는 과정에 관한 기록에서 중요한 단서를 발견할 수 있다.

강수가 나이가 들어 글을 읽을 수 있게 되자 그의 아버지는 강수의 뜻을 알아보기 위해 "불(佛)을 배우겠느냐 유(儒)를 배우겠느냐"를 물어보았다. 강수는 이 물음에 대해 "제가 듣기로 불은 세상 밖의 가르침[세외교(世外敎)]이라고 합니다. 저는 속세의 사람인데 어찌 불을 배우겠습니까? 유자(儒者)의 도(道)를 배우고자 합니다"라고 대답하였다. 이에 아버지가 "네가 좋아하는 데로 하라,"라고 허락하여 그 후 스승을 찾아 『효경(孝經)』, 『곡례(曲禮)』, 『이아(爾雅)』, 『문선(文選)』을 읽었다고 한다.[60]

이 기록을 일단 표면 그대로 읽으면 강수가 유교와 불교에 대한 구분 의식이 있었던 것으로 이해할 수 있다. 유교는 세상 안의 가르침[세내교(世內敎)]이고 불교는 세상 밖의 가르침[세외교(世外敎)]이라 하여 서로 구분하고 있는 것이다. 더 나아가 강수는 그 둘 중에서 유교를 자신이 마땅히 가야 할 길로 분명하게 선택하였다. 이 기록에 근거하여 강수는 유교에 대한 정체성이 분명히 형성된 사람이었다고 평가하기도 하고,[61] 그를 유학사상 처음으로 불교를 이단시(異

60) 김부식(金富軾), 『삼국사기(三國史記)』 권46 「열전(列傳)」 제6 강수(强首)

61) 윤영해(尹永海), 「한국에서 불교와 유교의 만남과 그 관계변화」, 『한국불교학(韓國佛敎學)』 제19집(1994), 291쪽

端視)하고 유교를 받든 우리 나라 유교의 시조(始祖)로서 자리매김하기도 한다.[62]

기사의 내용이 더 이상 자세하지 않기 때문에 결정적인 판단을 내리기는 어려운 상황이다. 다만 여기에 나타나고 있는 강수의 유·불 구분 의식이 과연 몇몇 사람들이 해석하듯이 유교의 배타적인 자기 정체성 주장이라든가, 불교에 대한 이단 규정 의도와 연관 있는 것이었는지에 대해서는 깊이 재고해볼 필요가 있다.

일단 표면적으로 볼 때 강수에게 유교와 불교가 선택의 문제로 대두되어 있었던 것은 사실이다. 중요한 것은 이때의 선택이라는 것이 둘 사이의 가치 우열(優劣)을 전제로 하여 이루어지고 있는 것이냐는 점이다. 둘 중 어느 하나만을 절대적인 가치와 의미를 지니고 있는 것으로 판단하고 그 판단에 따라 다른 하나는 전적으로 무가치하고 무의미한 것으로 부정하려는 의도에서의 선택이었느냐는 점이다.

강수는 유교를 세내교라 하고 불교는 세외교라 했다. 사실 이런 식의 유·불 특성 구분은 중국에서의 여러 논의에서도 볼 수 있고, 이후 고려시대의 최승로(崔承老, 927-989) 등의 유·불 인식에서도 발견할 수 있는 내용이다. '세내교, 세외교'의 표현은 아니지만 유·불이 각자 다른 삶의 영역에서 의미를 지니는 것으로 구분하는 인식은 앞서 살펴본 삼국시대의 최치원에게서도 확인할 수 있다.

주목할 점은 이런 식의 특성 규정이 유·불 사이의 상호 배타의식

---

62) 『유교대사전(儒敎大事典)』, 유교사전편찬위원회(박영사, 1990), 24쪽; 『한국철학사상사』, 한국철학사연구회(도서출판 한울, 1997), 57쪽

과 깊은 연관을 지니고 있는 경우는 찾아보기 어렵다는 사실이다. 유교와 불교가 지니고 있는 형식상의 특성을 제시하려는 의도이거나, 두 종교 사이의 역할 분담적 공존론을 제시하려는 의도인 경우가 대부분이다. 불교를 세외교로 표현한 것이 불교는 가치 영역 밖의 헛되고 무의미한 것임을 나타내려는 의도는 아니었다고 할 수 있다. 안(內)이 있으면 밖(外) 있고 동전에는 앞면과 뒷면이 함께 공존하듯이 유교와 불교 각자의 형식과 역할은 상호보완적으로 공존하고 있음을 인정하는 인식이라고 할 수 있다.

강수가 세외교가 아닌 세내교를 선택한 것에 대해서는 그의 출신 계급과 당시의 정치·사회적 상황 그리고 그 안에서 그가 품고 있던 가치관과 관련한 해석도 가능하다.[63] 강수는 임나가야(任那伽倻) 계통의 인물로서, 신라에 정복된 뒤 그의 선조는 육두품(六頭品)으로 편입되었다. 당시 신라의 정치·사회에서 육두품은 성골(聖骨)과 진골(眞骨)에 비해 여러 가지 면에서 제약이 주어졌다. 이러한 출신 계급 제도 상의 한계 속에서 강수가 선택할 수 있는 길은 문화적인 면에서 우수성을 드러내거나 전문 관료로서 출세하는 길이었다. 강수가 불교가 아닌 유교를 선택한 데에는 이러한 배경에 따른 자신의 처세적(處世的) 판단이 작용했었던 것으로 해석할 수 있다.

이렇게 해석할 때 한국 최초의 본격적인 유학자라고 할 수 있는 강수에게서도 유교와 불교의 자연스러운 조화·공존 관계 인식을 확

---

63) 이기백(李基白), 「강수(强首)와 그의 사상」, 『신라시대의 국가불교와 유교』, 한국연구총서 제35집 (재단법인 한국연구원, 1978), 142-152쪽

인할 수 있다. 유교적 가르침에 대한 나름대로의 뚜렷한 인식과 신념을 갖추고 있었던 강수였지만 그렇다고 해서 불교에 대한 배타의식을 지니고 있지는 않았던 것으로 이해할 수 있다. 유교와 불교가 각자의 역할과 영역을 지니고 있다는 인식을 바탕으로 현실 삶 속에서 자연스럽게 조화와 공존을 이루고 있었다. 유교와 불교는 옳고 그름을 가리고자 서로 대치하여 있는 것이 아니라 개인의 배경과 관심 그리고 지향성에 따라 선택할 수 있는 동등한 관계였다.

(3) 고려시대 주자학 도입 이전의 유·불 관계 인식

전래·수용 시기부터 삼국시대 내내 이어진 유·불의 조화와 공존적 관계 인식은 고려시대에 들어와 조금씩 변화의 요소들이 드러나기 시작했다. 변화의 요소가 어떤 성격의 것이었고 또 유·불 관계 인식에 어느 정도의 변화가 생겼는가에 따라 고려시대 전체를 다시 두 시기로 구분할 필요가 있다. 두 시기를 구분 짓는 결정적 변화 요소는 주자학(朱子學)의 도입이다. 주자학의 도입을 기점으로 한국에서 유·불 관계 인식은 전혀 다른 양상으로 변화되었다. 전래·수용 시기부터 이어져온 유·불의 조화와 공존적 관계 인식이 주자학의 도입을 기점으로 대립과 배타적 관계 인식으로 변화한 것이다.

먼저 고려 초기부터 주자학 도입 이전까지의 유·불 관계 인식을 살펴본다. 일단 이 시기의 전체적인 특징은 불교에 대한 유교 측의 비판의식이 형성되었다는 점이다. 불교의 현세적인 폐단이 점차 심각해지고 이에 대한 유교 측의 비판의식이 형성되는 시기이다. 현실 정치 이념으로서의 유교 역할이 보다 체계를 갖추게 된 상황도 이러한 불교 비판의식 형성에 또 한 가지 요소로 작용했다.

삼국시대부터 형성된 국가불교로서의 특성은 고려시대에 들어오면서 더욱 강화되었다. 기복적인 측면만이 두드러지는 왜곡된 양상이었다. 결과적으로 고려시대 전반에 걸쳐 불교는 극심한 폐단을 드러냈다. 불교의 현세적 폐단은 백성들의 생활 불안을 가중시킨 것은 물론 국가 기반 자체에 위협을 가할 정도로 심각했다. 누구라도 불교의 문제점에 대해 부정적인 시각을 지닐 수 있는 상황에서, 현실 정치에 집중하는 유자(儒者)들이 불교비판론을 제기하는 것은 당연했다. 고려시대에 불교비판론이 대두되고 유·불 관계가 대립적인 양상을 띠게 된 가장 일차적인 원인은 불교의 현실적인 폐단이었던 것이다.

그러나 불교의 현실적 폐단 문제가 불교 자체에 대한 극단적인 배타의식으로까지 이어지지는 않았다. 고려 후기 이전까지의 불교비판론은 불교의 현실적 폐단에 대한 시정을 요구하는 문제 제기였다는 점에 주목할 필요가 있다. 불교가 현실적으로 문제를 일으키고 있는 점들을 지적할 뿐이지 불교 자체에 대한 회의(懷疑)나 부정(否定)까지는 드러나지 않고 있다. 오히려 불교가 본래 지니고 있는 본질적인 가치와 의미에 대해서는 존중 의식을 지니고 있었다.

최승로의 불교비판과 유·불 이해를 통해 이러한 내용을 확인할 수 있다. 또한 이규보(李奎報, 1168~1241)는 좀 더 적극적으로 유·불 조화적 성향을 나타낸 대표적인 인물이다.

① 최승로의 불교비판과 유·불 관계 인식

고려시대 불교의 폐단에 대해 본격적으로 문제를 제기하기 시작한 사람은 성종 시기의 최승로이다. 성종은 고려의 여러 왕들 가운데에서도 가장 유교를 숭상한 왕으로 평가받는다. 최승로는 성종을 보필하여 모든 정치를 반드시 유교적인 규범에 준거하여 실행할 수 있도록 노력한 인물이다.[64]

최승로는 성종 원년(982) 왕의 명에 따라 나라를 올바로 이끌기 위한 방향 제시로서「시무(時務)28조(條)」를 지어 올렸다.「시무28조」의 모든 내용은 기본적으로 유교를 국가의 지도 이념으로 확립하고 유교의 정신과 이념을 강화하려는 의도에 바탕하고 있다. 여기에서 그는 전체 내용의 3분의 1가량을 불교의 문제에 관해 언급하면서 불교가 드러내고 있는 현실적인 폐단을 강하게 비판하고 있다.

최승로가 이처럼 시무책(時務策)의 많은 부분에서 불교의 폐단에 관한 문제를 언급하고 있다는 것은 이미 그 당시에 불교의 현실적 폐단이 상당히 심각한 상황에까지 이르러 있었음을 나타낸다. 왕실과 국가의 왜곡된 불교 신앙과 도를 넘어선 후원 그리고 그에 따른 불교 자체의 본분 망각 문제가 제3대 정종과 제4대 광종 시대부터 드러나기 시작했다.

예를 들어 정종은 몸소 불사리(佛舍利)를 받들어 10리가 넘는 개국사(開國寺)까지 걸어가서 봉안(奉安)하였으며, 곡물 7만석을 여러

---

64) 이병도(李丙燾), 『한국유학사』(아세아문화사, 1987), 61쪽

사원에 보내기도 했다.[65] 또한 광종은 자신의 죄업(罪業)을 제거하려고 재회(齋會)를 크게 베풀면서 거짓으로 중 행세를 한 사람들을 비롯해 지나가는 수많은 사람들에게 먹을 것과 곡물을 나누어주었고, 여러 지역에 개인적인 원당(願堂) 성격의 사원(寺院)과 사탑(寺塔)을 창건(創建)했다.[66] 이러한 불사(佛事)는 태조가 사원이나 사탑을 함부로 창건하여서는 안 된다고 한 경고를 넘어선 것일 뿐만 아니라, 불교가 왕 자신의 죄를 제거하기 위한 사종교(私宗敎)로 전락한 것이라고 할 수 있다. 이에 따른 국고(國庫)의 낭비와 민심의 혼란은 이미 국가 경영 전반에 큰 위험 요소가 되고 있었다.[67] 이러한 상황에서 최승로는 성종의 유교 정치 의지에 힘입어 유교의 정신과 이념에 입각한 불교 폐단 시정을 강력하게 내세우게 된 것이다.

사실 최승로가 「시무28조」를 통해 제시한 불교비판론은 불교가 본질로부터 벗어나 여러 가지 현실적인 폐단을 드러내고 있는 모습만을 지적한 것이지, 근본적으로 그가 불교의 가르침 자체를 어떻게 이해하고 있는지를 피력한 것은 아니다. 따라서 최승로가 유자(儒者)로서 불교에 대해 어떤 인식을 지니고 있었는지는 그의 불교비판론과 상관없이 별도로 이해해야 할 문제이다. 그러나 그의 유·불 관계 인식을 자세히 파악할 수 있는 사료는 많지 않다. 「시무28조」 중 몇 부분에서 그의 유·불 인식에 관한 기본적인 단서를 찾아볼 수 있을 뿐이다.

---

65) 김종서(金宗瑞) 외, 『고려사절요(高麗史節要)』 권2, 원종(定宗) 원년(元年)

66) 김종서(金宗瑞) 외, 『고려사절요(高麗史節要)』 권2, 광종(光宗) 19년

67) 조남국(趙南國), 「최승로의 시무론(時務論)과 유불관(儒佛觀)」, 『동방사상논고』(1984), 321쪽

우선 최승로는 불교의 가르침을 신앙하는 것 자체가 나쁜 것은 아니라는 점을 분명히 밝히고 있다.[68] 불교의 가르침을 잘못된 방법으로 신앙하는 것이 문제라는 것이다. 예를 들어 일반 국민들이 자신의 힘으로 애써 얻은 재물을 자신의 공덕(功德) 쌓는 일에 사용하는 것은 다른 사람에게 피해를 주는 것이 아니니 문제가 될 수 없지만, 임금이 자신의 공덕을 쌓고자 나라의 재물을 사용하는 것은 곧 국민들의 노고에 의존하고 국민들의 재산을 소비하는 것이니 문제가 있다고 지적했다.[69]

여기에서 최승로가 불교를 비판하게 된 원인이 근본적으로 무엇이었는지를 분명히 확인할 수 있다. 그가 불교에 대한 문제점으로 지적하고 있는 것은 불교의 행사, 사원의 건립, 불상(佛像)의 제작 등을 위해 고려 왕실이 지출하는 비용의 출처가 모두 국민들이라는 점이다. 이러한 문제는 국민의 생계에 위협을 가져오게 되어 생활의 불안정으로 이어지고 이로 인한 국민의 원망은 고려 왕조에게 귀착되어 궁극적으로 치국(治國)의 어려움으로 이어지는 것이니, 이를 엄격히 금하여야 안정된 국가로 발전할 수 있다는 것이 최승로의 논지였다.[70] 최승로는 불교의 가르침 자체가 문제이거나, 유교가 아닌 불교를 신앙하는 것은 잘못된 일이라는 이유로 불교를 비판한 것은 아

---

68) 崇信佛法 雖非不善 『고려사(高麗史)』 권94 열전(列傳) 권6, 최승로조(崔承老條)

69) 然帝王士庶之爲功德 事實不同 若庶民所勞者 自身之力 所費者 自己之財 害不及也 猶之可也 帝王則勞民之力 費民之財
『고려사(高麗史)』 권94 열전(列傳) 권6, 최승로조(崔承老條)

70) 조남국, 위의 글, 328쪽

니었던 것이다.

여기에 덧붙여 최승로의 불교 인식을 보다 직접적으로 확인할 수 있는 내용을 역시「시무28조」의 한 구절에서 찾아볼 수 있다.

> [유·불·도] 삼교는 각기 작용하는 바가 다르므로 행하는 사람이 혼동하여 하나로 할 수 없는 것입니다. 불교를 행하는 것은 수신(修身)의 근본이요, 유교를 행하는 것은 치국(治國)의 근원입니다. 수신은 내생(來生)을 위한 바탕이며, 치국은 오늘 해야 할 일입니다. 오늘은 지극히 가까우며 내생은 지극히 먼 것인데, 가까운 것을 버리고 먼 것을 구하는 것은 또한 잘못이 아니겠습니까?[71]

우선 이 내용에서도 앞선 시대에서와 같은 유·불 사이의 자연스러운 역할 분담과 영역 구분 의식을 확인할 수 있다. 최승로는 유교의 가르침과 불교의 가르침이 각자 특성이 있으니 그것을 정확히 이해해서 각각에 맞게 적절하게 행할 수 있어야 함을 강조한다. 불교는 몸을 닦아 현세를 넘어서는 그 이상의 가치를 추구하는 일에 많은 관심을 지닌 가르침이고, 유교는 나라를 잘 다스려 사람들을 두루 평안하게 하는 일에 집중하는 가르침이라는 것이다. 일단 유교와 불교가 그 구체적인 형식이나 내용 면에서 각자의 특성이 있는 것으로 구분하지만, 그렇다고 그러한 구분이 어느 하나에 대한 배타적인 부정을 의미하지는 않는다. 유교와 불교를 각각 별개의 것으로 대립시키

---

71)『고려사(高麗史)』권94 열전(列傳) 권6, 최승로조(崔承老條)

는 인식은 발견할 수 없다. 오히려 유·불 모두가 인간에게 의미 있는 가르침이라는 조화와 공존적인 시각이 전제되어 있다고 할 수 있다.

이러한 유·불 인식은 앞서 살펴 본 신라의 강수나 최치원에게서도 확인할 수 있었던 내용이다. 유교와 불교가 당시 사회에서 지니고 있던 영향력이 각각 어떤 것이었고 각각이 인간 삶의 어떤 영역에 깊은 의미를 주는 가르침인지에 대해서는 분명한 구분 의식을 지니고 있었다. 그렇다고 해서 불교의 가르침 자체를 근본적으로 부정하는 인식은 아니었다. 최승로는 유자(儒者)의 입장에서 치국(治國)이 오늘 해야 할 일이라는 선택을 분명히 하고 있지만, 그 선택과 강조가 다른 하나에 대한 근본적인 가치 부정이나 배타성을 전제로 한 것은 아니었다.

최승로는 기본적으로 유자이다. 「시무28조」의 전체적인 기조가 유교적 이념에 바탕하고 있고, 이러한 시무책 건의를 통해 궁극적으로 그가 지향하는 바도 유교 정치의 구현이었다는 점이 그가 지니는 유자로서의 정체성을 확인시켜준다. 그러면서도 최승로는 불교 역시 인간을 위한 가르침으로서 가치와 의미를 지닌다는 사실을 인정하고 있었다. 이 점은 앞서 살펴 본 불교에 대한 그의 직접 언급 내용을 살펴보아도 확인할 수 있고, 그의 가문이 불교를 신봉하고 그 자신도 불교에 대한 지식과 신심을 지니고 있었던 점에서도 쉽게 짐작할 수 있다.[72]

---

72) 김일환(金日煥), 「최승로의 비판의식과 유교정치사상」, 『동양철학의 체계와 인식』 안병주 교수 정년기념 논문집 (아세아문화사, 1998), 275–276쪽

결국 최승로는 불교와 유교에 대해 기본적으로는 이전 시대와 같은 인식을 지니고 있었다. 다만 현실 정치에 관심을 갖는 유자로서 불교가 드러내고 있는 현실적 폐단들에 대해서 문제 제기를 했다. 최승로의 불교비판은 고려 후기 이전까지의 불교비판론을 대표한다. 삼국시대부터 이어져온 국가 불교적 성향으로 인해 불교 내부는 물론 불교와 관련한 사회 전반의 여러 상황들이 심각한 문제 상황으로 이어졌다. 고려 후기 이전의 불교비판론은 이러한 불교의 현실적 폐단 지적이 핵심이었다.

② 이규보의 유·불 관계 인식

최승로가 기본적으로 유교와 불교를 공존적 가치와 의미로 인정하고 있었다 해도 그가 유교의 입장에서 불교에 대한 비판을 제기한 인물임에는 틀림없다. 이에 비해 고려 중기에는 좀 더 적극적 입장에서 유·불 조화적 성향을 지닌 유자(儒者)들이 있었다. 그 대표적인 인물이 이규보이다.

이규보의 유·불 조화적 성향을 이해하는 데에는 당시의 시대 배경을 이해하는 것이 도움이 된다. 이규보가 살았던 시기는 무신(武臣) 집권기이다. 무신의 난 직후 유자들은 각자의 방식으로 시대 상황에 대응했다. 어떤 사람들은 재난을 피하여 산사(山寺)로 숨어들었다.[73]

---

73) 특히 최씨(崔氏) 무인정권 시기에는 여러 명의 유자들이 불교 승려가 되었다. 이들은 거의 모두 과거에 급제하여 관직에 나아가 활동하다가 중도에 불교로 전향하여 승려가 되었다. (변동명,「고려 최씨 무인정권 시기의 유자 출신 승려」,『전남사학』11집, 1997년 참조)

어떤 사람들은 무신정권에 아부하고 협조하였다.[74] 또 어떤 사람들은 시대를 비판하면서 출세를 단념하고 산촌에 묻혀 음주(飮酒)와 시가(詩歌)를 즐겼다. 스스로를 중국의 죽림칠현(竹林七賢)에 비기던 오세재(吳世材)·임춘(林椿)·이인로(李仁老) 등이 대표적 인물이다.[75]

이규보는 이러한 시기에 문사(文士)를 아꼈던 최충헌에게 아부하면서 출세의 길을 모색했던 일종의 어용학자로 평가받지만,[76] 다른 한편으로는 칠현들과 서로 어울려 시주(詩酒)를 즐기기도 했다.[77] 이러한 시대적 영향으로 이규보는 불교와 도교적인 성향에 더 가까워졌을 것으로 평가받는다.[78]

이규보는 당시에 최씨 무신정권에 협조하는 어용학자라는 평가도 받지만, 「묘지명(墓誌銘)」에서 '해동공자(海東孔子)'로 칭해질 정도로 당시의 큰 유학자였음에는 틀림없다.[79] 하지만 이규보는 유교만

---

74) 이병도(李丙燾), 『한국유학사』(아세아문화사, 1987), 80쪽

75) 이기백(李基白), 『한국사신론』(일조각, 1991년 신수판新修版), 209쪽

76) 같은 책, 같은 곳

77) 이병도, 위의 책, 80쪽

78) 이규보에게 있어 시대적으로 가장 가까우면서 그의 삼교 사상에 지대한 영향을 준 인물이 김부식이다. 두 사람 사이에는 많은 유사점이 있으면서도 동시에 차이점도 있다. 두 사람의 차이는 시대적 배경이 다른 데서 오는 것이라고 할 수 있다. 김부식이 대체로 문운(文運)이 극성한 시기였던 것에 반해, 이규보는 무신들의 문신에 대한 대살육(大殺戮)이 감행되던 시기였다. 이러한 상황에 따라 김부식이 『삼국사기』에서 신라의 패망 원인으로 불교를 비판했던 것에 비해, 이규보에게서는 이러한 불교비판을 발견할 수 없다. 이규보가 시대적 상황의 영향으로 좀 더 불교에 긍정적인 인식을 지니게 되었다고 할 수 있다. (노평규, 「이규보 철학사상 연구」, 성균관대학교 박사학위 논문, 1991년, 34-35쪽 참조)

79) 江左汾陽 海東孔子 溫良恭儉 哀榮終始 『동국이상국집(東國李相國集)』 후집(後集) 권종(卷終) 「묘지명(墓誌銘)」

을 고집하지 않고 불교와 도교도 섭렵하였다. 그는 30세 때에 재상(宰相)에게 올린 글에서 어려서부터 육경(六經), 제자백가(諸子百家) 등의 유교 경전은 물론 불교와 도교의 경전까지 두루 읽었음을 밝히고 있다.[80] 이것은 유자와 승려들이 불교와 유교를 자연스럽게 함께 공부하는 경우가 드물지 않았던 고려 초·중기의 경향[81]을 다시 한 번 확인시켜준다. 그리고 이것은 유·불의 기본적인 가치와 의미를 공존적으로 인정하는 인식이 계속 이어지고 있기 때문이라고 평가할 수 있다.

이규보의 불교 이해는 직접 불경(佛經)을 읽는 것과 더불어 승려들과의 깊은 교류를 통해 이루어졌다. 그는 유자이면서도 일생 동안 많은 사찰을 방문하고 많은 승려와 교류하며 지냈다. 그의 문집 중에 그와 직접 교제를 가졌고 이름이 명기(明記)된 승려만도 약 40명이다.[82] 당시 대부분의 유자들이 정도의 차이는 있지만 불교 사찰을 왕래하는 것이 일반적인 경향[83]이었기 때문에 이규보와 승려와의 교류가 새삼스러운 일은 아니지만, 특히 그는 아들이 출가한 후 더욱 불교 신앙에 가까워져 말년에는 거의 거사(居士)를 방불케 할 정도였다.[84]

이규보는 72세 때 어느 날 자신을 방문한 고관(高官)이 그가 불경

---

80) 僕自九齡始知讀書 至今手不釋卷 自詩經六經諸子百家史筆之文 至於幽經佛典梵書道家之說 … 『동국이상국집』 권26 「上趙太尉書」
81) 이병도, 위의 책, 97쪽
82) 노평규, 위의 글, 83쪽
83) 같은 글, 86쪽
84) 『동국이상국집(東國李相國集)』 후집(後集) 5 「次韻李學士再和寵字韻詩見寄」

을 읽는 것을 보고 비난하자 다음과 같이 답했다고 한다. "유교와 불교는 이치의 극(極)이 하나의 근원으로 같으니, 무엇이 잡(雜)이고 무엇이 순(純)이겠는가."[85] 더 이상의 자세한 언급이 없어 좀 더 충분히 뜻을 확인할 수 없지만, 유교와 불교의 가르침이 궁극적으로는 하나의 근원을 지니는 것이라는 조화적 인식은 확인할 수 있다.

또한 그의 문집에서는 불교적인 세계관과 가치관이 자연스럽게 드러나는 글들을 발견할 수 있다. 그 글들이 사상이나 철학을 직접적으로 논하고 있는 것이 아니라 주로 시문(詩文)이기 때문에 체계적이고 본격적인 불교 사상을 확인할 수는 없지만, 오히려 일상생활 속에 자연스럽게 스며들어 있는 불교적 인식을 확인할 수 있다.

사대(四大)는 본래 비유(非有)인데 어느 곳으로부터 와서 이르게 된 것인가. 뜬구름은 일어났다가 다시 사라지는 것이니 그 비롯한 곳을 알지 못한다. 고요하게 관조해보면 모두가 공(空)이니 무엇이 생로사(生老死)이겠는가[86]

불교의 기본 사상인 공(空)에 대한 이해가 자연스럽게 드러나고 있다. 이규보의 글 중에는 이와 비슷하게 모든 것의 헛됨을 피력하거나 세상으로부터 초탈한 경지를 나타내는 글들을 적지 않게 발견할 수 있다. 이러한 성향이 앞서 살펴본 시대적 상황과 관련이 있는 것으로

---

85) 儒與佛 理極同一源 誰雜又誰純 『동국이상국집(東國李相國集)』 후집(後集) 6 「南軒答客」
86) 四大本非有 適從何處至 浮雲起復滅 了莫知所自 冥觀則皆空 何爲生老死 『동국이상국집(東國李相國集)』 후집(後集) 1

이해할 수 있겠으나, 어쨌든 그가 불교적인 가르침을 단순히 상식 수준에서 접하고 있는 것이 아니라 삶의 깊은 의미로 받아들이고 있었다는 사실을 확인할 수 있다. 이규보는 유자이면서도 자연스럽게 불교를 겸하고 있었다.

유·불을 함께 받아들이는 성향은 이규보 한 사람에게서만 발견할 수 있는 것이 아니라 고려 중기까지 많은 유자들에게서 발견할 수 있는 보편적 성향이다. 이전 시기부터 이어져온 조화와 공존적 유·불 관계 인식이 바탕이 되어 가능했던 것으로 해석할 수 있다.

(4) 고려시대 주자학 도입 이후의 유·불 관계 인식

앞서 살펴본 바와 같이 전래·수용 시기부터 시작하여 고려 초·중기 심각한 불교 폐단을 비판하던 상황에 이르기까지 유·불 관계 인식은 조화와 공존적 흐름이 유지되었다. 고려 말이 되면서 유·불 관계 인식에 전혀 다른 변화가 일어났다. 극단적 대립과 배타성이 드러났다. 유교의 입장에서 불교를 잘못된 가르침으로 배척하는 배불론(排佛論)이 등장했다. 불교의 본래 의미와 가치는 인정하면서 불교의 현실적 폐단 시정을 의도했던 초·중기의 불교비판론과는 분명 다른 성격이었다. 이러한 흐름은 조선 초 불교 자체를 없애야 한다는 폐불론(廢佛論)과 실제적인 폐불 정책으로 이어졌다.

고려 말 유·불 관계 인식에 변화를 가져온 결정적 요소는 무엇이었을까? 고려 초·중기 불교비판론을 제시했던 사람들도 유자(儒

者)이고 고려 말 조선 초 극단적 배불 혹은 폐불을 이끌었던 사람들도 유자였다. 불교의 타락 상황도 고려 말에 이르러 좀 더 심각해진 면은 있지만 그 기본적인 내용에 있어서는 고려 초 · 중기와 크게 다르지 않다. 그렇다면 그 같은 철저한 배타성은 어디에서 기인했던 것일까? 이전까지와는 다른 상황 변화를 가져온 요소가 과연 무엇이었는지가 이 시대의 유 · 불 관계 인식 이해, 더 나아가 한국 종교의 역사적 흐름 이해에 있어 흥미로운 초점이다.

전반적인 상황과 조건들을 고려했을 때 고려 말의 변화에 결정적 작용을 한 요소는 주자학의 수용이다. 주자학이 이전 시대에 볼 수 없었던 극단적 배타성을 가져왔다. 이에 관하여는 기존의 연구들도 주목하였다. 고려 말 주자학을 받아들이면서 본격적인 배불의 태세가 성숙된 것으로 "막연한 감정적 도전에서부터 이론적 반격의 골격을 마련하게 된 것"[87]이라고 평가하기도 하고, "고려시대 전반에 걸쳐 유교가 불교에 압도당하다가 원(元)으로부터 주자학을 수입함으로써 우리나라 유교의 새로운 면이 개척되고 능히 불교에 대항하고 나아가 불교를 압도할 수 있게 된 것이다"[88]라는 의미를 부여하기도 한다.

주자학은 본래 중국에서부터 한족(漢族) 중심의 중화(中華) 정신에 의거하여 유교의 정통을 회복하려는 의지에서 비롯되었다. 당(唐) 시대 내내 불교와 도교의 융성에 비해 침체했던 유교는 당나라 말기에 새로운 부흥을 시도했다. 이른바 신유학(新儒學)의 시작이다. 주

87) 정병조, 「불교사상사」『한국종교사상사』(연세대출판부, 1991), 105쪽
88) 이병도, 『한국유학사』(아세아문화사, 1987), 84쪽

자학은 이러한 신유학의 흐름이 송(宋) 초에 더욱 체계화된 형태이다. 따라서 주자학에는 유교 중심의 도통(道統) 의식과 이단(異端) 배척, 특히 불교 배척의 정신이 뚜렷하게 반영되어 있다. 고려 말에 극단적 배불의식이 형성된 것은 본래 이와 같은 특성을 지닌 주자학에 따른 것이다.[89]

주자학의 도입을 계기로 유교 측의 불교에 대한 비판과 공격이 새로운 양상을 띠게 되었다는 점은 고려 말 주자학을 수용한 주체들의 성격에서도 확인할 수 있다. 고려에서 주자학을 수용한 계층은 주로 호장층(戶長層)에서 과거(科擧)로 상승한 신진 사대부였다.[90] 이들은 모두 중앙 정치에서 실권을 가지지 않은 재야 지식인이었고, 고려의 신진 사대부들은 자신들의 입지를 강화하기 위한 이념으로 주자학을 수용했다.[91]

고려에 주자학이 수용되는 과정을 보면 신진 사대부들에게 주자학이 어떤 역할을 했는지 파악할 수 있다. 초기의 주자학 수용 과정에서는 유교 자체의 부흥을 위해서라는 의미가 강했다. 점차 불교계의 부패가 노출되면서 주자학은 불교를 대신할 사상운동으로서 그리고 불교와 관련된 경제 기반을 재편하려는 정책[92] 이념으로까지 단

---

89) 윤사순,『한국유학사상론』(예문서원, 1997), 30쪽

90) 허흥식,『한국중세불교사연구』(일조각, 1994), 127쪽

91) 같은 책, 같은 곳

92) 고려시대 전체에 걸쳐 불교는 사원전(寺院田) 등의 문제로 국가의 재정에 암적인 요소였다. 또한 불교는 기득권 세력인 귀족들의 근거였다. 이러한 점에서 신진 사대부들에게 있어 불교는 새로운 정치 실현을 위한 혁신 대상이었다. 실제로 고려 말 신진 사대부들에 의한 불교비판론에서는 전제(田制) 개혁의 문제가 중요한 비중을 차지하고 있었다.

계적으로 발전했다.[93]

(5) 조선시대의 극단적 배불론과 폐불 정책

고려 말 주자학으로 무장한 신진 사대부들이 주축이 되어 고려를 멸
망시키고 조선을 건국하였다. 조선은 철저히 유교 이념을 실현하는
국가를 지향하였다. 유교적 이상 국가 실현을 위해 불교 배척은 필수
적인 사안이었다. 주자학 본래의 이념에서도 불교는 마땅히 배척해
야 할 이단이었고, 고려시대의 폐단과 문제점을 타파하여 새롭게 건
실한 국가 기반을 갖추어야 하는 현실적인 필요성에서도 불교 배척은
핵심 정책으로 추진되었다. 조선시대 극단적 배불론과 폐불 정책의
중심에 있었던 인물이 정도전(鄭道傳, ?~1398)이다.

① 정도전의 배불론

정도전은 고려 말 이색(李穡, 1328~1396)의 문하에서 정몽주(鄭
夢周), 이숭인(李崇仁), 권근(權近) 등과 함께 주자학을 공부하였다.
1362년 진사(進士)에 급제한 후 1370년에는 성균박사(成均博士)에 임
명되었다. 이때 이색이 대사성(大司成)이 되고, 정몽주와 이숭인 등이
함께 박사로 임명되었다. 비로소 고려 주자학이 본격적인 궤도에 올
라서게 된 것이라고 할 수 있고, 정도전은 이색, 정몽주 등과 함께 고

---

93) 허흥식, 위의 책, 132-133쪽

려 주자학의 대표적인 인물로 자리 잡게 되었다.

정도전이 이들과 다른 길[94]을 가게 된 것은 이성계(李成桂)를 만나면서이다. 주자학적 이념 국가 건설이라는 이상을 실현시키기 위하여 새로운 인물과의 유대 관계를 맺을 필요를 느낀 정도전은 1388년에 당시 동북면(東北面) 도지휘사(都指揮使)로 있었던 이성계를 찾아가 뜻을 합하게 되었다. 정도전은 처음부터 자신의 주자학적 이념을 실현하기 위한 새로운 왕조 창건에 뜻을 두고 있었던 것이다.

정도전이 동료 주자학자들과 길을 달리 하여 혁명가로서의 성향을 강하게 지니게 된 데에는 그의 신분 혈통상의 문제도 함께 작용했을 것으로 추측된다. 가난하고 보잘것없는 가문에서 태어난 정도전은 관직에 오른 이후 정적(政敵)들로부터 '가풍(家風)이 부정(不正)하고 계파(係派)가 불명(不明)하다'든가, '천지(賤地)에서 기신(起身)하였다'는 등 신분상의 공격을 많이 받았다. 이 점이 그의 사회 개혁 성향은 물론 인격 형성에도 영향을 주었을 것으로 판단한다.[95]

이러한 사회 개혁적 성향이 그의 주자학은 물론 배불론의 성격에도 영향을 주었다. 정도전에게 있어 주자학은 새로운 왕조의 창건을 정당화하는 이데올로기이면서 고려 사회의 기반인 불교를 비판하는

---

94) 이색을 비롯한 정몽주, 정도전 등의 고려 말 주자학자들은 주자학 이념에 근거하여 당시 정치·사회에 대한 강한 비판 의식과 개혁 의지를 지니고 있었다. 하지만 개혁 추진의 세부적인 원칙과 방식에서는 차이를 드러냈다. 정몽주 등의 온건파는 고려 왕조라는 기본 틀은 유지하는 개혁을 생각한 반면, 정도전으로 대표되는 강경파는 완전히 새로운 왕조의 창업을 추진하였다.

95) 한영우, 「정도전의 인간과 사회사상」, 『진단학보』 50 (1980), 123−126쪽

이론적 근거였다.96) 실제로 정도전의 주자학은 배불의 시각에서 이루어졌다는 특성을 지니고 있다.97) 정도전의 대표적 저술인『불씨잡변(佛氏雜辨)』,『심문천답(心問天答)』,『심기리편(心氣理篇)』 등의 내용이 모두 배불론의 성격을 지니는 것으로, 이렇게 보면 정도전의 주자학설은 주자학 일반에서 다루는 근본 문제에 대해 어떤 새로운 진전을 가져오는 연구가 아니라 오로지 배불의 효과를 노리며 추구되었던 것이라고 할 수 있다.98)

배불에 집중되어 있던 정도전의 관심과 의지는 다음과 같은 정도전 자신의 말을 통해서도 확인할 수 있다.

내가 혼용(惛庸)하여 힘이 모자람을 알지 못하고서 이단 배척을 나의 임무로 삼은 것은 위로 육성(六聖)과 일현(一賢)을 계승하고 싶은 마음 때문이 아니라, 세상 사람들이 그 설(說, 불교)에 현혹하여 함께 망하게 되고 인간의 윤리가 멸하게 됨이 두렵기 때문이다. 오호라! 난신적자(亂臣賊子)는 어느 누가 잡아 처단해도 될 일이지 반드시 사사(士師)라야 하는 것은 아니며, 사설(邪說)이 횡류(橫流)하여 인심을 파괴하면 어느 누구라도 막을 일이지 반드시 성현이라야 막는 것은 아니다.99)

---

96) 김대용,「정도전의 정치이념과 배불론」,『충북대 호서문화연구』(1992), 2쪽

97) 윤사순,『한국유학사상론』(예문서원, 1997), 79쪽

98) 같은 책, 79~80쪽

99) 정도전(鄭道傳),『불씨잡변(佛氏雜辨)』,「벽이단지변(闢異端之辨)」

유교의 가르침을 계승하여 발전시키는 일보다 이단의 설이 사람들의 윤리를 해치는 것을 막는 일이 더 우선임을 분명히 밝히고 있다. 사실 정도전은 멸륜(滅倫)의 문제점을 불교가 지닌 가장 심각한 폐해로 생각했다. 정도전이 불교 사상을 주제별로 세분하여 비판하고 있는『불씨잡변』의 내용을 분석해보면 그가 불교의 문제점으로 생각한 내용 중에서 윤리적 측면이 가장 크고 심각했음을 확인할 수 있다.

모두 19개의 항목 중에서 ①불씨윤회지변(佛氏輪廻之辨)과 ②불씨인과지변(佛氏因果之辨)은 불교의 교리 자체가 지니는 허무맹랑함을 지적한 것이고, ③불씨심성지변(佛氏心性之辨)과 ④불씨작용시성지변(佛氏作用是性之辨), ⑤불씨심적지변(佛氏心跡之辨), ⑥불씨매어도기지변(佛氏昧於道器之辨), ⑨불씨진가지변(佛氏眞假之辨), ⑭유석동이지변(儒釋同異之辨)은 철학 사상적인 입장에서 불교가 주자학의 학설에 위배됨을 지적한 것이다. 그리고 ⑦불씨훼기인륜지변(佛氏毀棄人倫之辨), ⑧불씨자비지변(佛氏慈悲之辨), ⑩불씨지옥지변(佛氏地獄之辨), ⑪불씨화복지변(佛氏禍福之辨), ⑫불씨걸식지변(佛氏乞食之辨), ⑬불씨선교지변(佛氏禪敎之辨), ⑲벽이단지변(闢異端之辨)은 불교가 사람들을 현혹시키고 윤리적인 가치와 질서를 문란케 한다는 문제를 지적한 것이고, ⑮불법입중국(佛法入中國)과 ⑯사부득화(事不得禍), ⑰사천도이담불과(舍天道而談佛果), ⑱사불심심근연대우촉(事佛甚甚謹年代尤促)은 불교의 여러 가지 행태가 나라에 해가 된다는 문제를 지적한 것이다.

불교가 윤리 질서를 문란하게 하고 나라에 해가 된다는 점을 부각하고 있다. 이것은 불교가 아닌 주자학적 이념으로 윤리 질서와 국가 이익을 더 강화할 수 있다는 정도전의 신념을 반영한 결과이다. 불교를 기반으로 하는 고려의 구질서를 청산하고 주자학에 기초한 신왕조의 가치와 질서를 구현하려는 그의 의지이기도 하다. 결국 정도전의 배불론은 국가와 사회를 개혁하고 신왕조를 창업하는 정당성을 뒷받침하려는 의도에서 나온 것이라고 평가할 수 있다.[100]

　　정도전의 배불론은 체계성과 깊이에 있어 여말선초 배불론의 전형(典型)으로 평가받는다. 그러나 그가 불교에 대해 지적한 여러 문제점들, 특히 불교의 가르침 자체에 대한 이해라든가 사상적인 불합리성에 관한 논의 등과 관련해서는 여러 학자들이 그 문제점을 지적하기도 한다. "정도전의 불교비판이 철저하게 주자학적 입장과 원칙만을 관철시키고 있을 뿐 불교 자체에 대한 그의 이해는 극히 왜곡된 것"[101]이라는 비판이 있고, "정도전의 배불론이 유·불 비교를 통한 최초의 이론적 비판이라는 면에서는 의미를 지니지만, 주자(朱子)를 모방한 바가 많고 불교에 대한 피상적이고 천박한 견해"[102]라는 평가가 있다. 또한 "정도전의 벽불론(闢佛論)은 불교를 순수한 철학적 관점이 아닌 정치 사회적 혁명의 수단으로 비판하였기 때문에 오류와 독단이 적지 않다. 따라서 삼봉(三峰)의 철학사상은 그의 사상체계에서 일차적 의의를 부여할 수 없고 윤리 및 정치 사회 사상의 종속적

---

100) 윤사순, 위의 책, 83쪽

101) 이종익, 「정도전의 벽불론(闢佛論) 비판」, 『불교학보』 8집(1971)

102) 이병도, 「정삼봉(鄭三峰)의 유불관(儒佛觀)」, 『백성욱박사송수기념논문집(白性郁博士 頌壽記念論文集)』(1959)

위치에 있다"[103]고 평가하기도 한다.

반면 "정도전의 벽불론이 수행한 시대적 역할을 긍정적으로 평가"[104]하거나, "정도전의 벽불론이 역성혁명(易姓革命)에 대한 의지를 기초로 나름대로 철학적 체계를 지니고 있다"[105]는 긍정적인 평가도 있다.

② 조선시대의 폐불 정책

정도전이 주자학에 근거하여 제시한 극단적 불교 배척의 원론과 방향성은 조선시대 내내 불교의 현실적 실체를 소멸(폐불)시키는 실제 정책으로 구체화되었다. 조선 건국 이후 유교가 사회적 기반을 굳혀 가는 과정은 벽이단(闢異端), 즉 불교 도교 및 잡신신앙 등 유교 이외의 것을 이단으로 배척하는 작업을 통해 이루어졌다. 이단 사상에 연관되었던 국가와 사회의 모든 제도 · 관습을 혁파하고 유교적인 것으로 대체하는 작업이었다.

유교적 사회질서 확립 작업에서 핵심 척결 대상은 불교와 결부된 사회적 관습과 불교 세력이었다. 고려시대 불교는 국가의 비호 아래 정치적 사회적 영향력이 막대했다. 사원이 막대한 토지와 노비를 소유했고, 각종 불교 의례 행사를 통해 불교 신앙과 불교적 관습은 사회 전반에 뿌리 깊게 자리 잡고 있었다. 조선이 새롭게 유교국가로서 기

---

103) 한영우, 『정도전 사상의 연구』(서울대, 1983)

104) 금장태, 「정도전의 벽불(闢佛) 사상과 그 논리적 성격」, 『민태식고희기념논문집(閔泰植古稀記念論集)』(1973)

105) 장성재, 「삼봉(三峰) 벽불론(闢佛論)의 재조명」, 『동국대철학사상』(1993)

틀을 잡기 위해 불교는 반드시 혁파해야 할 대상이었다.

불교 통제 정책은 대략 세 가지로 요약할 수 있다. 첫째, 도첩제(度牒制)의 강화이다. 태조는 승려가 되려는 자에 대해 신분에 따른 납포(納布) 액수를 상향 조정하고 이를 관(官)에 납부하는 자에 대해서만 도첩을 발급해주도록 했다. 세조는 여기에 승려가 되려는 자의 엄격한 자질 조건을 첨가하고 이 내용을 『경국대전(經國大典)』에 명문화했다. 이에 따르면 승려가 되려는 자는 교종(敎宗)이나 선종(禪宗)의 본산(本山)에서 몇 종류의 불교경전에 대한 시험을 거쳐 합격하고, 예조(禮曹)에 일정액을 납포해야 도첩을 발부해주었다. 성종 23년에 이르러서는 도첩제 자체를 폐지하였는데, 이것은 승려의 존재 자체를 국가가 공식적으로 인정하지 않는다는 것을 의미했다. 이러한 도첩제 강화 정책으로 인해 불교 내부적으로는 도첩을 갖지 않은 불법적 승려가 늘어나고, 이에 따라 승려의 질도 점차 저하되어갔다. 이들 불량 승려로 인해 각종 사회적 물의가 빚어지자 중종은 승려 호패제(戶牌制)를 실시하여 이들 불법 승려들을 국가의 토목공사에 종사케 한 후 승인 호패를 주어 그들의 신분을 보장해주기도 하였다.

둘째, 불교 사원 정리이다. 태종 5년 의정부(議政府)에서 사원전과 사원노비의 혁파를 강력히 주장하였고, 이에 태종 6년 전국에 남겨둘 공인 사찰을 확정하고 여기에 상주할 승려의 정원을 책정하였다. 아울러 각 사원이 보유할 수 있는 토지와 노비를 상주하는 승려의 수에 따라 제한 규정하였다. 세종 6년에는 당시의 여러 종단들을 선(禪)·교(敎) 양종으로 통폐합하고, 양종에 각각 18사(寺)만을 공인 사찰로 지정하였다. 이로 인해 사찰의 신축은 일체 금지되고 옛 사찰을 중수

(重修)하는 경우에도 국왕의 허락을 얻도록 하였다. 선·교 양종제로 불교 교단은 크게 위축되었다. 그나마 국가적 공인이라는 상징적 의미는 유지되다가 연산군에 이르러 선·교 양종마저 폐지되었다. 이후 명종 때에 보우(普雨)의 불교 부흥에 의해 선·교 양종이 한때 부활되었지만, 유신(儒臣)들의 격렬한 저항과 성균관 유생들의 동맹휴업 등의 반대로 명종 21년 다시 양종 체제를 폐지하였다.

셋째, 불교 행사의 통제이다. 국가 공식 행사인 연등회(燃燈會)와 팔관회(八關會) 등이 혁파의 대상으로 주로 거론되었다. 태조 즉위년에 팔관회와 연등회 폐지에 대한 건의가 있었고, 태종 때에 1월15일의 상원(上元) 연등을 폐지하고, 세종 때에는 불탄일(佛誕日) 연등회 폐지도 논의되어 도성 안의 모든 연등 행사가 금지되었다. 성종 때에는 일반 민가나 사원을 제외하고는 가로에 등을 매다는 일을 금지했다. 태종 때에는 불교 법회에 참석하는 대중의 대부분이 부녀자들이었기 때문에 부녀자들의 사찰 출입이 금지되었고, 성종 때에는 승려의 도성 출입과 민가에서의 유숙(留宿)이 금지되었다.

4
조선 말의 변화와 한국 종교
-그리스도교, 신종교

한국 종교의 역사적 흐름 이해에서 주목할 네 번째 시대 맥락은 조
선 말이다. 조선은 건국 초기부터 철저한 유교국가로서의 체제를 확
립했다. 유교(주자학)가 국시(國是)이자 국가종교였다. 주자학 일변
도의 흐름은 500여 년의 조선 왕조 내내 유지되었다. 조선 후기에 이
르러 지나친 주자학 일변도의 폐단이 드러나고 이에 대한 비판의식
과 변화 모색106)이 있기도 했지만, 오래도록 경직화된 큰 흐름을 바
꾸지는 못했다.

---

106) 유형원(柳馨遠, 1622~1673)과 이익(李瀷, 1681~1763)으로부터 시작하여 정약용
(丁若鏞, 1762~1836)에 의해 깊이를 더한 실학(實學)의 흐름이 주자학 일변도의 조
선 사회와 학문을 개혁하려는 시도로서 의미를 지닌다. 박석무, 『다산에게 배운다』(창
비, 2019) 117-118쪽 참조

흐름을 바꾸는 변화는 외부로부터 유입된 새로운 요소에 의해 이루어졌다. 서학(西學, 그리스도교)107)의 유입이다. 그리스도교는 이전까지 경험해보지 못했던 새로운 의미와 질서를 제시했다. 종교와 사상적인 면에서 기존의 주자학과 충돌했을 뿐만 아니라 사회 전반에 개혁적인 갈등을 일으켰다. 주자학적 세계관에 대한 전면적인 도전이었다. 한국이 처음 경험하는 문명의 충격인 셈이다.

그리스도교 유입의 충격과 도전이 조선 말 한국 종교에 일어난 외부로부터의 변화였다면, 이와 연관되어 내부로부터의 변화도 이루어졌다. 신종교(新宗敎)의 형성이다. 서학(西學)에 대응하려는 동학(東學)을 필두로 조선 말의 혼란과 좌절 상황을 반영하는 새로운 종교 운동(교단)들이 등장하였다. 이 시기의 신종교들은 외형적인 면에서 이전 유·불·도 중심의 한국 종교 흐름에 없던 새로운 것들이었다. 하지만 내면적인 면에서는 한국 종교 전통과 무관하지 않다. 유·불·도를 비롯한 한국 종교 전통의 새로운 해석과 적용으로서 특징을 지닌다.

---

107) 서학은 넓은 의미에서 서양의 사상과 문명(특히 과학기술)을 의미하고 좁은 의미에서는 그리스도교(가톨릭)을 지칭한다. 이곳에서는 그리스도교에 집중하여 논의를 진개할 것이다.

(1) 그리스도교 유입의 충격과 도전

① 한국 종교 전통과 그리스도교

그리스도교의 유입은 이전 한국 종교 역사와 다른 새로운 경험이었다. 외부로부터 새로운 요소가 유입되었다는 점에서는 앞서 유·불·도 삼교의 유입도 기본적으로 같은 형태였다. 하지만 좀 더 세부적인 조건에서 그리스도교의 유입은 삼교의 유입과 다른 의미를 지녔다. 삼교는 외래 종교 문화이면서도 내면적인 성격에서는 한국인에게 낯설지 않았다. 반면 그리스도교는 한국인의 삶과 문화 전반에 이질적인 성격이었다. 또한 삼교 유입 당시 한국인과 문화의 기본 바탕은 앞서 삼교의 전래·수용에 관한 논의에서 언급했듯이 조화와 포용적인 특성을 지니고 있었다. 반면 그리스도교의 유입 당시는 오랜 기간에 걸쳐 형성된 한국 종교 문화가 확고하게 자리 잡고 있었다. 특히 조선시대를 주도해온 주자학은 자기중심적 배타성이 강했다. 이런 조건에 의해 그리스도교의 유입은 한국인과 한국 종교가 이전에 경험하지 못했던 종교·문명의 충돌이었다.

그리스도교의 유입 과정에 충돌적인 요소로 작용했던 한국 종교 전통의 내용은 크게 구분하여 주자학과 무속신앙 두 가지였다. 첫 번째 주자학의 배타성과 고도의 합리주의적 사고 체계가 그리스도교와의 충돌에 영향을 주었다. 주자학의 배타성은 앞서 고려 말 조선 초의 유·불 관계 인식 변화를 설명하면서 확인하였다. 주자학이 지닌 유교 중심의 극단적 배타성은 그리스도교에 대해서도 마찬가지로 작용하였다. 그리스도교가 종교로서만이 아니라 주자학 기반의 사회 질서에 대한 개혁적 도전으로서 성격을 지녔다는 점에서 주자학의 그리스도교에 대한 배타성은 한층 극단화되었다. 또한 주자학이 갖춘 고도의 합리주의적 사고 체계 역시 그리스도교에 대한 비판 의식과 논리를 심화시켰다. 중국 성리학으로부터 조선 주자학의 학문적 발전108)을 거쳐 형성된 이기론(理氣論) 중심의 합리주의적 사고 체계에서 그리스도교의 신관(神觀)과 교리 사상은 허황되고 비합리적인 것으로 비판받았다.109)

두 번째 무속신앙과 그리스도교의 충돌은 기본적으로 신관의 차이에서 비롯되었다. 무속신앙의 다신(多神) 신관과 그리스도교의 유일신(唯一神) 신관의 차이이다. 사실 무속신앙의 다신 체계를 원론적으로 이해하면 그리스도교의 신 역시 무속신앙의 전체 신 체계 안에 수용되지 않을 이유는 없다.110) 하지만 실제 그리스도교 유입 과정에서 그리스도교의 신은 낯선 '서양 귀신'으로서 쉽게 수용되지 못했다.

---

108) 조선 중종 시기 조광조(趙光祖, 1482~1519)를 중심으로 한 현실 정치 개혁 시도가 사화(士禍)를 통해 좌절된 이후 사림파(士林派) 유학자들 사이에서 주자학의 학문적 탐구에 집중하는 흐름이 형성됐다. 이황(李滉, 1501~1570) 조식(曹植, 1501~1572) 이이(李珥, 1536~1584) 등의 기라성 같은 학자들과 사단칠정논쟁(四端七情論諍) 등이 조선 주자학의 학문적 절정을 대표한다.

109) 주자학의 논리 체계에서 그리스도교 교리 사상의 어떤 점이 비판받았는지는 이후 '서학논쟁'(조선 후기 주자학자들의 그리스도교 비판론)에 관한 내용에서 자세히 살펴볼 것이다.

110) 실제로 무속신앙에서는 여러 시대 상황과 문화적 배경에 따라 새로운 신격(神格)이 형성 수용되곤 한다. 물론 이러한 수용이 무속신앙과 그리스도교의 충분한 조화·공존으로서 의미를 지니지는 않는다. 최소한 배척이나 충돌로 이어지지는 않을 수 있는 가능성을 언급하는 것이다.

오히려 그리스도교의 유일신 신관에서 무속신앙의 다신 신관은 미신(迷信)으로 더 강하게 배척되었다. 그리스도교 전파 과정에서 무속신앙은 대표적인 척결 대상이었다. 이런 공격성에 따른 상승(相乘) 작용으로 무속신앙 역시 그리스도교에 대한 적대 의식이 강화되었다.[111]

　한국 종교 전통과 그리스도교의 만남에서 충돌적인 요소만 있었던 것은 아니다. 그리스도교와의 만남이 조화와 공존적 양상으로 전개될 수 있었던 내용도 한국 종교 전통 안에서 확인할 수 있다. 한국인의 전통적인 '하느님' 개념(혹은 신앙)이 대표적인 예이다. 앞서 '유·불·도 수용 이전 한국 종교'에서 설명했듯이 한국인은 고대부터 천신(天神) 신앙을 지니고 있었다. 고대 천신 신앙으로부터 확인할 수 있는 한국인의 하느님 개념은 이후 유·불·도 등 각 시대의 종교 흐름에 따라 명칭이 바뀌거나 특정 측면이 부각되었다. 이 과정은 한국인 전통의 하느님 개념과 각 시대의 종교 흐름 사이에 충돌이 아니라 조화적 변용이었다. 이 과정 안에서 전개된 내용 전체를 한국인의 하느님 개념으로 통합하여 이해할 수 있다. 그리스도교 역시 이러한 한국인의 전통적 하느님 개념과 상호 작용하면서 조화될 수 있는 가능성을 지니고 있었다.[112]

　또한 한국 종교 혹은 한국 문화의 역사적 흐름에서 확인할 수 있는

---

111) 김동리(金東里)의 단편소설 「무녀도(巫女圖)」(1936년 발표)는 무속신앙과 그리스도교의 갈등 상황을 잘 표현하고 있다. 무당 모화와 기독교인이 되어 돌아온 아들 욱이는 무속신앙과 그리스도교의 차이로 인해 모자 사이임에도 극단적으로 충돌하고 비극적 결말을 맞이한다.

112) 김승혜, 「한국인의 하느님 개념─개념 정의와 삼교(三敎) 교섭의 관점에서」 『종교·신학연구』 제8호 (서강대 종교·신학연구소, 1995), 125쪽 참조

조화와 원융(圓融)의 특성 역시 그리스도교와의 만남을 극단적 대립으로 이끌어가지 않을 수 있었던 요소이다. 앞서 살펴본 최치원의 「난랑비서」 내용과 강수와 최승로, 이규보의 유·불 관계 인식처럼 표면적인 다름을 심층적 의미 또는 궁극적 가치에 초점을 맞추어 조화·공존적으로 수용하는 인식이 그리스도교에게도 적용될 수 있었다.

한국 종교 전통이 지닌 이러한 조화·공존의 가능성이 실제 그리스도교 수용 과정에서 발휘되지 못한 이유는 무엇일까? 무엇보다 주자학 일변도의 완고함과 경직성을 다시 지적하지 않을 수 없다. 임진왜란(壬辰倭亂), 정묘호란(丁卯胡亂), 병자호란(丙子胡亂)으로 이어지는 전란(戰亂)은 조선을 급속히 위축시켰다. 외형적 차원의 위축에 대응하는 조선 지도층의 선택은 내부 질서 체계의 원칙과 원론을 엄격하게 강화하는 것이었다. 이 과정에서 조선의 지배 이념인 주자학은 더욱 보수적으로 완고해지고 경직되었다.

그리스도교 수용 과정이 갈등과 대립으로 이어진 원인이 주자학의 완고함과 경직성만은 아니다. 실제 전개된 그리스도교(천주교) 박해 사건들을 통해 좀 더 세부적인 원인들을 파악할 수 있다.

② 그리스도교(천주교) 박해의 원인

이익(李瀷)으로부터 본격화된 서학(西學)에 대한 관심[113]은 이후 두 갈래로 나뉘었다. 하나는 서양 사상과 문명으로서 서학의 가치(특

---

113) 이전 시기 그리스도교 또는 서학을 단편적으로 접촉한 흔적은 역사적으로 여럿 확인할 수 있지만 여기에서는 설명을 생략하고자 한다. 본격적인 수용 이후에 이루어진 갈등과 변화에 집중하려는 의도이다.

히 당시 조선 사회의 한계를 극복하기 위한 대안으로서 가치)는 인정하지만 종교로서 천주교에 대해서는 비판적 판단을 내린 학자들이다.[114] 또 하나는 서학에 대한 관심이 천주교 신앙으로까지 이어진 학자들이다. 이벽(李蘗, 1754~1785) 권철신(權哲身, 1736~1801) 권일신(權日身, 1742~1791) 이가환(李家煥, 1742년~1801) 정약전(丁若銓, 1758~1816) 정약종(丁若鍾, 1760~1801) 정약용(丁若鏞, 1762~1836) 이승훈(李承薰, 1756~1801) 등 남인(南人) 학자들이 중심이었다.[115] 1784년 중국에서 세례를 받고 돌아온 이승훈이 다른 사람들에게도 세례를 주고 신앙 공동체를 형성한 것이 한국 천주교회의 시작이다.

천주교가 실체적 의미를 드러내면서 당시 조선의 정치 사회 문화의 맥락과 충돌이 일어났다. 충돌의 극명한 형태가 천주교 박해 사건들이다. 여러 차례의 크고 작은 박해 사건들이 있었다. 여기에서는 그 중 규모가 컸거나 결정적 의미를 지니는 대표적 박해 사건 네 가지를 살펴보면서 천주교 박해의 세부 원인들을 파악하는 데 초점을 맞추고자 한다.

---

114) 신후담(慎後聃, 1702~1761)의 『서학변(西學辨)』, 안정복(安鼎福, 1712~1791)의 『천학고(天學考)』와 『천학문답(天學問答)』 등이 대표적인 예이다. 이들의 비판 논리에 관해서는 이후 '서학논쟁'에 관한 내용에서 다시 설명할 것이다.

115) 이들이 처음 『천주실의(天主實義)』(마태오 리치) 등의 천주교 서적을 함께 공부하고 신앙 공동체 형성에 참여했던 것으로 알려져 있다. 이후 이들 중에 천주교 신자로서 정체성과 신앙을 끝까지 유지한 사람과 그렇지 않은 사람으로 나뉜다. 정약종이 가장 분명하게 끝까지 신앙을 지켰고, 나머지는 박해 과정에서 배교(背敎)한 적이 있거나 처음부터 신자는 아니었던 것으로 평가받기도 한다. 박석무, 『다산에게 배운다』 (창비, 2019), 81-95쪽 참조

첫 번째는 신해박해(辛亥迫害, 1791)이다. 1784년 이후 서서히 확산되던 천주교에 대한 첫 번째 박해였다. 이른바 '진산사건(珍山事件)'에서 비롯되었다. 전라도 진산에 사는 천주교인 윤지충(尹持忠, 1759~1791)이 어머니 상(喪)을 당하여 유교식 제사를 행하지 않고 신주(神主)를 불태웠다. 윤지충의 사촌이자 천주교 신자였던 권상연(權尙然, 1750~1791)도 함께 했다. 제사와 신주는 현대 그리스도교 안에서도 논란이 되고 있는데[116], 엄격한 유교 사회였던 당시로서는 엄청난 충격을 일으킨 도발적 사건이었다. 윤지충과 권상연은 체포되고 문초를 받았으면서도 신앙을 버리지 않아 결국 처형당했다.

천주교가 처음 중국에 전래되었을 때는 마태오 리치(Matteo Ricci, 1552~1610)의 문화적응주의 선교원칙[117]에 따라 제사를 비

---

116) 천주교(가톨릭)에서는 제사를 전통적인 문화로서 인정하지만 보수적 개신교 교단에서는 제사를 금지하는 입장이다. 민감한 문제이기는 하지만 제사 논란과 관련해서는 유교 제사의 본래 의미를 정확하게 이해하는 것이 중요하다. 제사를 금지하는 입장에서는 제사를 귀신 숭배 또는 우상 숭배로 간주한다. 하지만 유교 제사의 본래 의미에는 그리스도교의 신관(神觀)이나 하느님 신앙과 충돌할 내용이 없다. 제사는 하나의 신격(神格)으로서 조상신을 숭배하기 위한 것이 아니다. 유교에는 애당초 그런 신격 개념이 없다. 제사의 의미와 목적은 기억 혹은 기념이다. 돌아가신 조상을 기억하면서 조상으로부터 나에게로 그리고 다시 나의 후손에게로 면면히 이어지는 존재의 의미를 되새긴다. 그리고 그를 바탕으로 현재의 삶을 어떻게 살 것인가에 초점을 맞추는 것이 유교 제사의 본질이다. 이러한 제사의 본래 의미를 정확히 이해하면 그리스도교 신앙과 충돌할 이유는 없다.

117) 마태오 리치가 선택한 문화적응주의 선교원칙은 그리스도교 신앙을 해당 지역의 문화적 특성에 적응하여 전파해야 한다는 것이었다. 실제로 마태오 리치는 본격적인 중국 선교를 위해 중국의 역사와 문화, 특히 유교 문화를 깊이 있게 공부하였다. 그리고 중국인의 전통적인 유교 문화 안에 그리스도교 신앙과 자연스럽게 만날 수 있는 부분을 부각시켰다. 이를 보유론(補儒論)이라고 한다. 그리스도교와 유교가 대립적이지 않고 상호보완적 의미를 지님을 강조한 것이다.

롯한 유교 문화를 호의적으로 포용하였다. 하지만 로마 가톨릭교회가 보수적인 흐름으로 변화되면서 제사를 반대하는 지침이 정해졌다. 윤지충과 권상연은 이렇게 보수화된 가톨릭교회의 신앙 지침에 따라 제사를 폐지하고 신주를 불태운 셈이다. 이를 계기로 당시 조선의 유교 지배층은 천주교를 무부무군(無父無君)의 패륜적 사교(邪敎)로 배척하는 엄격함이 강화되었다. 결국 신해박해는 당시 유교와 그리스도교 양쪽 모두의 엄격하고 경직된 원칙주의가 핵심 원인이었다.

두 번째는 신유박해(辛酉迫害, 1801)이다. 신해박해 이후 사교로서 경계를 받으면서도 조선 천주교회는 꾸준히 성장하였다. 천주교의 성장은 유교 지배층의 경계와 배척 의식을 강화시켰다. 문제는 천주교 배척을 정치적 목적으로 이용하였다는 점이다. 탕평책(蕩平策)으로 극심한 당쟁(黨爭)을 억제시켰던 정조(正祖) 임금이 죽은 후 당쟁이 다시 노골화되었다. 이런 분위기에서 노론(老論)은 반대파인 남인(南人)을 제거하기 위한 계책으로 천주교 문제를 부각시켰다. 남인들 중에 천주교와 연관되어 있는 사람이 많은 점에 착안한 것이다.

당쟁을 떠나 당시 유교 지배층의 천주교 배척 의식은 분명했지만 신유박해에는 천주교 배척을 정략적으로 이용하려는 의도 역시 명확했다. 실제로 신유박해의 결과 조선 천주교회가 크게 위축되었을 뿐 아니라 남인 세력도 몰락하였다.[118] 신유박해는 천주교 박해가 온전히 종교적 차원에서만 원인이 있었던 것은 아니라는 사실을 확인시

---

118) 신유박해로 인해 300여 명이 순교(殉敎)했다. 조선에 파견된 중국인 신부 주문모(周文謨)와 초대 교회의 중심인물이었던 정약종, 이승훈, 권철신 등이 순교했다. 정약용도 겨우 죽음은 면하고 유배되었다.

켜준다.

세 번째는 기해박해(己亥迫害, 1839)이다. 계속되는 박해 속에서도 천주교는 다시 교세를 확장하였다. 초기에 비해 전국적으로 확산되었고 일반 대중 신자들이 성장하였다. 정치 사회적으로 말기적 문제 상황이 심해졌음에도 이에 적절히 대처하지 못하는 무기력한 유교 입장에서는 천주교의 확산에 위기와 배척 의식이 더욱 강해질 수밖에 없었다. 이런 상황에서 우의정 이지연(李止淵)이 사학(邪學) 척결을 강력히 주장함으로써 전국적인 천주교 박해가 진행되었다. 당시 조선에 들어와 있던 프랑스인 선교사 세 명과 교회 지도자 정하상(丁夏祥)을 비롯하여 130여명이 순교했다.

기해박해의 일차적 원인은 무기력해진 유교의 극단화한 배타성이다. 더 이상 지배 이념으로서 역할을 제대로 수행하지 못하는 유교가 왜곡된 자기방어기제를 작동시킨 것이라 할 수 있다. 기해박해의 또 다른 원인에는 앞선 신유박해만큼 노골적이지는 않지만 역시 정치적 의도가 개입되었다. 헌종(憲宗)이 어린 나이에 즉위하고 순원왕후(純元王后)가 수렴청정하면서 안동 김씨가 정치를 주도하였다. 안동 김씨 정권은 천주교에 대해 비교적 관대하게 대처하였다. 그런데 풍양 조씨가 안동 김씨 세력에 도전하면서 천주교에 대한 미온적인 태도를 문제 삼았다. 풍양 조씨는 우의정 이지연과 결탁하여 강력한 천주교 척결 정책을 추진함으로써 안동 김씨 대신 정치적 주도권을 장악하고자 한 것이다.

네 번째는 병인박해(1866)이다. 병인박해는 1866년 한 해에 그치지 않고 1871년까지 이어진 최대 규모의 박해이다. 이 기간 동안의 천주교 박해가 모두 흥선대원군(興宣大院君)에 의해 주도되었다. 흥선대원군이 처음부터 천주교에 대해 적대적이었던 것은 아니다. 오히려 천주교와 서양 선교사를 통해 프랑스의 힘을 빌려 러시아의 남하(南下)를 견제하려 했다. 하지만 청나라에서 서양인과 천주교를 탄압하기 시작했다는 소식이 전해지면서 흥선대원군의 천주교와 협조 시도는 정치적으로 불리한 조건이 되었다. 반대 정치 세력의 공세를 의식한 흥선대원군은 쇄국정책을 강화하고 천주교를 탄압했다. 이후 병인양요(丙寅洋擾, 1866), 오페르트(Oppert)의 남연군묘(南延君墓) 도굴사건(1868), 신미양요(辛未洋擾, 1871)가 이어지고 그때마다 천주교 박해가 일어났다.

병인박해는 명백히 흥선대원군의 국내 정치적 선택과 대외 정책에 따라 일어났다. 앞선 박해에서처럼 '천주교는 사학(邪學)'이라는 이유는 더 이상 두드러지지 않았다. 흥선대원군의 전제통치를 강화하고 외세 유입 차단의 강력한 의지를 표명하기 위한 정치적 맥락이 천주교 박해를 주도했다. 1873년 흥선대원군이 실각하면서 병인박해의 긴 흐름이 끝났다는 사실이 시사해주는 바가 크다.

이상 네 가지 박해 사건의 원인을 다시 종합 정리해본다. 첫째, 천주교가 당시 유교 중심의 조선 사회에 도전적 의미를 지니고 있었다는 사실이다. 이 점에서 본다면 박해는 납득할 만한 인과관계를 지닌다. 도전에 대한 필연적 방어인 셈이다. 그런데 당시 조선이 박해처럼 공격성의 방어를 하지 않았다면 역사는 적지 않게 바뀌었을 것이다. 천주교가 가져온 도전의 의미를 좀 더 발전적인 차원으로 수용할 수 있었다면 천주교 박해의 비극은 피할 수 있었을 것이다. 조선 역시 수치스러운 종말을 겪지 않을 수도 있었다.

둘째, 당시 조선의 국내외 정치적 맥락이 천주교 박해 사건의 원인으로 작용하였다. 역사에서 확인할 수 있는 종교와 종교 사이의 충돌 사례에는 실제로 종교적 차원 이외의 정치 사회 문화적 요소들이 개입되어 있다. 조선 말 천주교 박해 사건 역시 정치적 맥락으로부터 완전히 벗어날 수는 없었다. 그런데 안타까운 점은 조선 말의 정치 상황이 유독 혼란스럽고 비정상적이었다는 사실이다. 왜곡된 형태의 당쟁, 왕권국가로서의 정상적 작동을 마비시킨 세도정치, 시대 흐름에 깜깜했던 무모한 쇄국정책 등의 상황이 더욱 극단적 형태의 천주교 박해를 조장했다고 할 수 있다. 만일 안정적이고 정상적인 정치 상황이었다면 아무리 이질적인 그리스도교 수용이라도 그렇게 극단적인 박해로까지 이어지지는 않았을 것 같아 안타깝다. 포용적이지 못한 배타성은 비정상적이고 여유를 상실한 상태에서 극도로 예민하게 드러난다.

셋째, 당시 유교뿐 아니라 그리스도교 역시 편협한 원론주의와 경직된 형식주의에 빠져 있었던 점도 극단적 박해의 원인이었다. 유교와 그리스도교 모두 본래 의미에서는 포용성과 조화·공존의 내용을 지니고 있다. 하지만 당시 조선의 유교(주자학)은 앞서 설명했듯이 조선 후기의 혼란 속에서 엄격한 원론과 형식만을 강조하는 상태였고, 그리스도교 역시 보수적 성향이 지배적인 형태였다. 중국을 비롯한 동아시아 선교를 주도했던 단체 역시 문화적응주의를 표방했던 예수회가 철수하고 보수 성향의 도미니코회와 파리외방전교회 등으로 변경되면서 엄격성은 더욱 강화되었다. 강성과 강성, 편협성과 편협성의 만남에서 조화와 포용을 기대하기는 어려웠다. 제사 폐지와 신주 소각 그리고 그에 대한 극심한 탄압은 이런 분위기에 따른 필연적 비극이었다. 중국 전래 초기 마테오 리치의 문화적응주의가 그대로 유지되었다면 분명 결과는 달랐을 것이다.

③ 서학논쟁(西學論諍)

천주교 박해 사건이 유교와 그리스도교 충돌의 실제 상황과 원인에 관한 내용이었다면, 유교와 그리스도교 충돌의 교리·사상적 측면에 관하여는 서학논쟁의 내용을 통해 확인할 수 있다. 서학논쟁은 천주교 교리와 사상에 대한 조선 후기 유학자들의 비판론과 천주교 측의 호교론 내용을 논쟁의 형식으로 재구성한 것이다. 실제 논쟁을 위해 쓴 글들은 아니지만 두 내용을 대비시켜보면서 당시 유교와 그리스도교가 얼마나 극단적으로 충돌하고 있었는지 확인할 수 있다.

이익(李瀷)에게서 시작된 서학에 대한 학문적 논의는 그의 제자들에 의해 확대되었는데, 그들 중 천주교 교리와 사상의 모순을 비판하는 학자들이 있었다. 신후담(愼後聃)의 『서학변(西學辨)』[119]과 안정복(安鼎福)의 『천학고(天學考)』와 『천학문답(天學問答)』[120]이 대표적이다. 한편 당시 천주교 박해에 대응하는 호교론(護敎論)적인 글도 있었다. 정약종(丁若鍾, 1760~1801)의 『주교요지(主敎要旨)』[121]와 정

---

119) 이만채(李晚采) 편저의 『벽위편(闢衛編)』 제1권에 수록

120) 안정복의 『순암문집(順菴文集)』 권17에 수록

121) 『주교요지』는 1801년 신유박해 상황에서 천주교 신앙의 정체성을 드러내기 위해 쓴 책이다. 마테오 리치가 쓴 『천주실의』의 보유론을 반영한 내용이다.

하상(丁夏祥, 1795~1839)의 『상재상서(上宰相書)』[122]가 대표적이다. 이들 비판론과 호교론의 내용으로 서학논쟁을 구성할 수 있다.

천주교 교리·사상에 대한 비판은 주자학이 갖춘 고도의 합리주의적 사고체계를 고려하면 충분히 예견되는 일이었다. 주자학은 유교의 역사적 전개과정 전체에서 사변적 성격이 가장 두드러진 형태이다. 이기론(理氣論)의 체계가 이를 대변한다. 이(理)와 기(氣)의 두 개념으로 세상의 모든 존재와 현상을 합리적으로 해명한다. 이러한 주자학의 합리주의적 사고체계에서 볼 때 천주교의 교리·사상은 비합리적이고 허황된 내용으로 판단할 수밖에 없었다. 다음 몇 가지 논쟁 주제들에서 이러한 판단을 확인할 수 있다.

첫째, '천주(天主)와 상제(上帝)'에 관한 논쟁이다. 천주교의 유일신인 천주(하느님)와 유교의 상제 개념을 어떻게 이해하느냐의 문제이다. 마태오 리치의 『천주실의』로 대표되는 전래 초기의 이해는 천주가 곧 상제라고 했다. 마태오 리치가 강조했던 보유론(補儒論)의 입장을 반영한 이해이다. 천주가 곧 상제라는 이해는 『시경(詩經)』을 비롯한 원시유교의 맥락에서는 성립 가능하다. 하지만 주자학의 입장에서는 문제가 된다. 주자학에서 제시하는 궁극적 실재(혹은 원리)는 철저하게 비인격적인 특성을 지니기 때문이다. 결국 주자학의 입장에서 볼 때 천주교의 인격신 하느님은 비합리적이고 허황된 내용으로 판단되었다.

---

122) 정하상은 정약종의 아들이다. 기해박해가 일어나자 박해를 주도한 우의정 이지연에게 올리는 글로 작성한 것이 『상재상서』이다.

둘째, '무부무군(無父無君)'에 관한 논쟁이다. 무부무군이라는 표현은 처음 중국에 불교가 전래되었을 때 불교의 가르침이 유교를 근간으로 하는 기존 질서에 위해(危害)하다는 비판의 뜻으로 사용되었다.[123] 출가수행을 비롯한 불교의 가르침이 군신(君臣)과 부자(父子)의 질서를 훼손한다는 비판이다. 이러한 무부부군의 비판의식이 천주교에 다시 적용되었다. 천주교에서 하느님을 절대적 존재로 신앙하는 것이 임금의 절대 권위를 위협하는 것이고, 위패를 모시지 않고 제사를 거부하는 것은 조상과 부모를 섬기지 않는 것이라 비판한 것이다.

셋째, '천당지옥설'에 관한 논쟁이다. 천당과 지옥에 관한 내용은 천주교의 주요 교리이다. 사람이 죽으면 살아 있는 동안의 행실에 따라 심판을 받고 착한 삶을 산 사람은 천당으로 잘못된 삶을 산 사람은 지옥으로 간다는 것이다. 여기에는 죽음 이후 영혼의 존재 그리고 상선벌악(賞善罰惡)의 문제가 논란의 초점이다. 천당지옥설은 죽음 이후에도 변하지 않는 영혼의 실체성을 전제로 한다. 하지만 유교, 특히 성리학의 인간관에서 천주교의 영혼에 해당하는 개념은 인정되지 않는다. 유교의 인간관에서 혼(魂)은 기(氣)의 요소로 모였다 흩어질 뿐이다. 죽음 이후에도 변하지 않고 유지되는 것이 아니다. 죽음 이후에 나의 정체성을 유지할 것이 없으니 죽음 이후의 상선벌악 역시

---

123) 불교의 중국 전래 초기 유교와 어떤 점에서 충돌했는지는 『모자이혹론(牟子理惑論)』을 통해 확인할 수 있다. 『모자이혹론(牟子理惑論)』은 저자와 시기를 확증하기 어렵지만 내용이 대략 후한(後漢) 시기로부터 시작된 것으로 추정할 수 있다는 점에서 중국 불교 전래 초기의 상황을 확인할 수 있는 가장 오래되고 중요한 사료이다.

성립할 수 없다.

　이외에도 천주교의 교리와 사상들 중에서 주자학의 합리주의적 사고체계와 충돌하는 내용들이 많았다. 이들 논쟁에 관하여는 그리스도교와 유교 양쪽에 대한 깊이 있고 종합적인 고찰이 필요하다. 충돌한 주제들을 단지 표면적으로만 논의하지 않고 관련된 맥락을 전체적으로 고려하여야 한다. 그리스도교와 유교 각자가 지니고 있는 역사적 변천 과정과 그에 따른 사상적 스펙트럼 전체 안에서 해당 주제들을 논의해야 한다. 당시 충돌했던 그리스도교와 유교의 내용들이 그리스도교와 유교의 전체 모습이 아닐 수 있다는 점, 조선 후기 만났던 그리스도교와 유교의 모습이 각자의 역사적 스펙트럼 중에서 유독 배타성이 강한 것일 수 있다는 점을 고려할 필요가 있다.

　하지만 조선 후기에 전개된 실제 상황에서는 그리스도교와 유교의 상반된 이해가 단면적으로 드러나면서 극단적 충돌의 결과로 이어졌다. 만일 당시에 조우한 그리스도교와 유교의 내용이 각자의 본원적 의미를 충실히 반영한 포용적 성격의 것이었다면 조선 후기 그리스도교와 유교의 극단적 충돌은 피할 수 있었을 것이다. 아울러 조선이 오랜 기간 주자학 일변도의 획일적 분위기를 형성함으로써 한국 종교의 역사적 흐름 전체가 반영되지 못한 상황도 그리스도교와 유교의 만남에 부정적으로 작용한 것으로 평가할 수 있다.

(2) 신종교의 형성

조선 후기 한국 종교의 역사적 흐름 변화에 연관된 또 하나의 요소는 신종교의 형성이다. 앞서 살펴본 그리스도교의 유입에 따른 변화가 외부로부터 비롯된 것이라면 신종교의 형성은 내부로부터의 변화에 해당한다. 외부로부터의 변화와 내부로부터의 변화가 연관성을 지니기도 한다. 그리스도교의 유입이 신종교의 형성에 영향을 준 것, 다시 말해 신종교의 형성이 그리스도교 유입에 따른 변화에 대응하는 성격도 지닌다는 것이 주목할 점이다.

　신종교 형성에 관한 논의는 다양한 측면에서 접근이 필요하다. 신종교 형성에 관한 논의가 단순하지 않은 것은 신종교의 개념 설정에서부터 비롯된다. 신종교의 개념을 가장 기본적으로 설정한다면 문자 그대로 '새로운 종교'이다. 기성종교에 대한 상대적 개념일 수 있다. 이렇게 보면 모든 종교는 한때 신종교였다. 그리스도교도 형성 초기에는 유대교와 상대적으로 신종교였고, 불교 역시 힌두교에 상대적인 신종교로서 시작하였다. 따라서 신종교에 관한 논의는 형성 시기에 초점을 맞추는 것이 의미를 지닌다. 신종교 형성 당시의 상황, 즉 새로운 종교가 형성된 배경과 어떤 점에서 새로운 것이었는지에 관한 논의가 적합하다. 조선 후기 신종교에 관한 논의 역시 이러한 맥락에서의 접근이 필요하다.

　일반적으로 신종교 형성의 배경에는 공통점이 있다. 당시의 상황이 정치 사회 경제 등 모든 면에서 극도의 혼란과 위기에 처해 있다는 점, 그러한 혼란과 위기 상황에 기존 체제와 이념 특히 종교가 적절히 대처하지 못하는 무력함을 드러내고 있다는 점, 사람들은 더 이상 어찌할 수도 없고 어떤 기대도 할 수 없는 절망적 상황이라는 점 등이 신종교 출현의 공통 배경이다.[124] 조선 후기는 이러한 신종교 형성 배경의 전형적인 상황이었다. 각종 폐단과 혼란이 극심했고, 당시 지배 체제와 이념[종교]으로서 유교는 아무런 대처도 하지 못하는 무능력한 상태였으며, 민중들은 절망의 상태였다. 덧붙여 그리스도교를 비롯한 서양 세력의 유입은 조선의 기존 질서를 위협하는 불안 요소로 가중되었다. 조선 후기 신종교의 형성은 이러한 상황에 따른 필연적 반응이었던 셈이다.

조선 후기 신종교는 동학(東學)의 형성을 연원으로 삼는다. 내용적으로는 한국 근대 신종교의 범주에 동학 계통 뿐 아니라 증산 계통, 단군신앙 계통, 불교 계통, 정역(正易) 계통 등 다양성이 존재한다. 한국 근대 신종교는 동학 이후 다양한 스펙트럼으로 전개되었다. 하지만 신종교 이해를 형성 시기와 배경에 초점을 맞출 때 동학의 형성에서 한국 근대 신종교의 근원적이고 핵심적인 의미를 파악할 수 있다. 한국 근대 신종교가 당시 혼란과 변화 상황에 대한 반응으로서 의미를 지닌다는 사실을 동학의 형성으로부터 확인할 수 있는 것이다.

동학에서 확인할 수 있는 당시 상황에 대한 반응은 양면적인 의미

---

124) 이렇게 신종교 형성의 공통 배경을 제시하는 것이 신종교 형성의 원인과 과정을 단순 획일화하려는 의도는 아니다. 신종교 형성에는 저마다 여러 요소들이 작용하고 있음을 충분히 고려해야 한다. 공통 배경을 설정하는 것이 신종교의 특징과 의미를 왜곡시킬 수도 있다는 점은 경계해야 한다. 여기서 제시하는 공통 배경은 신종교 형성에 연관된 여러 요소들 중에 가장 기본적인 것이다. 특히 신종교에 대한 고찰을 시대 변화의 맥락에 초점을 맞추고자 할 때 주목할 배경으로서 의미를 지닌다.

를 지닌다. 한편으로는 외부의 도전에 대한 경계와 대결의식을 드러내면서 동시에 다른 한편으로는 내부의 전통을 종합 계승하려는 의도를 나타낸다. 사실 이 두 가지 측면은 하나로 연결되어 있다. 내부의 전통을 종합 계승하는 방법으로 외부의 도전에 대응하는 것이다. 동학이라는 이름에는 서학에 대한 대결의식과 한국 전통 종교사상의 강조라는 두 가지 의미를 포함하고 있다.

최제우(崔濟愚, 1824~1864)가 자신의 가르침을 동학이라 이름했을 때 서학에 대한 극단적 대결의식만 있었던 것은 아니다. 천주(天主) 하느님을 내세운 것도 천주교의 하느님을 배격하고 대립각을 세우려는 목적은 아니었다. 최제우가 강조한 하느님은 유교를 비롯한 한국 종교 전통에서 지녀온 '하느님'[125]을 계승한 것으로 판단할 수 있다. 조선 후기의 혼란한 시대 상황 속에서 세상과 민중을 구제하기 위한 가르침을 전통적인 하느님에게서 얻고자 한 것이다. 최제우는 당시 상황을 인간으로서는 더 이상 어찌할 수 없는 한계 상황으로 인식하고 초월적인 존재에 근거한 해결 방안을 제시한 것이다.[126] 그런데 포교 초기 천주교로 오해받아 박해를 받으면서 천주교와의 차별성을 강조하기 시작했고, 또 당시 서학을 비롯한 서양문화 유입에 따른 혼란 상황에 대응하는 맥락에서 '서학 대 동학'의 대결의식이 강화된 것으로 이해할 수 있다.

동학에서 확인할 수 있는 이러한 양면적인 반응(내부의 전통 계승

---

125) 개념 한국 종교 전통의 '하느님' 개념에 관해서는 앞서 설명한 '유·불·도 수용 이전 한국 종교' 부분의 '천신(天神) 신앙' 내용 참조

126) 최동희, 『한국종교사상사 Ⅲ (천도교)』(연세대학교출판부, 1993), 12쪽 참조

으로 외부의 도전에 대응)이 한국 근대 신종교들에도 그대로 이어진다. 외형적으로는 새로운 움직이었지만 심층적인 내용에서는 한국 종교 전통의 흐름을 재해석하여 계승하였다는 것이 한국 근대 신종교들의 전체적 특징이라고 할 수 있다.

III

한국인의 삶 안에서 종교가 지닌 의미 -초월

앞서 한국 종교 이해의 한 축으로 한국 종교의 역사적 전개 과정을 살펴보았다. 한국 종교를 이해하는 작업에서 역사적 이해는 필수이다. 하지만 단순히 시대 순서에 따라 관련 사항들을 단편적으로 나열하는 방식을 시도하지는 않았다. 머리말에서 언급했듯이 이 책이 추구하는 한국 종교의 통합적·유기적 이해에 적합하지 않기 때문이다. 대신 한국인의 삶과 역사 흐름에 전환적 의미를 지니는 네 가지 맥락에 초점을 맞추었다. 한국 종교가 어떻게 한국인의 삶과 역사 변화에 작동했는지에 주목하는 의도였다. 한국 종교 역사 전체를 역동적 변화의 흐름 안에서 통합적으로 이해하고자 한 것이다.

한국 종교 역사의 역동적 변화 이해가 외적인 차원에서의 통합적 이해라고 한다면 이와 더불어 내적인 차원에서의 유기적 이해 역시 병행되어야 한다. 한국 종교가 한국인의 삶과 역사 변화에 작동한 구체적인 내용에 초점을 맞추고, 이들 다양하고 복합적인 내용들의 내적인 의미를 유기적인 체계 안에 정리하여 이해하는 일이다. 이를 위해 '초월'과 '현실'이라는 두 범주를 설정하였다. 서론에서 언급했듯이 초월과 현실은 종교 이해의 기본 범주이다. 한국 종교가 한국인의 삶과 역사에 작동한 구체적 내용들을 '초월'과 '현실' 두 범주로 분류함으로써 한국 종교의 내면적 의미를 유기적으로 이해할 수 있을 것이다.

첫 번째 범주는 '초월'이다. 한국 종교는 한국인의 삶과 역사에 초월적인 의미를 제공하였다. '초월적 의미를 제공하였다'는 것은 초월 개념이 지니는 두 가지 의미에 따라 내용을 구체화할 수 있다.[1]

---

1) 초월 개념의 두 가지 의미에 관한 자세한 내용은 이 책의 Ⅰ-2-(4) 참조.

초월[초월적 진리] 개념이 지니는 첫 번째 의미는 '마땅함'과 '불변'의 진리이다. 인간과 세상에 관한 마땅하고 당연하고 변함없는 진리라는 뜻이다. 두 번째는 '역설적 진리'로서 의미이다. 현실 삶에서 대부분의 사람들이 따르고 있는 가치와 '전혀 다른(상반되는)' 가치를 진리로 받아들인다는 뜻이다.

두 가지 의미를 종합하면 한국인의 삶 안에서 종교가 지니는 의미 중 '초월'의 범주로 분류한 내용들은 기본적으로 세속적 삶의 가치와 전혀 다른 가치로 전환을 제시해준 것에 해당한다. 한국인에게 종교는 세속적 삶의 가치나 질서에 함몰되지 않고 그 한계와 문제에 대한 비판의식을 지니게 해주었다. 무엇이 불변하는 진리인지, 어떻게 사는 것이 마땅하고 당연한 삶인지를 제시해주고, 이에 어긋나는 현세적 상황과 질서를 단호히 거부하도록 이끌어주었다. 인간과 세상의 궁극적 의미[초월적 진리]를 지향하면서 부단히 내면의 성찰과 삶의 변화를 추구하게 해주었다.

이에 해당하는 한국 종교 관련 내용들을 몇 가지 세부 주제들로 분류하여 살펴보겠다. 이들 세부 주제들과 여기에 해당하는 한국 종교 관련 내용들을 통해 '한국 종교가 한국인의 삶과 역사에 초월적 의미를 제공'했다는 것이 구체적으로 어떤 뜻인지 이해할 수 있을 것이다.

1
인간과 세상 이해의 패러다임 전환

초월[초월적 진리]에 근거하는 종교적 추구는 먼저 인간과 세상을 이해하는 패러다임을 전환시킨다. 여기서 말하는 패러다임의 전환은 인간과 세상에 접근하는 근본 틀 전체가 뒤바뀜을 의미한다. 단순히 처세의 방법을 바꾸는 정도가 아니라, 인간과 세상 이해를 전혀 다른 차원으로 전환하는 것이다. 세계관, 인간관, 인생관, 가치관의 대전환인 셈이다.

　이러한 전환의 근거와 방향은 역시 초월적 진리이다. 초월적 진리를 발견한 후 인간과 세상에 관련한 판단과 가치 기준이 초월적 진리에 부합하는 방향으로 전환된다. 앞서 초월의 기본적 의미로 설명한 '전혀 다름'과 연결하여 이해할 수 있다. 세속적 가치와 질서에 따르는 삶을 살다가 초월적 진리를 발견한 후에는 이전까지와는 전혀 다른 가치와 질서의 삶을 추구하는 것이다.

한국 종교는 한국인에게 이러한 패러다임의 전환을 제공하였다. 유교, 불교, 도교 등의 가르침을 통해 한국인은 세속적 질서와 가치 기준에 따른 삶에 머무르지 않고 이를 넘어서는 전혀 다른 가치와 질서를 추구하는 삶으로 전환할 수 있었다.[2] 이에 해당하는 대표적인 내용 몇 가지를 살펴보겠다.

(1) 불교의 깨달음

인간과 세상 이해의 패러다임 전환에 해당하는 대표적인 내용으로 우선 불교의 가르침, 특히 '깨달음'에 관한 내용에 주목할 필요가 있다. 불교의 수용이 한국인의 삶과 역사에 어떤 의미를 지니는지에 관해서는 앞서 살펴보았다.[3] 그들 내용이 주로 외형적 차원에서의 의미였다고 한다면, 내면적인 차원에서는 불교의 가르침을 통해 한국인이 인간과 세상 이해의 초월적 패러다임을 갖추게 되었다는 점이 큰

---

2) 이는 역사적으로 한국인의 삶이 오로지 초월적 가치와 질서에 따르는 것만 있었음을 의미하지는 않는다. 실제 한국의 역사와 한국인의 삶에는 현세적 가치와 질서가 주도하는 내용도 많았다. 주목하는 점은 이러한 현세적 흐름에도 불구하고 이와 전혀 다른 초월 추구의 인식이 드러났고, 이것을 가능하게 한 것이 한국 종교의 중요한 역할이었다는 사실이다. 이와 관련하여 한국 종교 또는 한국인의 특성을 이중적 구조로 파악하는 해석도 있다. 한국인은 한편으로 지극히 현세적인 가치에 따른 삶을 중요시하면서 동시에 다른 한편으로는 초월적 가치 추구 역시 중요한 의미로 강조한다는 것이다. 한국 종교의 다양성(대표적으로 무속신앙과 유교)이 이러한 상반된 두 가지 내용을 동시에 제공한 것으로 해석한다.

3) 이 책의 Ⅱ-2-(2) 참조

의미를 지닌다.

흔히 불교는 '깨달음의 종교'라고 말하는 것처럼, 그 깨달음이라는 개념 안에 불교 가르침의 핵심이 함축되어 있다. 그만큼 깨달음이 어떤 의미인지 정확하고 깊이 있게 이해하는 것이 중요하다. 불교에서 깨달음은 단지 지식적 또는 인식적 차원에서의 앎만을 의미하지 않는다. 몰랐던 것을 알게 되었다고 해서 깨달음이라 할 수 없다. 깨달음의 핵심 의미는 '존재의 변화'에 있다. 새로운 앎이 지식과 인식의 차원을 거쳐 존재 자체의 근원적 변화으로까지 이어져야 한다. 이전과는 전혀 다른 '나'로 변화되는 것이다. 이러한 존재의 변화은 당연히 세상과 인간 이해의 기준 그리고 삶의 방식 전체의 변화를 의미한다.

중요한 것은 이러한 불교의 깨달음이 단지 일부 엘리트 수도승들에게만 의미를 지니지 않는다는 사실이다. 전문적인 수도승들만이 추구하는 고차원적인 목표가 아니라, 현세 삶을 살아가는 모든 인간에게도 중요하고 필요한 것이 깨달음이다. 깨달음은 곧 세상과 인간에 대한 올바른 이해, 다시 말해서 '어떻게 살 것인가'라는 인간의 궁극적 질문에 대한 답을 제공하기 때문이다. 불교의 깨달음은 이전까지 삶의 방식과 추구에서 벗어나 전혀 다른 패러다임의 삶으로 전환시켜주는 의미를 지닌다.

① 깨달음 추구의 계기

불교의 깨달음이 이전과는 전혀 다른 패러다임의 삶으로 전환을 의미한다는 것은 깨달음 추구가 시작되는 계기를 통해 확인할 수 있다. 불교의 깨달음 추구가 어떤 계기로 시작되는지는 석가모니의 출가 과정에서 잘 드러난다. 석가모니의 출가 과정에 관해서는 초기 불교 경전과 몇 가지 전설적인 이야기들을 통해 전해지고 있다. 그 중에서 이른바 사문유관(四門遊觀)의 이야기에 주목할 필요가 있다. 역사적 사실을 그대로 기술한 것이 아니라 드라마틱하게 표현된 전설적인 이야기이지만 그 상징성 너머의 내면적 의미를 해석하면 석가모니의 출가 과정과 계기를 파악할 수 있다.

석가모니는 출가 이전까지 지극히 현세적인 삶을 살고 있었다. 비록 작은 나라였지만 왕자의 신분으로 태어나 물질적으로 풍요롭고 아무 걱정 없는 삶을 누리고 있었다. 철저히 궁 안에서 평화롭고 풍요로운 삶만 경험하고 있었다. 조금 비현실적인 이야기이지만 생로병사와 같은 현세의 어려움이나 고통을 전혀 알지 못할 정도였다고 한다. 사문유관의 이야기는 석가모니가 처음 현세 삶과 인간의 고통을 마주하게 된 경험을 반영하고 있다.

어느 날 석가모니는 우연히 동서남북으로 난 성문을 통해 처음 바깥세상으로 나가게 되었다. 첫 번째 성문 밖에서 나이 들어 힘없는 노인을 목격하고 인간이 늙어간다는 사실에 큰 충격을 받았다. 두 번째 성문 밖에서는 병들어 고통스러워하는 병자를 보고 병들어 고통받는 인간의 현실에 또 한 번 충격을 받았다. 세 번째 성문 밖에서 만난 장례 행렬을 통해 인간의 죽음을 확인하고 석가모니의 충격은 극에 달했다. 네 번째 성문 밖에서 만난 출가 수행자의 모습은 처음 마주한 현세 삶과 인간의 처참한 고통 때문에 극도의 혼란에 빠진 석가모니에게 희망을 보여주었다. 차분하고 고요한 출가 수행자의 모습에서 현세 삶과 인간의 고통을 넘어서는 길이 있음을 확인한 것이다.

이러한 사문유관의 이야기에서 석가모니의 출가 계기를 분명하게 확인할 수 있다. 출가 이전까지의 삶을 생각하면 석가모니가 출가 수행자의 삶을 선택하는 것은 상상할 수 없는 일이다. 석가모니가 풍요롭고 만족스러운 삶의 조건을 포기하고 힘들고 고통스러운 출가 수행자의 삶을 선택한 이유는 과연 무엇이었을까? 바로 현세 삶과 인간의 고통스러운 현실을 직면하게 되었기 때문이다. 사문유관의 이야기에서 상징적으로 묘사되고 있는 생로병사의 고통스러운 현실이 석가모니로 하여금 인간과 세상에 관한 근원적 문제의식에 빠지게 했다. 인간과 세상에 관한 근원적 문제의식은 세속적인 그 무엇으로도 벗어날 수 없는 깊이와 무게를 지니고 있다. 이 문제의식에 궁극적인 해답을 얻지 못하면 세속의 그 어떤 만족도 헛된 것일 수밖에 없다. 그 답을 얻는 일 이외의 다른 세속적 가치는 더 이상 아무 의미가 없는 것이었기에 석가모니는 단호히 출가 수행자의 삶을 선택할 수밖에 없었다.

깨달음 추구는 이처럼 현재 삶의 기준 또는 세속적 가치 질서에서 근원적 한계를 경험하는 데서 시작된다. 지금까지 자신이 살아온 삶이 한순간 공허하고 무의미해지는 경험이다. 기존의 삶의 방식과 세계관이 무너져버렸으니 이제 어떻게 살아야 하는지 전혀 방향을 찾을 수 없는 절박한 혼란의 상태이다. 이러한 혼란이 끝내 극단적 허무로 빠지는 경우도 있지만, 석가모니와 같이 전혀 다른 새로운 차원을 추구하는 계기가 된다. 내내 달려오던 길이 갑자기 막다른 벽에 부딪힌 지점에서 의외로 전혀 새로운 길을 찾게 되는 것과 같다.

② 깨달음의 의미

이렇게 깨달음 추구는 현재 삶의 기준 또는 세속적 가치 질서에서 치명적 한계를 경험하는 데서 시작된다. 그리고 깨달음은 기존 삶의 기준 또는 가치 질서의 한계를 극복하는 '새로운 패러다임의 삶으로 전환'을 의미한다. 기존과는 전혀 다른 새로운 패러다임의 삶으로 전환함으로써 애당초 석가모니를 깨달음 추구의 시작으로 내몰았던 문제, 곧 생로병사로 상징되는 현세적 인간의 고통 문제를 근원적으로 해결하게 되는 것이 깨달음이다. 삶의 패러다임 전환은 구체적으로 표현해 세상과 인간 그리고 삶에 대한 인식의 변화를 뜻하고, 이런 맥락에서 깨달음은 이전까지 보지 못했던 세상과 인간의 참모습[4]을 '비로소 보게 되는 것'을 의미한다.[5]

'세상과 인간의 참모습을 비로소 보게 되는 것'이라는 깨달음의 의미를 간단한 비유를 통해 이해할 수 있다. 현세적 인간의 삶 혹은 세상을 방 안이라 비유해보자. 방 안에는 의자와 테이블 등 여러 물건들이 놓여 있다. 문제는 방 안이 캄캄해서 아무것도 보이지 않는다는 점이다. 다르게 표현한다면 안대로 눈을 가리고 있어 방 안의 모습이

---

4) 세상과 인간의 참모습을 불교 용어로는 실상(實相)이라 표현한다.

5) 불교의 깨달음을 설명하는 데는 '알다'라는 표현보다 '보다'라는 표현이 더 적절하다. 이는 두 가지 사실에 근거한다. 첫째, 불교의 깨달음은 단순히 지식적 앎을 뜻하지 않는다. 단지 모르던 사실을 새롭게 알게 되는 것이 불교 깨달음의 의미가 아니다. 새로운 앎을 통해 새로운 삶으로의 전환으로까지 이어지는 것이 깨달음이다. 따라서 '알다'라고 표현할 때 불교 깨달음의 본래 의미를 온전히 이해하지 못할 수 있다. 둘째, 불교 깨달음의 핵심인 세상과 인간의 참모습은 사실 늘 그렇게 존재하는 것이다. 다만 세속적 가치와 질서에 몰입되어 있을 때에는 보지 못했을 뿐이다. 늘 그렇게 존재하고 있는데도 미처 보지 못했던 참모습[진리]을 비로소 보게 되는 것이 깨달음이다.

어떠한지, 방 안 어디에 어떤 물건이 놓여 있는지 전혀 볼 수 없는 상태라고도 할 수 있다. 방 안의 모습을 있는 그대로 보지 못하는 상태에서 방 안을 이리저리 돌아다니다 보니 방 안의 여러 물건들과 부딪치고 걸려 넘어지는 일이 반복된다.

이런 혼란과 고통의 상황을 해결하는 방법은 무엇일까? 부딪치고 걸려 넘어질 때마다 물건들을 모두 방 밖으로 집어 던져버리는 방법? 이렇게 고통스러운 방 안에 계속 살 수 없으니 방을 포기하고 떠나버리는 방법? 불교의 깨달음이 제시하는 해결 방법은 캄캄한 방에 불을 환하게 켜는 것 또는 눈을 가리고 있던 안대를 벗어버리고 눈을 뜨는 것이다. 방 안이 환해지고 눈을 떠 방 안의 모습을 있는 그대로 볼 수 있게 되면 더 이상 방 안의 물건에 부딪치거나 걸려 넘어지지 않고 방 안을 편하게 돌아다닐 수 있다. 결국 방 안에서 혼란과 고통에 시달린 것은 방 안의 물건들을 탓할 일도 아니고, 방 안에 머무르는 것을 거부하고 벗어나려 할 일도 아니다. 방 안의 모습을 있는 그대로 보지 못하는 것이 근본 원인이다. 환하게 눈을 뜨고 방 안의 모습을 있는 그대로 보게 되는 것이 문제를 근원적으로 해결하는 방법이다.

이처럼 불교의 깨달음은 눈을 뜨고 세상과 인간의 참모습을 있는 그대로 보게 되는 것을 뜻한다. 세상과 인간의 참모습을 보지 못한 상태에서 지녔던 삶의 패러다임이 혼란과 고통의 원인이었음을 깨우치고 전혀 다른 새로운 삶의 패러다임으로 전환하는 것이 불교의 깨달음이다.

③ 깨달음의 핵심 내용-무아(無我)와 연기(緣起)

그러면 이제껏 보지 못했던 세상과 인간의 참모습은 무엇인가? 불교의 가르침은 이를 무아와 연기 개념으로 설명한다. 무아와 연기의 진리를 깨우치는 것이 불교의 깨달음인 셈이다. 무아와 연기는 표면적으로 별개의 개념이지만 내면적으로는 밀접히 연관되어 하나의 의미를 나타낸다. 동전의 양면이 각기 다르면서 하나의 동전을 나타내는 것처럼 무아와 연기 두 개념은 함께 세상과 인간의 참모습을 나타낸다.[6]

　먼저 무아에서 아(我)는 고정적인 실체 혹은 변하지 않는 본성을 말한다. 고정적인 실체 혹은 변하지 않는 본성이 없음이 세상의 모든 존재들과 인간의 참모습임을 나타내는 것이 무아 개념이다. 불교에서는 이를 무상(無常)이라 표현하기도 한다. 세상과 인간의 모든 일들은 항상 됨, 변하지 않고 늘 그러함[常]이 없다는 것이다. 이러한 내용은 세상과 인간에 대한 허무주의적 이해인 듯하지만 차분히 되짚어보면 실제 사실에 맞는 내용임을 공감할 수 있다. 우리는 세상의 모든 존재들이 각자 늘 그러한 본연의 성질을 유지하고 있다고 착각한다. 하지만 사실 모든 존재는 매순간 변화하고 있다. 어떤 존재도 어제와 오늘 심지어 한순간 전후에 걸쳐 똑같은 상태이지 않다. 유기물

---

6) 동전의 양면에 비유한 것을 자칫 오해할 수 있어 설명을 덧붙인다. 무아와 연기가 동전의 양면처럼 세상과 인간의 참모습을 나타낸다고 했는데, 그렇다고 해서 무아와 연기 개념이 각각 세상과 인간의 참모습 내용 반쪽에 해당한다는 뜻은 아니다. 무아 개념 하나로도 또 연기 개념 하나로도 온전히 세상과 인간의 참모습 내용을 나타낸다. 다만 세상과 인간의 참모습 내용을 서로 다른 시각에서 나타내주기에 무아와 연기 두 개념을 함께 통합적으로 이해하는 것이 중요하다는 뜻이다.

은 물론이고 무기물조차도 매순간 변화하고 있다. 우리가 고정불변의 실체라 생각하고 있는 세상의 모든 존재들은 사실 계속되는 변화의 흐름인 셈이다. 이를 불교 경전에서는 '흐르는 강물의 비유'로 설명한다. 어떤 사람이 매일 아침 일어나 자신의 집 앞에 흐르는 강물에 세수를 할 때, 그는 자신이 매일 같은 강물에 손을 담근다고 생각한다. 하지만 이는 명백한 착각이다. 그는 단 한순간도 같은 물에 손을 담그지 않았다. 그가 손을 넣고 있는 순간에도 강물은 계속 변화하며 흐르고 있었다. 계속해서 흐르는 강물처럼 매순간 변화하는 흐름의 상태가 세상과 인간의 참모습임을 깨우쳐주는 것이 무아 개념이다.

그런데 무아 개념은 '없다[無]'라는 부정 화법을 사용하는 만큼 자칫 일방적인 허무주의나 염세주의로 오해받기 쉽다. 세상과 인간의 참모습을 무아라고 설명하면 실제 모든 존재들의 현존을 전면 부정하는 것으로 오해할 수도 있다. 이점을 보완해줄 수 있는 것이 연기 개념이다. 고정불변의 실체 또는 본성 없이 어떻게 존재들이 현존하는지를 설명해줄 수 있는 것이 연기 개념이다. 연(緣)은 관계적 조건 또는 구성요소를 뜻한다. 기(起)는 성립한다, 즉 존재한다는 뜻으로 풀이할 수 있다. 결국 연기는 세상의 모든 존재들이 주변적인 여러 관계 조건 또는 구성요소들에 의해 성립·존재한다는 뜻이다. 알기 쉽게 책상에 비유해보자.

우리는 책상을 보면서 책상이라는 고정적인 실체 또는 책상으로서의 변하지 않는 본성을 떠올린다. 그런데 사실 책상이라는 존재는 여러 조건과 구성요소들의 결합체일 뿐이다. 특정 모양으로 만들겠다는 디자인이 있었고, 디자인대로 여러 부품들이 결합되어 현재의 책상이 존재하고 있다. 우리가 고정불변의 실체라고 생각하는 책상은 현재의 조건들이 결합한 상태에서만 책상으로 존재할 수 있다. 현재의 결합 조건에서 하나만 빠져도 현재의 책상이라는 존재는 성립할 수 없다. 결국 책상이라는 존재는 책상에 해당하는 고정불변의 실체[我]에 의해서가 아니라 단지 주변적인 여러 관계 조건 또는 구성요소들의 결합[緣]에 의해 성립하는 것이다. 책상과 마찬가지로 세상의 모든 존재들은 연기적 존재이다.

이렇게 세상과 인간의 참모습은 무아이면서 동시에 연기이다. 무아이기 때문에 연기이고 연기이기 때문에 무아이다. 고정불변의 실체가 없기 때문에 관계적인 조건과 구성요소들의 결합으로 존재하는 것이고, 관계적인 조건과 구성요소들의 결합이기 때문에 고정불변의 실체가 없는 존재이다. 무아와 연기 두 개념을 함께 이해할 때 어긋남 없이 세상과 인간의 참모습을 볼 수 있다.

무아와 연기로서의 참모습을 깨달았을 때 세상의 혼란과 고통 문제로부터 자유로워질 수 있다. 앞서 확인했듯이 깨달음 추구는 인간이 현세 삶에서 경험하는 혼란과 고통 문제로부터 시작한다. 그리고 불교의 깨달음 추구는 가장 근본 원인에까지 파고들어가 문제를 근원적으로 해결하는 과정이다. 그 과정을 핵심만 간추려 정리해보면 무아와 연기로서의 참모습을 깨닫는 것이 어떻게 세상의 혼란과 고통 문제 해결에 연결되는지 이해할 수 있다.

현세 삶의 혼란과 고통을 초래하는 원인을 심층적으로 파고들어 갔을 때 우선 마주하는 것은 인간의 욕망과 집착이다. 욕망과 집착은 끊임없고 무분별하게 작동하기 마련이고 그 끝은 늘 혼란과 고통이기 때문이다. 그러면 욕망과 집착에서 한층 더 깊이 들어가면 어떤 근본 원인이 자리 잡고 있을까? 인간은 왜 끊임없이 욕망하고 무분별하게 집착할까? 석가모니의 깨달음이 발견한 근본 원인은 고정불변의 실체에 대한 인식이다. 세상의 모든 존재들을 변하지 않는 실체적 존재라고 생각하기에 욕망과 집착이 생겨나는 것이다. 그런데 석가모니의 깨달음에 의해 드러난 세상과 인간의 참모습은 고정불변의 실체가 아니라 무아이자 연기이다.

고정불변의 실체라 생각하여 욕망하고 집착한 대상이 사실 고정적 실체나 변함없는 본성을 지니지 않은 그때그때의 주변조건과 구성요소의 결합에 의한 무상한 존재일 뿐이다. 흐르는 강물 또는 부는 바람을 손에 움켜쥐려는 것처럼, 애당초 욕망하고 집착할 만한 것이 아닌 대상을 향한 부질없는 욕망과 집착이었다. 석가모니의 깨달음에 따르면 인간의 욕망과 집착은 세상과 인간에 대한 잘못된 이해에서 비롯되었다. 무아와 연기로서의 참모습을 있는 그대로 보게 되면서 부질없는 욕망과 집착을 내려놓는 것이 깨달음이다.

무아와 연기의 진리는 앞서 설명한 욕망과 집착의 문제와 더불어 인간이 현세 삶에서 반복하는 혼란과 고통의 또 다른 측면을 깨우쳐 준다. 인간의 현세 삶에서 반복되는 혼란과 고통의 근원적 원인 중 또 다른 하나가 자기중심성이다. 살아가면서 마주하는 모든 상황과 대상들을 있는 그대로 보지 못하고 자기중심적 기준으로 판단하고 고집하는 문제이다. 자기중심적 기준을 대상에게 강요하고 더 나아가 대상을 왜곡시키기까지 한다. 무아와 연기 두 개념은 인간이 드러내는 자기중심성의 문제에도 적용된다. 자기중심적 편견과 고집은 고정불변의 실체[我]를 고수하려는 것과 같다. 하지만 사실 세상의 모든 존재는 어느 하나의 기준이나 시각으로 고정화될 수 없다. 저마다의 상황과 맥락을 지니고 있고 그에 따라 다양한 의미를 드러낸다. 세상의 모든 존재들이 주변 조건과 구성요소들의 결합에 의해 성립되고 변화되는 연기의 존재인 것과 같은 뜻이다. 무아와 연기의 진리는 자기중심적 아집과 편견에서 벗어나 모든 상황과 대상들을 있는 그대로의 모습으로 인정하고 존중하도록 이끌어준다.

결국 불교의 깨달음은 현세 삶의 혼란과 고통 문제의 근본 원인이 세상과 인간의 참모습을 온전히 보지 못하기 때문임을 깨우쳐준다. 참모습을 온전히 보지 못한 채 왜곡된 삶의 패러다임을 반복하는 문제 상황에서 근원적으로 벗어나게 해준다. 무아와 연기로서의 참모습을 보게 됨으로써 세상과 인간을 보는 눈이 완전히 달라지기 때문이다. 이렇듯 깨달음은 전혀 다른 새로운 삶의 패러다임으로 전환을 의미한다.

④ 깨달음과 출가수행(出家修行)

불교의 깨달음이 새로운 삶의 패러다임으로 전환을 의미한다는 사실은 불교의 출가수행에서 절정의 모습을 보여준다. 깨달음을 통해 비롯되는 새로운 패러다임의 삶은 일반적인 현실 삶의 방식 안에서도 실현할 수 있다. 남들과 같은 보통의 일과 관계 속에 살아가면서도 깨달음이 일깨워준 진리에 따르는 삶을 살아갈 수 있다. 그런데 깨달음이 가져다준 삶의 패러다임 전환이 현실 삶의 방식 자체를 온전히 바꾸어버리기도 한다. 더 이상 일반적인 현실 삶의 방식에 머무르지 않고 좀 더 적극적이고 직접적으로 진리를 실현하는 삶으로 전환하는 것이다. 불교의 출가수행은 이러한 전적인 삶의 전환을 뜻한다.

출가수행의 삶으로 전환과 깨달음의 관계는 여러 의미를 지닌다. 출가수행자로서 삶을 사는 것이 깨달음의 눈을 뜬 결과일 수도 있고, 더욱 완전한 깨달음을 얻기 위해 출가수행의 삶을 선택하기도 한다. 깨달음이 일정한 종착점 같은 것이 아니라 '진리를 향한 지속적인 삶의 과정'[7]이라고 이해한다면, 출가수행과 깨달음의 관계를 반드시 선후 또는 과정−결과의 관계로 규정하기 어렵다. 깨달음과 출가수행은 동전의 양면과 같은 의미로 이해할 수 있다.

출가수행의 삶은 기본적으로 포기의 삶으로서 의미를 지닌다. 세속적 가치와 질서에 대한 포기이다. 그런데 이때의 포기를 부정적 의미의 포기로 오해해서는 안 된다. 이것저것 해보다가 안 되니 어쩔 수 없이 포기하고 도피하는 것이 아니다. 오히려 자발적인 포기이다. 세속적 가치와 질서의 근원적 한계에 대한 분명한 판단에 의해 이루

---

7) 이 내용은 윌프레드 캔트웰 스미스의 '신앙(Faith)' 개념과 연결지어 이해할 수 있다. 스미스가 설명하는 신앙 개념은 '초월을 향한 전인격적인 응답'의 뜻이다.(Wilfred Cantwell Smith, 『종교의 의미와 목적』, 길희성 옮김, 분도출판사, 1991년 참조) 스미스가 제시하는 신앙 개념에서 우리는 종교의 중요한 두 가지 의미를 파악할 수 있다. 첫째는 초월 또는 초월적 진리를 향한 '방향 전환'이다. 초월적 진리를 깨닫는 것은 불교의 의미로 표현해 새롭게 눈을 뜨고 비로소 세상과 인간의 참모습을 보는 것이다. 그리고 참모습을 보게 되면서 자신의 모든 것(전인격)은 이전의 방향에서 벗어나 새롭게 보게 된 진리를 향해 전환하게 된다. 위에서 계속 설명했던 삶의 새로운 패러다임으로 전환이다. 둘째는 초월을 향한 '지속적 진행'이다. 방향 전환만으로도 큰 의미가 있다. 하지만 방향만 전환하고 그 자리에 멈추어 있다면 초월적 진리의 깨달음을 온전히 실현할 수 없다. 초월적 진리가 무엇인지 눈으로 보기만(머리로 이해만) 하는 데 그친 셈이다. 초월적 진리의 온전한 실현은 실제로 초월적 진리에 가까워지려고 지속적으로 진행(노력)하는 과정 안에서 이루어질 수 있다. 종교는 이렇게 인간에게 어느 방향의 삶을 살아가야 하는지 제시하고 이끌어주는 의미를 지닌다. 불교의 깨달음 역시 이러한 종교적 추구, 즉 지속적 진행 과정으로서 의미를 지닌다.

어지는 포기이다. 이런 맥락에서 출가수행은 깨달음의 의미를 수반한다. 석가모니의 출가 계기, 즉 깨달음 추구의 시작에서 확인했듯이 현세적 인간 존재의 근원적 한계를 인식하고 깨달음을 통해 새롭게 보게 된 세상과 인간의 참모습에 전적으로 충실한 삶을 선택하기 위해 기존 삶의 패러다임을 자발적으로 포기하는 것이 출가수행이다.

마찬가지 의미에서 출가수행은 현실 삶의 문제 또는 현세적 인간의 한계 문제에 대한 역설적 대응으로서 의미를 지닌다. 출가수행으로 상징되는 불교는 현세 삶의 문제를 회피하는 소극적 성격으로 평가받는 경향이 있다. 좀 더 부정적 시각에서는 염세주의적인 성격으로 오해받기도 한다. 유교가 현세의 문제 상황에 직접적인 관심을 유지하고 투신하면서 정면으로 문제를 해결하려는 성향인 점과 불교의 현세 삶에 대한 소극성이 대비되는 것은 사실이다. 하지만 현세 삶의 문제 상황에 대한 불교의 대응이 소극적이라고 일방적으로 판단하는 것은 조심할 필요가 있다. 불교의 대응 방식이 다르다는 점, 즉 역설적 방식의 대응이라는 사실에 주목해야 한다. 문제 상황에 정면으로 달려드는 방식이 아니라 문제 상황 자체를 근원적으로 부정 또는 거부하는 방식으로 대응하는 것이다. 현세 삶의 가치와 질서를 전적으로 포기하는 것이 출가수행의 삶이고, 이때의 포기는 현세 삶의 문제 상황에 대한 비판과 저항으로서 의미를 지닌다.

이런 의미에서 불교의 출가수행은 한국인의 삶과 문화에 깊은 영향을 주었다. 유교가 한국인의 삶과 문화에 직접적인 현세 참여의 방식과 내용으로 영향을 주었다면, 불교는 현세 삶이 지니는 근원적 한계와 모순을 인식하고 그러한 문제 상황을 역설적으로 대응하는 방식과 내용으로 영향을 주었다. 그 구체적인 실현이 출가수행에서 드러난다. 불교 출가수행이 한국인의 삶과 문화에 깊은 영향을 주었다는 것은 본격적으로 불교 출가수행자가 되는 방식에서만 드러나는 것은 아니다. 정식 출가수행자가 되지는 않더라도 한국인의 의식에는 현세 삶의 근원적 한계와 모순에 대한 역설적 대응, 즉 현세적 가치와 질서를 전적으로 포기하는 전혀 다른 패러다임의 삶에 대한 공감 또는 지향이 내재되어 있다. 이는 유교나 도교의 영향에도 해당될 수 있지만 불교의 출가수행 영향이 가장 큰 것으로 평가할 수 있다.

(2) 도교[8]의 무위(無爲)

인간과 세상 이해의 패러다임 전환에 영향을 준 한국 종교의 대표적

---

8) '도교'의 개념 혹은 용어 사용과 관련해서는 논란이 있다. 논란은 성격이 다른 것으로 이해될 수 있는 두 흐름이 도교 관련 영역에 존재하는 데서 비롯된다. 흔히 '노장(老莊)사상'으로 표현되는 흐름과 신선(神仙)으로 상징되는 '불로장생(不老長生) 추구'의 흐름이다. 도교의 개념 혹은 용어 논란의 핵심은 이 두 흐름의 관계를 어떻게 해석하느냐의 문제이다. 논란의 한쪽은 두 흐름이 표면적으로는 다른 성격인 듯하지만 내면적으로는 일관된 특성을 유지하고 있다고 해석한다. 넓은 의미에서 두 흐름을 하나의 전통으로 이해하는 것이다. 이 경우 도교의 개념 혹은 용어는 두 흐름을 모두 포함하는 의미로 사용한다. 논란의 다른 한쪽은 두 흐름을 전혀 성격이 다른 별개의 전통으로 해석한다. 이 경우 도교의 개념 혹은 용어는 불로장생 추구만을 지칭하고, 노장사상은 구분하여 도가(道家)라는 용어를 사용한다. 어느 쪽 해석이 맞는지 쉽게 결론 짓기 어려운 상황이다. 이 책에서는 논란의 어느 한쪽을 선택하는 의도는 아니지만 편의상 두 흐름을 포함하여 도교의 용어를 사용하고자 한다. 두 용어를 번갈아 사용하는 것이 내용 이해에 혼란을 줄 수도 있고, 실제 한국인의 삶과 문화에 작용한 영향을 서술하는 데에 반드시 두 흐름을 엄격하게 구분해야 하는 맥락은 없기 때문이다.

인 내용 중 또 하나가 도교의 무위 가르침이다. 불교의 깨달음 개념에서 확인할 수 있었던 새로운 삶의 패러다임으로 전환이 도교에서는 '인위(人爲)의 삶에서 무위의 삶으로 전환'이라는 내용으로 제시된다. 무위의 가르침을 통해 한국인은 삶의 기존 가치와 질서에 내재되어 있는 문제를 인식할 수 있었고, 이를 초월하는 전혀 다른 패러다임의 삶을 지향하게 되었다.

① 무위의 의미

무위의 가르침은 노자(老子)의 『도덕경(道德經)』과 장자(莊子)의 『장자(莊子)』에서 확인할 수 있다. 노자와 장자에 관한 역사적 정보는 명확하지 않은 면도 있지만 넓게 배경을 춘추전국(春秋戰國) 시대로 설정하는 데에는 문제가 없다. 특히 무위의 가르침이 삶의 패러다임 전환으로서 의미를 지닌다는 사실은 노자와 장자의 사상을 춘추전국 시대 다른 사상가들[제자백가諸子百家]과 대비했을 때 분명하게 드러난다.

춘추전국 시대는 중국 역사상 대표적인 혼란기이다. 제자백가 사상가들은 극심한 혼란기에 저마다 세상과 인간을 구제할 방안을 제시했다. 노자와 장자 그리고 공자(孔子), 맹자(孟子), 순자(荀子), 묵자(墨子), 법가(法家) 등의 사상가들이 혼란기 극복을 모색한다는 지향성은 같으면서도 구체적인 진단과 처방은 서로 달랐다. 그런데 좀 더 큰 틀에서 평가할 때 노자와 장자가 제시한 진단과 처방은 나머지 다른 사상가들과 전혀 다른 차원[패러다임]으로서 의미를 지닌다.

노자와 장자를 제외한 나머지 사상가들이 제시하는 처방은 세부적인 내용에서는 차이가 있지만 좀 더 넓은 의미에서는 같은 패러다임 안에 포함될 수 있다. 그들은 그동안 인간이 시도해왔던 정치 사회 문화의 큰 틀은 유지하면서 그 안에서 시행되는 제도와 방식의 변화를 제시한다. 기존의 패러다임은 인정하고 패러다임 안에서 문제 진단과 대안적 처방을 모색하는 것이다. 반면 노자와 장자는 패러다임 전체의 변화를 요구한다. 더 이상 제도와 방식의 변화로는 문제 상황의 치유를 도모할 수 없고 더 근원적으로 패러다임 자체를 바꾸어야 한다는 판단이다. 소프트웨어의 교체만으로 문제를 해결할 수 없으니 하드웨어를 바꾸어야 한다는 주장인 셈이다. 세상과 인간 삶의 기존 패러다임 자체가 문제의 근본 원인이라는 지적이다.

노자와 장자는 다른 제자백가 사상가들이 공통적으로 유지했던 패러다임을 '인위(人爲)'라 규정하고 비판한다. 인위는 인간 저마다의 판단과 가치 기준 그리고 그에 따른 선택과 행위를 뜻한다. 인간이 오래 동안 만들어온 정치 사회 문화의 큰 틀, 그 틀 안에서 형성시킨 모든 제도와 방식들이 인위의 산물이다. 노자와 장자는 이러한 인위가 세상과 인간의 혼란을 초래한 근본 원인이라 비판한다. 이러한 비판은 노자와 장자가 생각하는 세상과 인간의 본래 모습이 '자연(自然)'이라는 사실에 근거한다. 자연의 의미는 '스스로[自] 그러함[然]'이다. 세상과 인간 삶의 모든 것들은 본래 스스로 그렇게 생겨나고 변화해간다. 스스로 그렇게 생겨나고 변화해가기에 세상과 인간 삶의 모든 것들은 저마다의 의미와 맥락, 즉 '다름'을 지니고 있다. 이러한 저마다의 다름이 서로 뒤엉켜 공존하고 있는 것이 세상과 인간의 참모습이다.

이 내용을 『도덕경』에서는 "새끼줄처럼 꼬여 있어 무엇이라 이름

붙일 수 없다(규정·개념화할 수 없다)"⁹)라고 설명한다. 여기서 새끼줄은 세상과 인간의 참모습을 표현하는 상징으로 사용되고 있다. 여러 색의 실을 이리저리 꼬아 만든 새끼줄을 떠올리면 더 이해하기 쉽다. 이 새끼줄의 상징에서 단순히 서로 다른 색의 줄이 한데 섞여 있다는 점이 핵심은 아니다. 더 중요한 초점은 서로 다른 색의 실들 사이에 선후(先後), 주종(主從), 우열(優劣) 등의 가치 구분이 존재하지 않는다는 사실이다. 여러 실들이 어떠한 가치 구분도 없이 저마다의 색을 지닌 하나의 실로서 다른 실들과 서로 얽혀 전체적으로 하나의 새끼줄을 구성하고 있을 뿐이다. 이처럼 세상과 인간의 삶을 구성하고 있는 모든 것들은 본래 저마다의 다름으로서 의미를 지닌다. 어떠한 가치 구분도 존재하지 않는다. 다를 뿐이지 차별적이지 않다.

노자와 장자가 지적하는 세상 혼란의 근본 원인은 '자연'으로서 세상 본래 모습에 인간 중심적인 기준 설정과 가치 분별이 이루어졌다는 점이다. 저마다의 맥락과 의미를 지니는 대상들에 인간 중심적인 판단 기준에 따라 일방적으로 옳음-그름, 아름다움-추함, 쓸모있음-쓸모없음 등의 가치 분별을 적용시켰고, 이러한 가치 분별이 세상을 차별과 대립 그리고 갈등의 혼란으로 만들었다는 것이 노자와 장자의 통찰이다. 세상과 인간 삶의 발전을 위해 필요한 가치와 기준을 설정한다고 의도했지만 한쪽의 가치와 기준이 설정되는 순간 반대쪽의 가치와 기준이 갈라져 대립된다. 무엇인가를 옳음이라고 규정하는 순간 그 기준 이외의 다른 것들은 그름으로 나눠진다. 이렇게

---

9) 『도덕경』 제14장 繩繩兮不可名

하나에서 둘로 갈라지고 또 다시 여럿으로 분열되면서 대립과 갈등의 혼란한 세상이 전개된다.[10]

인간은 문명과 제도를 만들고 그에 의해 세상과 인간 삶을 발전시켰다고 자부하지만 노자와 장자에 의하면 오히려 본연의 모습을 훼손시키는 과정이었다. 인간에 의한 모든 문명과 제도는 인간들이 각자의 판단과 가치 기준에 의해 설정된 것, 즉 인위이기 때문이다. 이런 의미에서 노자와 장자는 인위를 모든 혼란의 근본 원인으로 지적한다. 그 어떤 기준과 가치 구분도 없는 다름의 공존으로서 '자연'에 인위에 의한 가치 분별이 개입한 것이다. 따라서 노자와 장자의 처방은 인위의 해체, 즉 무위의 삶으로 전환이다. 무위는 인위의 전면적 부정을 의미한다. 인위에 의해 이루어진 기존의 정치 사회 문화전체 패러다임의 전환을 뜻한다. 무위의 가르침은 한국인에게 불교나 유교가 제시하는 것보다 더 크고 본질적인 차원의 패러다임 전환을 제공해주었다.

② 무위의 세부원리1-쓸모없음의 역설

무위의 가르침은 추상적인 원론에 그치는 것이 아니라 실제 세상과 인간 삶에 적용된다. 그 세부원리를 『장자』에서 확인할 수 있다. 첫번째는 '쓸모없음의 역설'이다. 세상과 인간 삶에서 대부분의 가치 척도는 유용성(有用性)이다. 유용성 여부에 따라 존재 가치를 판단한다. 그런데 문제는 유용성, 즉 쓸모 있음이 지극히 인간 중심적 기준에 의

---

10) 『도덕경』 제42장 道生一 一生二 二生三 三生萬物

해 판단된다는 점이다.

인위적 기준 설정과 가치 분별의 대표적인 예가 유용성이다. 위에서 설명한 것처럼 세상과 인간 삶을 구성하고 있는 모든 것은 본래 저마다의 맥락과 의미를 지니고 있다. 어느 것은 쓸모 있고 어느 것은 쓸모 없다는 분별은 애당초 존재하지 않았다. 현세 삶의 인간에게 절대적 의미를 행사하고 있는 쓸모 있음의 기준은 결코 세상과 인간의 본래 모습이 아니다. 본래 모습이 아닌 인위적 가치 설정에 의해 많은 분열과 혼란의 문제가 전개되고 있다. 무위의 가르침은 이러한 쓸모 있음의 인위성을 해체시키는 의미에서 '쓸모없음의 역설'을 제시한다.

혜자(惠子)가 장자(莊子)에게 말했다. "나에게 큰 나무 한 그루가 있는데 … 그 큰 줄기는 뒤틀리고 옹이가 가득해서 먹줄을 칠 수 없고 작은 가지들은 꼬불꼬불해서 자를 맬 수 없을 정도지 … 크기만 하고 쓸모가 없어서 사람들이 거들떠보지 않는 걸세" 장자가 말했다. "자네는 너구리나 살쾡이를 본 적이 없는가? 몸을 낮추고 엎드려 먹이를 노리다가 이리 뛰고 저리 뛰고 높이 뛰고 낮게 뛰다가 결국 그물이나 덫에 걸려 죽고 마네 … 이제 자네는 그 큰 나무가 쓸모없다고 걱정하지 말고 그것을 아무것도 없는 고을(無何有之鄕) 넓은 들판에 심어놓고 그 주위를 하는 일 없이(無爲) 배회하기도 하고 그 밑에서 한가로이 낮잠이나 자게. 도끼에 찍힐 일도 달리 해치는 자도 없을 걸세. 쓸모없다고 괴로워하거나 슬퍼할 것이 없지 않은가?"[11]

이 구절에서 장자는 우리의 현세적인 가치 기준을 해체시키는 역설적인 가치를 제시한다. 큰 나무가 있는데 모양이 뒤틀어져 어떤 목수도 재목으로 사용하려 하지 않는다. 현세적인 인간의 가치 기준에서는 쓸모없는 나무이다. 그런데 정작 그 쓸모없음 덕분에 그 나무는 일찍 잘려나가 죽지 않고 오래 동안 살아남을 수 있었다.

과연 어느 쪽이 더 가치 있는 삶일까? 현세적인 기준에서는 논란이 있을 수 있지만 장자의 선택과 제안은 분명하다. 너구리나 살쾡이들이 어떻게든 살아보겠다고 이리 뛰고 저리 뛰어보지만 결국에는 덫에 걸려 죽고 만다는 비유를 들면서, 우리들이 현세 삶에서 아등바등 온갖 노력을 다해보지만 그 모두가 부질없음을 강조한다. 인간이 현세적인 기준에서 판단하고 의도하는 모든 것[인위]은 한계가 있을 수밖에 없고, 오히려 이러한 부질없는 인위의 몸부림들로 인해 세상은 더욱 힘들어질 뿐이다. 뭔가 해야 한다는 인위의 속박을 해체시키고 '아무 일 없음[무위]' 안에서 '자유롭게 노닐라(逍遙遊)'는 것이 장자의 제안이다.

③ 무위의 세부원리2-오상아(吾喪我)

무위의 세부원리 두 번째는 '내가 나를 잃어버림(吾喪我)'이다. 위에서 설명했듯이 인위의 문제점은 인간 중심적으로 설정된 일방적 기

---

11) 『장자』 제1 소요유(逍遙遊) 14

준과 가치 판단이다. 일방적인 기준과 가치 판단에 의해 '스스로 그러한[자연]' 세상의 모든 것들이 본연의 모습을 훼손당한다. 이는 결국 자기중심성의 문제이다. 자신의 기준을 상대방에게 강요하는 데서 세상의 많은 갈등과 고통이 벌어진다. 따라서 무위의 가르침은 자기중심성을 해체하고 자연으로서의 본래 모습에 순응하라는 의미로 '오상아'를 제시한다.

> 남곽에 사는 자기(子綦)라는 사람이 책상에 기대앉아서 하늘을 쳐다보며 긴 한숨을 내쉬었다. 멍하니 앉아 있는 모습이 마치 자기 몸과 마음을 다 잃어버린 것 같았다. … "지금 나는 나를 잃어버렸다(吾喪我). 그런데 네가 그 뜻을 알 수 있을까? 너는 사람들이 부는 퉁소 소리를 들어보았겠지만 땅이 부는 퉁소 소리는 들어보지 못했겠지. 설령 땅이 부는 퉁소 소리는 들어보았을지 모르지만 하늘이 부는 퉁소 소리는 들어보지 못했을 것이다."[12]

진정한 무위 안에서 자유롭게 노니는 소요유(逍遙遊)의 경지를 실현하려면 어찌해야 할까? 장자의 답은 '나를 잃어버림'이다. 이것은 자기중심성의 해체, 즉 '자기 비움'의 의미이다. 자기 비움이 무위의 핵심이다. 진정한 무위는 단순히 아무 일도 하지 않는 것이 아니다. 나 중심적인 분별과 집착에 의한 일을 하지 말라는 것이다. 나 중심적인 가치 기준과 기대 혹은 바람으로 나만의 틀을 만들어놓고 세상

---

12) 『장자』 제2 제물론(齊物論) 1

과 주변 사람 모두를 그 틀에 맞추려 하지 말라는 뜻이다. 이렇게 자기중심성을 해체하고 모든 것들의 스스로 '그러함(自然)'에 순응하는 것이 '내가 나를 잃어버리는' 경지이다.

장자는 '나를 잃어버림' 다시 말해 진정한 무위의 의미를 '하늘이 부는 퉁소 소리'라는 비유를 통해 설명한다. 하늘이 부는 퉁소 소리는 사람이 부는 퉁소 소리, 땅이 부는 퉁소 소리와 연관하여 이해할 수 있다. 사람이 부는 퉁소 소리는 말 그대로 사람이 만들어내는 소리다. 땅이 부는 퉁소 소리는 땅 위의 동굴이나 계곡 등이 만들어내는 소리를 말한다. 그런데 사람, 동굴, 계곡 등 세상의 모든 것들이 스스로 소리를 낸다고 생각하지만 사실은 바람이 여러 구멍을 지나며 나는 소리이다. 바람이 세상 여러 다른 소리의 근원인 셈이다. 하늘이 부는 퉁소 소리는 이러한 바람의 의미를 상징적으로 표현한 것이다. 근원적인 바람의 의미를 망각한 채 표면적으로 드러난 자기의 소리를 내세우고 고집하는 현실 세계의 자기중심성 문제를 깨우쳐준다.

'하늘이 부는 퉁소 소리'의 비유에서 주목해야 할 또 하나 중요한 의미가 있다. 본래 바람 자체는 소리가 없다는 사실이다. 바람은 자기 소리 없이 세상의 이런 저런 구멍[대상]을 만나면서 소리를 만들어낸다. 더 정확히 말하면 바람은 자신의 소리가 없기 때문에 다른 대상들로 하여금 각자의 소리를 내게 할 수 있다. 바람은 자기 소리를 내세우거나 고집하지 않기 때문에 세상의 여러 대상들과 어우러져 그들을 저마다의 소리로 살려낸다. 바람은 '소리 없는 소리'이다. '없음'이 오히려 모든 존재를 있게 한다. 이처럼 '하늘이 부는 퉁소 소리'의 비유는 '행함이 없는 행(行)'이라는 무위[자기 비움]의 의미를 알려준다.

④ 무위의 세부원리3-가치 분별 이전으로의 초월과 통합

무위의 세부원리 세 번째는 '가치 분별 이전으로의 초월과 통합'이다. 노자와 장자는 세상과 인간 삶의 혼란을 극복하는 방안으로 인위에서 무위로의 패러다임 전환을 제시한다. 인위의 패러다임은 세상과 인간 삶을 구성하는 모든 것들을 대립과 차별적 존재로 파악한다. 인간 중심적인 판단과 가치 기준에 따라 규정되는 대립과 차별이다. 반면 무위의 패러다임은 인위에 의해 초래된 대립과 차별을 근원적 차원에서 초월하는 이해를 제공한다. 인위 이전의 본래 모습, 즉 인위에 의해 일방적으로 부여된 대립과 차별 이전의 통합 상태로 전환을 제시한다.

> 옛 사람들 중에는 지혜가 지극한 경지에 이른 이들이 있었다. 얼마나 깊은 경지에 이르렀을까? 아직 사물이 생겨나기 전의 상태를 아는 사람이 있었다. 이것은 지극하고 완전한 경지로 더 이상 덧붙일 것이 없다. 그다음은 사물이 생겨나긴 했으나 거기에 아직 경계가 없던 상태를 아는 사람이 있었다. 그다음은 사물에 구별은 있으나 아직 옳고 그름이 없던 상태를 아는 사람이 있었다. 옳고 그름을 따지면 도(道)가 허물어진다. 도가 허물어지면 욕망이 생겨난다. 그러나 이루고 허물어지는 것이 과연 있는 것일까? 이룸과 허물어짐이라는 것이 따로 없는 것이 아닐까?[13]

---

13) 『장자』 제2 제물론(齊物論) 14

이 구절에서는 깨달음의 세 경지를 보여준다. 가장 높은 경지는 '사물이 생겨나기 이전의 상태를 아는' 경지이다. 아무런 존재도 생겨나기 이전의 상태이다. 절대 무(無)의 경지, 있음과 없음이라는 의식조차도 없는 상태이다. 장자는 이러한 절대 무의 상태를 세상과 인간의 가장 지극한 근원으로 생각한다. 두 번째 경지는 절대 무의 상태에서 존재가 생겨난 상태이다. 아무것도 없던 상태에서 무엇인가 생겨나긴 했지만, 그 존재를 대상으로 구별하는 인식이 생겨나기 이전의 상태이다. 순수 유(有)의 경지, 대상을 있는 그대로 순수하게 대하는 경지이다. 아울러 있음과 없음을 대립적으로 구분하지 않고 하나의 통합적인 전체로 받아들이는 경지이다.

세 번째 경지는 존재[대상]들 사이에 구별이 생겨난 상태이다. 하지만 대상들 사이에 다름이 존재할 뿐 다름 사이의 가치를 분별하지는 않는다. 대상들의 모양이나 성격이 다르다고 인식하지만, 그 다름을 가치판단으로 연결시키지는 않는다. 그래서 아직 여기까지는 깨달음의 경지이다.

그다음 단계부터가 문제 상황이다. 옳고 그름을 따지게 되었다. 옳고 그름을 따지고 그렇게 분별된 옳고 그름의 가치를 추구하며 욕망이 생겨났다. 이렇게 볼 때 장자가 지적하는 세상과 인간 삶의 문제 근원은 옳고 그름을 분별하는 것이다. 그리고 옳고 그름을 따지는 문제의 바탕에는 자기중심성이 있다. 세상을 본래 있는 그대로의 통합적인 모습으로 보지 않고 나의 판단과 기준에 의해 무엇인가를 이루기도 하고 허물기도 한다. 세상의 이룸과 허물어짐은 인위에 의해 분별된 것일 뿐 본래의 모습은 아니다.

결국 장자가 제시하는 궁극적인 문제 해결 방안은 세상을 대립과 차별로 인식하는 것에서 벗어나 본래의 통합적인 인식으로 전환하는 것이다. 이러한 초월과 통합의 인식을 『도덕경』에서는 '가공 이전의 통나무[박樸]'[14]로 비유하기도 하고, 장자는 '제물(齊物, 사물[세상]을 고르게 함)'[15]의 개념으로 설명한다. 무위의 실현은 이렇게 대립과 차별의 가치 분별을 초월하여 통합으로 전환하는 데에서 이루어질 수 있다.

이상의 내용을 지닌 무위의 가르침은 복잡하고 치열한 현세 삶의 갈등 구조 자체를 훌쩍 뛰어넘는 초월적 절대 자유의 경지를 제시한다. 유교의 가르침이 현실 삶 안에서 인간의 삶을 올바르게 이끌어줄 수 있는 가치 체계를 구체적으로 세우려 한 것에 비해, 도교의 무위 가르침은 현실 삶의 모든 체계와 틀을 해체시킨다. 그 체계와 틀이 만들어낸 부자유한 현실 어디에도 얽매이지 않는 자유로움[소요유逍遙遊]으로 이끌어준다.

처음 무위의 가르침을 접하면 이러한 해체와 초월의 제안이 좀 당

---

14) 『도덕경』 제15장, 제28장, 제32장. 다듬지 않은 통나무는 인위의 기준에서 판단하면 아무것도 이루지 않은 상태이다. 기어이 통나무를 쪼개고 다듬어서 일정한 모양을 갖추어야 이룸으로서 가치를 부여받는다. 하지만 이렇게 일정한 모양으로 갖추어지면 더 이상 다른 것이 될 수 없다. 이렇게 인위의 세상은 다른 사물들과 엄격히 분별되는 개별적 사물들로 구성된다. 도(道), 즉 세상의 본래 모습은 분별되기 이전의 통합 상태이다. 다듬지 않은 통나무가 그 안에 여러 사물의 가능성을 통합하고 있는 것과 같다.

15) 『장자』 제2 제물론(齊物論). 장자가 제시하는 '제물(사물을 고르게 함)'은 일방적 또는 강압적인 획일화를 의미하지 않는다. 각 사물의 다름을 훼손시켜 억지로 똑같이 만드는 것이 아니다. 저마다의 다름이 그대로 유지된 상태에서 고르게 하는 것이다. 장자가 제시하는 제물은 인위의 자기중심적 기준과 가치 분별을 해체하는 것이다. 인위를 해체하고 모든 사물을 있는 그대로의 자연으로 대하는 것이다. 무위의 실현이다.

혹스럽게 느껴질 수 있다. 현실 삶을 열심히 살아가려는 의욕과 기대를 감소시킨다는 거부감을 지니게 되기도 한다. 하지만 무위의 가르침이 제안하는 해체가 우리 인간의 분별과 집착이 만들어낸 헛된 것[인위]의 해체를 뜻하는 것임을 알면 무위의 구원론적 의미[16]를 이해할 수 있다. 세상과 인간 삶의 기존 패러다임을 해체시키고 전혀 다른 패러다임으로 전환함으로써 이루어지는 구원이다. 결국 무위가 제시하는 해체와 초월은 세상과 인간 이해의 패러다임을 전환하는 의미를 지닌다.

(3) 유교의 군자(君子)다운 삶

한국 종교가 인간과 세상 이해의 패러다임 전환을 제공해주었다는 사실은 유교의 군자 개념에서도 확인할 수 있다. 유교의 가르침 전체를 관통하는 핵심 주제를 '군자다운 삶'이라 설명하는 데 큰 이의가 없을 것이다. 인(仁) 개념을 내세울 수도 있으나, 인은 '군자다움'의 총체적 덕목이라 이해할 수 있으니 결국 '군자다움 삶'으로 연결된다. 그

---

16) 여기서 사용하는 '구원'의 의미는 종교학적인 넓은 의미로 설정된 개념이다. 구원 개념을 일반적으로는 그리스도교에서 제시하는 의미에 국한시키는 경향이 있는데, 종교학에서는 모든 종교에 적용할 수 있는 넓고 보편적인 의미로 설정한다. 각 종교가 제시하는 구원의 상태와 실현 방법의 구체적인 내용은 다르지만 넓은 의미에서는 보편적인 지향을 확인할 수 있다. 보편적인 구원론의 핵심은 '세상과 인간의 문제 또는 한계 상황을 초월적 진리에 근거하여 근원적으로 해결하는 것'이다. 그러한 근원적 해결이 실현된 '절대 자유'의 상태가 구원의 의미이다.

렇다면 군자는 어떤 존재인가? 어떻게 사는 것이 군자다운 삶인가?

흔히 군자는 보통 사람들 기준에서 너무 멀거나 아예 실현 불가능한 초인적 존재 같은 것으로 생각하는 경향이 있다. 그래서 군자다운 삶의 목표를 평범한 나와는 상관없는 것으로 애당초 염두에 두지 않기도 한다. 그러나 사실 군자다운 삶은 인간이라면 누구나 추구해야 하는 마땅한 도리이다. 또한 모든 사람이 군자다운 삶을 실현할 수 있는 가능성[천부적 도덕성]을 지니고 태어난다. 이렇게 보면 군자다운 삶은 특별한 소수에만 해당하는 유별난 목표가 아니다. 모든 인간을 위한 기본적인 의미를 지닌다. 인간이라면 누구나 마땅히 걸어가야 하는 삶의 길이다. 인간과 세상을 어떻게 이해하고 현실 삶 안에서 어떻게 살아야 하는지 구체적인 방향과 지침을 제시해준다.

다시 말해서 군자다운 삶은 양면적 의미를 지닌다. 먼저 원론적인 의미에서 군자다운 삶은 기본적인 인간다움을 뜻한다. 군자다운 삶을 사는 것은 인간이라면 누구나 마땅히 지닌 참된 본성을 실현하는 삶이다. 당연히 모든 사람이 군자다운 삶을 살아야 하고 또 살 수 있다. 반면 현실적인 측면에서 군자다운 삶은 결코 실현하기 쉽지 않은 이상적 삶으로서 의미를 지닌다. 결코 도달할 수 없을 것 같은 높은 목표이다. 군자다운 삶은 현실적 인간 삶의 패러다임과 전혀 다른 차원이기 때문이다. 현실적 인간 삶의 패러다임이 인간의 참된 본성[도심道心]과 멀어진 상태로 조화로움을 잃은 감정과 욕망[인심人心]에 이끌리고 있기 때문이다.

결국 유교의 가르침이 제시하는 군자다운 삶은 인심(人心)의 패러다임에서 도심(道心)의 패러다임으로 전환을 의미한다. 인심의 패러다임에 따르는 삶을 사는 사람을 유교에서는 소인(小人)이라고 하니, 소인의 삶에서 군자의 삶으로 전환이라고 표현할 수도 있다. 삶의 패러다임 전환을 통해 인간 본연의, 가장 인간다운 삶을 실현하는 것이 군자다운 삶이다.

① 군자다운 삶1-자기 성찰

군자다운 삶을 위한 첫 번째 원리는 '자기 성찰'이다. 자기 성찰은 군자다운 삶을 살기 위한 출발점으로서 의미를 지닌다. 위에서 군자다운 삶을 인심의 패러다임에서 도심의 패러다임으로 전환이라 설명했는데, 이러한 전환의 출발점은 현재 나 자신이 인심의 패러다임에 따른 삶을 살고 있다는 문제 상황을 자각하는 것이다. 문제 상황의 자각 없이 전환은 이루어질 수 없다. 아울러 자기 성찰은 군자다운 삶을 지속해서 유지하기 위한 핵심 원리이기도 하다. 인심의 패러다임에서 도심의 패러다임으로 전환이 단지 한순간의 변화로 이루어지는 것이 아니기에 지속적이고 꾸준한 노력이 필요하다.[17] 이렇게 삶의 패러다임 전환을 위한 지속적 노력을 위해서는 매순간 내 생각과 마음

---

17) 이러한 지속적이고 꾸준한 노력을 유교에서는 '습(習)'의 개념으로 제시한다. 유교에서 습은 '지속적인 익힘'의 의미로 강조된다. 『논어(論語)』 학이(學而)1에 나오는 '학이시습지(學而時習之) 불역열호(不亦說乎)' 구절에서 익숙한 개념이다. 유교에서는 궁극적 완성의 경지, 즉 군자의 경지를 이루기 위해 인간과 세상에 관한 여러 진리를 공부하도록 한다. 중요한 것은 이렇게 공부하는 진리를 매일 일상의 삶 속에서 반복적이고 지속적으로 익히는 일이다. 익힘[습]의 노력이 없으면 공부한 진리는 단지 머리에 머무는 형식적 지식일 뿐 내 삶을 변화시켜주지 못한다. 일상 삶 속에서 지속적으로 익힘으로써 진리가 온전히 나의 것으로 내면화될 때 이전의 인심의 패러다임과는 전혀 다른 도심의 패러다임에 의한 삶으로 전환이 이루어질 수 있다.

이 어떻게 움직이고 있는지를 확인하는 자기 성찰이 필수적이다. 생각과 마음의 움직임이 인심의 패러다임을 따르고 있는지 아니면 도심을 향하고 있는지 자각하려는 노력이 자기 성찰이다.

내 생각과 마음의 움직임을 성찰하는 것은 구체적으로 표현하면 세상과 인간을 대하는 나의 방식에 관해 성찰하는 것, 즉 세상과 인간에 관한 나의 이해가 충분하고 적절한지 성찰하는 것이다. 삶의 상황과 주변 사람들에 대한 나의 이해에 부족함이나 부적절함이 없는지 성찰하는 것으로, 문제의 원인을 나에게서 찾는 자세이다. 우리가 현세 삶에서 갈등을 경험하고 고통을 받는 일차적 원인은 실제 현실 삶의 상황이 열악하고 모순을 지니기 때문이다. 그런데 삶의 문제 상황이 더 심각한 타격을 주는 것은 나 자신이 현실 삶의 상황에 충분하고 적절하게 대응하지 못할 때이다. 나에게 주어진 삶의 상황이 어떻게 이루어졌고 어떤 특성을 지니는지 제대로 파악하지 못하면 상황은 더 힘들어질 수밖에 없다. 아울러 그 상황에 있는 나 자신이 무엇을 할 수 있고 어떤 것이 내가 감당할 수 없는 한계인지 파악하지 못할 때 현실 삶은 더 힘들어진다. 자기 성찰은 이렇게 세상과 인간을 대하는 패러다임 자체를 되짚어보고 모순된 패러다임의 전환을 통해 문제 상황을 극복하려는 노력이다.

자기 성찰의 의미는 『논어』의 다음 구절에서 구체적으로 제시되고 있다.

날마다 세 가지로 내 몸을 살피니, 남을 위하여 일을 꾀하면서 충성스럽지 아니한가, 벗과 더불어 사귀면서 신실하지 아니한가, 전

수받은 것을 익히지 못하였는가 등이다.[18]

남이 자기를 알아주지 않는 것을 걱정하지 말고, [내가] 남을 알지 못하는 것을 걱정해야 한다.[19]

덕을 닦지 못한 것, 배움을 강구하지 못한 것, 의(義)를 듣고 옮길 수 없는 것, 착하지 못함을 고칠 수 없는 것, 이것이 나의 근심이다.[20]

② 군자다운 삶2-마땅함[의義]

군자다운 삶의 핵심이자 근거는 '마땅함'이다. 왜 인심의 패러다임에서 도심의 패러다임으로 전환해야 하는가? 도심의 삶이 마땅하기 때문이다. 마땅함의 근거는 초월성이다. 유교에서는 초월성을 '하늘[천天]' 개념으로 표현한다.[21] 하늘의 가치와 질서를 닮은 삶을 살아야 하는 것이 하늘의 본성을 부여받아 태어난 인간의 마땅함이다. 군자다운 삶을 실현하는 것은 어떤 이유나 목적에 따른 것이 아니라 인

---

18) 『논어』 학이(學而)4

19) 『논어』 학이(學而)16

20) 『논어』 술이(述而)3

21) 유교의 역사적 전개과정에서 초월적 하늘은 늘 강조되지만, 하늘을 인격적인 개념으로 이해할지 아니면 비인격적인 원리 개념으로 해석할지는 논란의 여지가 있다. 하지만 초월성의 의미로서 하늘 개념에 인격성-비인격성의 구분은 핵심이 아니다. 종교학적 초월 개념에서 인격성-비인격성 구분은 하위 개념이다. 다시 말해 초월 개념은 인격성-비인격성 모두를 포함한다. 인간과 세속의 기준과는 '전혀 다른, 그 너머'의 가치와 질서라는 점이 초월 개념의 핵심이다. 초월 개념에 관한 자세한 내용은 이 책의 Ⅰ-2-④ 참조

간으로서 마땅한 일이다.

군자다운 삶을 살기 위해 노력하는 과정에서 현실적인 어려움을 마주할 때 좌절하지 않을 수 있는 힘 역시 마땅함에서 나온다. 마땅함, 즉 초월적 진리에 대한 확신이 현실적 어려움 속에서도 굳건히 군자다운 삶을 지속할 수 있게 해주는 바탕이다. 인간다운 삶을 살아야 한다는 것은 인간을 마지막까지 지탱해주는 가치이고 의미이다. 더욱이 그 인간다움이 초월성에 근거한 것임을 확신할 때 군자다운 삶을 위한 내면적 힘을 갖추게 된다.

군자다운 삶이 지닌 마땅함이 현실 인간의 삶에 구체적으로 어떻게 작용할 수 있는지를 확인할 수 있는 사례로 '남이 알아주지 않아도 노여워하지 않음'을 들 수 있다. 우리가 살아가면서 흔히 상처받는 경우가 상대방[주변 사람]이 나를 잘 알아주지 않을 때이다. 나는 충분히 대접받을 만한 사람인데, 나는 이만큼 해주었는데, 왜 세상이 나를 제대로 평가해주지 않고 보답해주지 않을까, 이런 서운함과 아쉬움이 원망과 분노로 변하여 다른 사람에게는 물론 나 자신에게까지 깊은 상처를 준다. 어찌 보면 인간이기에 자연스러운 감정일 수도 있겠지만, 군자다운 삶은 이런 마음가짐을 단호하게 떨쳐버리라고 가르쳐준다.

남이 알아주지 않더라도 성내지 않는다면 또한 군자가 아니겠는가?[22]

---

22) 『논어』 학이(學而) 1

남이 알아주기를 기대하는 마음에는 헛된 공명심이 기저에 깔려 있다. 더욱 문제인 것은 공명심이 나 중심적인 기준과 기대에 따라 형성된 것이라는 점이다. 내가 한 일이 가치를 지니는 일이라는 판단, 그러니까 그런 일을 한 나를 사람들이 좋게 평가해주는 것이 당연하다는 기대는 사실 나 중심성에서 나온 것이다. 애당초 그런 기대를 갖고 일을 하는 것이 적합하지 않다. 군자다운 삶은 우리가 이런 저런 일을 하고 남에게 도움을 주기도 하는 것이 무엇을 기대해서가 아니라 그저 마땅히 해야 하기 때문이라는 사실을 일깨워준다.

군자가 이렇게 주변 사람이나 세상에 대한 기대[바람]으로부터 자유로울 수 있는 것은 그가 마땅함 또는 초월적 진리 안에 머무르기 때문이다. 마땅한 일을 함에 다른 사람과 세상의 인정은 중요하지 않다. 마땅한 일을 하는 것 자체가 궁극적 가치이자 의미이기 때문이다. 군자다운 삶을 사는 것은 다른 이유나 목적을 위한 것이 아니라 그 자체가 인간으로서 마땅한 일이다.

> 덕(德)은 외롭지 않다. 반드시 이웃이 있다.[23]

> 비록 감옥에 갇히는 치욕을 받았다고 하더라도 실상 죄가 없고 또 한때에 이르는 불운으로 인한 것이니, 그 사람과 무슨 관계가 있다고 말할 수 있겠는가?[24]

---

23) 『논어』 이인(里仁)25
24) 『논어』 공야장(公冶長)1

③ 군자다운 삶3-지나침이 없는 적절한 조화

군자다운 삶을 추구하는 것이 삶의 패러다임을 전환시키는 의미를 지니는 것은 현실 인간 삶에서 흔히 드러나는 또 하나의 문제와 연관해서도 확인할 수 있다. 지나침과 부조화의 문제이다. 현실 삶의 문제는 적절한 조화나 균형이 깨져 어느 한쪽으로 지나침이 근본 원인인 경우가 많다. 내면의 감정이 지나친 기쁨이나 슬픔에 빠질 때, 무턱대고 자신감에 넘치거나 극단적인 절망으로 좌절할 때 문제 상황으로 이어지곤 한다. 사회 제도나 규범에 있어서도 지나친 엄격함이나 지나친 방임 모두 폐단을 일으키게 된다. 사람을 대할 때 지나친 가식도 문제이지만 반대로 너무 표현이 없는 것도 상대방의 마음에 거슬린다.

따라서 군자다운 삶은 어느 한쪽으로 치우치지 않을 수 있는 조화와 균형을 강조한다. 이를 유교에서는 중용(中庸)의 개념으로 제시한다. 중용의 기본 원리는 '넘치지도 않고 모자람도 없는 적절함'이다. 중용의 원리에서 중요한 점은 넘치지도 않고 모자람도 없는 적절함이 고정적이거나 획일적이지 않다는 사실이다. 모든 상황과 맥락마다의 적절함이 있다. 이러한 '때에 맞는 적절함[시중時中]'[25]을 잘 찾아 실행하는 것이 중요하고 어려운 일이다. 때에 맞는 적절함을 찾으려면 그때(상황과 맥락)를 전체적으로 정확하고 깊이 있게 파악할 수 있어야 하는데, 그것이 결코 쉽지 않기 때문이다. 때를 읽고 판단하는 데

---

25) 시중 개념에서 시(時)를 좁은 의미에서 시간적 개념으로만 이해하는 것은 충분하지 않다. 인간이 살아가면서 맞이하는 모든 상황과 맥락 전체를 포함하는 의미로 이해하는 것이 적합하다. 그리고 중(中)은 적중(的中)을 뜻한다. 화살이 과녁 한가운데에 적중하듯이 해당 상황과 맥락에 가장 적절함을 찾아야 함을 의미한다.

에서부터 자기중심적이고 독단적인 기준에 의한 지나침과 부조화가 드러나는 것이 현실 인간의 문제이다.

중용의 원리에서 또 하나 중요한 점은 중용을 어중간함, 적당한 타협으로 오해해서는 안 된다는 사실이다. 중용의 '중'은 한쪽 극단과 반대편 극단 사이를 잇는 직선의 가운데 지점이 아니다. 진정한 '중'은 양 극단 어느 한쪽으로 치우치지 않으면서도 양극단을 함께 포용할 수 있어야 한다. 이것이 가능하려면 양 극단 사이를 잇는 직선에서 벗어나는 제3의 지점이어야 한다. 양 극단의 지점과 더불어 정삼각형을 그릴 수 있는 지점이 진정한 의미의 '중'이다. 이런 의미에서 중용의 원리는 패러다임의 전환을 뜻한다. 양 극단 사이의 대립과 갈등을 반복하는 패러다임에서 벗어나 제3의 지점에서 양 극단을 함께 끌어안는 패러다임으로 전환이다.

> 공자께서는 온화하면서도 엄숙하시며, 위엄이 있으면서도 사납지 않으시며, 공손하면서도 편안하셨다.[26]

> 바탕이 꾸밈을 이기면 거칠고 꾸밈이 바탕을 이기면 호화로우니, 꾸밈과 바탕이 어우러진 다음에야 군자이다.[27]

---

26) 『논어』 술이(述而)37
27) 『논어』 옹야(雍也)16

④ 군자다운 삶4-자기 비움

군자다운 삶을 살기 위한 모든 노력은 결국 '자기 비움'으로 이어진다. 군자다운 삶과 상반되는 소인의 삶이 자기중심성의 문제에서 비롯되기 때문이다. 사실 나의 삶을 힘들게 하고 나에게 상처를 주는 가장 근원적인 주범은 세상도 남도 아닌 바로 나 자신이다. 나의 주관성, 고집, 편견, 집착이 끊임없이 주변 세상과 충돌을 일으킨다. 모든 일과 상황을 나 중심적으로, 나에게 편하고 유리하게 몰아가려 하면서 여러 갈등을 초래한다. 이런 근원적인 문제를 지닌 나를 인정하지 않고 어떻게든 합리화하고 정당화하려는 것 역시 '나'이다. 따라서 군자다운 삶은 '나'로부터 벗어나는 것, 자기중심성을 해체하는 것으로 완성될 수 있다. 온전히 '나'를 비움으로써 세상과 모든 사람을 있는 그대로 대할 수 있을 때 군자다운 삶을 이루었다 할 수 있다.

> 공자께서는 네 가지가 없으셨으니, 사사로운 뜻이 없으셨으며, 꼭 하겠다는 것이 없으셨으며, 고집이 없으셨으며, '나'라는 것이 없으셨다.[28]

자기 비움에 관해서는 공자가 스스로 일생 동안의 학문 과정을 설명하면서 이야기한 "예순에 귀로 들으면 그대로 이해가 되었다(六十而耳順)"[29]는 말에서도 그 의미를 새겨볼 수 있다. 여기서 '이순(耳

---

28) 『논어』 자한(子罕)4
29) 『논어』 위정(爲政)4

順)'은 무엇을 말할까? 글자 곧이곧대로 풀이하면 '귀가 순해졌다'는 것인데, 귀가 순해진다는 것이 무슨 뜻일까? 학문이 깊어져 귀로 듣기만 해도 모든 이치가 이해되었다는 뜻이기도 하겠지만, 좀 더 속뜻을 음미해본다면 '들리는 대로 듣게 되었다'는 뜻으로 이해할 수 있다. '내가 듣고 싶은 것만 듣는 것, 내가 듣고 싶은 대로 듣는 것'이 아니라 들리는 대로 듣는다는 것은 세상과 주변 사람들을 있는 그대로 받아들이는 것을 의미한다. 그리고 이것은 진정 '나'를 비웠을 때 가능하다. 세상과 주변 사람들을 나 중심적으로 판단하고 걸러내지 않고 있는 그대로 받아들이는 것이다.

군자다운 삶은 이렇게 자기중심성을 해체하도록 이끌어준다. 자기중심성 해체 역시 삶의 패러다임 전환의 의미로 해석할 수 있다. 나 중심적 기준과 판단이 지배하던 삶의 패러다임에서 세상과 인간을 있는 그대로 이해하고 수용할 수 있는 삶의 패러다임으로 전환이다.

2
현세적 가치 질서에 대한 비판의식

두 번째로 초월[초월적 진리]에 근거하는 종교적 추구는 현세적 가치 질서에 대한 비판 의식을 제공한다. 종교는 현세적 가치와 질서에 연연하거나 종속되지 않고 어떤 상황에서든 마땅히 그러해야 하는 불변의 진리[초월적 진리]에 입각하여 세상과 삶을 대한다. 따라서 초월적 진리에 어긋나는 현세적 삶의 상황에 대해 비판과 개혁 의식을 지니게 된다. 현세적 삶을 초월적 진리에 부합하는 삶으로 변화시키려는 비판과 개혁 의식이다. 한국 종교는 한국인의 삶과 역사에서 이러한 비판과 개혁의 바탕 인식을 제공했다.

(1) 한국 불교의 개혁적 역할

한국 불교가 한국인의 삶과 역사에 비판과 개혁의 인식을 제공해 줄 수 있었던 것은 깨달음 추구와 출가수행이라는 불교의 특성과 밀접한 연관성을 지닌다. 앞선 주제(인간과 세상 이해의 패러다임 전환)에서 설명했듯이 불교는 깨달음의 종교라는 점에서 그 특성이 있다. 불교의 깨달음은 단순한 앎이 아니라 존재의 변혁을 의미한다. 인간과 세상의 참모습을 깨달음으로써 온전히 초월적 진리에 입각하여 세상과 삶을 대하는 새로운 존재로 변화된다. 이렇게 변화된 존재에게 초월적 진리에 어긋난 모습을 보이는 현세 삶의 상황을 결코 용인할 수 없고, 따라서 그에 대한 비판과 개혁 의식을 지니는 것은 당연한 일이다.

그리고 불교의 깨달음 추구는 출가수행이라는 전혀 다른 삶의 형태를 선택함으로써 구체화된다. 출가수행의 삶은 결코 현실도피나 부정을 의미하지 않는다. 출가수행의 삶은 포기의 삶을 의미한다. 현세적 가치와 질서에 종속된 삶을 포기하고 부정한다. 출가수행의 삶을 선택한 것에서부터 현세적 삶의 상황에 대한 비판과 개혁 의식이 반영되는 것이다.

깨달음 추구와 출가수행으로 드러나는 불교의 초월적 인식은 한국 역사의 여러 시대에 정화(淨化)와 개혁의 정신을 제공했다. 한국인의 역사적 삶 안에서 불교가 해당 시대의 한계와 모순을 지적하고 극복하는, 그래서 새로운 시대적 변화를 이끌어주는 개혁적 성향으로 작용한 사례들을 확인할 수 있다.

① 신라의 대중(大衆) 불교

불교는 삼국이 고대국가로서의 체계를 갖추는 과정에 중요한 역할을 했다.[30] 국가 차원에서 중요한 역할을 수행하는 만큼 불교는 점차 국가불교로서의 성격이 강화되었고, 이런 흐름과 연결되어 귀족 불교로서 면모가 두드러졌다. 불교교단과 승려들은 왕실·귀족들과 함께 부와 권력을 누리는 지배층이 되었다. 이러한 모습은 석가모니와 초기 불교공동체가 추구했던 무소유의 삶 그리고 중생구제를 위한 대승불교 보살의 정신에서 심각하게 벗어난다. 국가불교와 귀족불교의 모습이 두드러짐에 따라 불교 교단과 승려들의 세속적 폐단도 심각한 문제가 되었다. 이처럼 귀족불교가 지배적인 상황이었지만 불교 본연의 정신을 구현하려는 선각자적인 승려들도 있었다. 비록 소수일지라도 이들의 존재는 불교의 초월적 의미와 역할을 강조하는 데 중요한 근거이다.

종교는 언제나 마땅히 그러한 불변의 초월적 진리를 근간으로 하지만 시대적 흐름과 사회·문화적 조건에 따라 변화되는 측면도 동시에 지니고 있다.[31] 종교가 시대적 흐름과 사회·문화적 조건에 따라 변화될 수 있기 때문에 특정 시기에 세속적 폐단의 문제를 드러내기도 한다. 인간의 문화와 사회적 상황이 건강하지 않은 모습을 드러내

---

30) 불교가 고대국가 형성 시기에 어떤 역할을 수행했는지에 관해서는 이 책의 Ⅱ-2-(2) 참조

31) 이러한 내용을 윌프레드 캔트웰 스미스(Wilfred Cantwell Smith)는 '신앙(Faith)'과 '축적적 전통(Cumulative Tradition)' 개념으로 잘 설명해주었다. 이 책의 Ⅰ-2-(1) 참조

는 시기가 있는 것과 마찬가지이다. 하지만 주목해야 할 점은 그 같은 부정적 시기에도 종교 본연의 의미와 역할은 변하지 않는다는 사실이다. 초월적 진리 추구는 종교의 변하지 않는 본질이기 때문이다. 이러한 종교의 본질을 구현하는 데 온전히 삶을 헌신하는 종교인은 어느 시대든 존재한다. 그 시대 종교의 대부분이 부정적 모습으로 흘러갈지라도 종교 본연의 모습을 지켜내는 종교인들이 있었고, 비록 소수일지라도 이들이 구현해주는 삶의 모습에서 종교가 본래 어떤 의미와 역할을 지니는지 확인할 수 있다.

귀족불교의 흐름에 편승하지 않고 의연히 불교 본연의 정신을 구현하려 했던 선각자적인 승려들에 주목해야 하는 이유가 여기에 있다. 그들이 세속적인 시대 흐름에도 불구하고 불교 본연의 모습을 지킬 수 있었던 근거는 역시 초월성이다. 이 책의 앞선 내용에서 반복하여 강조했듯이 종교의 근간인 초월성 또는 초월적 진리는 마땅함, 한결 같음, 전혀 다름이 핵심 의미이다. 초월적 진리는 세상과 인간 삶에서 그 어떤 기준이나 가치에 우선하여 마땅히 그러해야 하는 진리이고, 그래서 어떤 상황이나 조건에 휘둘리지 않고 한결 같은 진리이며, 세속적인 삶에서 일반 사람들이 추구하는 것과는 전혀 다른 삶의 방향성·지향성을 제시해준다. 선각자적인 승려들은 온전히 초월적 진리에 근거했기에 귀족불교로서의 거대한 흐름에도 불구하고 불교 본연의 모습을 구현할 수 있었다. 귀족불교의 흐름에 대한 단호한 비판과 개혁의 인식을 지닐 수 있었다.

이에 해당하는 대표적인 예를 신라시대 대중 교화에 헌신한 승려들에게서 확인할 수 있다. 혜숙(惠宿), 혜공(惠空), 대안(大安), 원효

(元曉) 등은 불교 계율이나 사회의 규범적이고 형식적인 틀을 떨쳐버리고 자유롭게 서민들의 삶과 함께 했다.[32] 이는 세속적 가치 추구에 빠져버린 당시 귀족불교의 흐름을 부정하고 '상구보리(相求菩提) 하화중생(下化衆生)'[33]이라는 불교 본연의 모습을 회복하려는 비판과 개혁 의식을 보여준 의미를 지닌다. 아울러 이들의 파격적인 삶은 당시 귀족불교의 흐름에 대한 무언(無言)의, 하지만 가장 강하고 무거운 비판이라 해석할 수 있다.

먼저 혜숙은 신라 불교 대중화의 선구자로 평가받는다. 진평왕 때의 사람으로 원래 화랑이었으나 승려가 되었다. 그의 소문을 들은 진평왕이 나라 일에 쓰기 위해 불러오려 하였으나 끝까지 스스로 시골에 머물며 중생을 교화하다가 죽었다.

혜공은 귀족 집 머슴의 아들이었다. 어려서부터 기이한 일을 많이 행해 그의 주인도 성인(聖人)이라고 우대했다고 한다. 스님이 된 뒤에는 언제나 조그만 절에 살면서 매일 미치광이처럼 술에 취하여 삼태

---

32) 혜숙과 혜공에 관해서는 『삼국유사(三國遺事)』 「이혜동진조(二惠同塵條)」, 대안에 관해서는 『송고승전(宋高僧傳)』 「석원효전(釋元曉傳)」, 원효에 관해서는 『삼국유사(三國遺事)』 「원효불기조(元曉不羈條)」 참조

33) '상구보리 하화중생'은 '위로는 진리를 구하고 아래로는 중생을 교화(敎化)한다'는 뜻으로 불교가 제시하는 종교적 추구의 핵심을 표현하는 대표적 개념이다. 우선 '상구보리'에서는 불교의 종교적 추구가 기본적으로 깨달음에 근거하고 있음을 강조한다. 불교는 우선 세상과 인간의 참된 진리를 깨달음으로써 나 자신이 이전과는 전혀 다른 존재로 전환되고자 추구한다. 하지만 진정한 진리의 깨달음은 나 자신에게 머물러서는 안 된다는 사실을 '하화중생'에서 제시한다. 깨달은 진리를 바탕으로 다른 중생들도 똑같이 깨달음으로 이끌어주는 것이 깨달은 자의 마땅한 역할이다. 중생을 교화하고 구제하려는 노력 안에서 진정한 깨달음이 완성되는 것이라 이해할 수 있다. 하화중생이 상구보리의 자연스러운 결과이면서 또한 하화중생은 상구보리의 절정으로서 의미를 지닌다.

기를 등에 지고 길거리에서 노래하고 춤을 추었다. 삼태기는 서민들의 생활 수단이라는 점에서 서민들의 삶과 함께 한다는 상징이고, 술과 가무(歌舞)는 서민들과 친숙하게 어울리기 위한 방편이었다. 그는 비에 옷이 젖지 않고 우물 속에서 자고 나와도 젖지 않는 등 기이한 일을 많이 보였다. 그의 말년에는 원효가 언제나 그가 머문 절을 찾아와 그에게 묻곤 했을 정도로 모든 면에서 당시의 뛰어난 고승이었다. 공중에 떠서 입적했는데 사리가 수도 없이 많이 나왔다고 한다. 이렇듯 기이하고 뛰어난 고승이었으면서도 항상 낮은 곳에서 서민들과 함께 하는 삶을 살았다.

대안은 내력을 자세히 알 수 없는 사람이다. 단지 장터거리에서 동발(銅鉢)을 두드리며 '대안, 대안'이라고 외치고 다녔다고 한다. 글자 그대로 '큰 평안'이라는 뜻인데, 서민들의 평안한 삶을 위해 노력했음을 확인할 수 있다. 복잡하고 어려운 불교 교리가 아니라 서민들의 삶에 직접적인 의미를 지니는 교화 방법을 선택한 셈이다.

원효는 한국불교를 대표하는 큰 인물이다. 그가 제시한 화쟁(和諍) 사상은 불교의 핵심 사상과 흐름 전체를 관통하는 탁월한 연구로 현대 국제 학계에서도 높은 평가를 받고 있다. 화쟁 사상 이외에도 여러 불교 종파에 속한 경전과 사상 연구에도 뛰어난 업적을 남겼다. 원효가 진정한 종교적 추구를 보여주었다는 사실은 그가 학문적인 연구만이 아니라 중생 구제의 실천까지 겸비했다는 점에서 강조될 수 있다. 스스로 소성거사(小姓居士)라고 이름 하면서 시골 마을에서 함께 춤추고 노래하며 서민들을 교화하였다. 당시 불교 교단의 기득권 승려들은 원효의 중생 구제 행보를 파계(破戒)라고 비난하였지만, 초월적 진리에 온전히 근거한 원효에게 계율의 형식을 지키고 안 지키고는 더 이상 의미를 지니지 않았다. 진정한 초월의 경지에서 그 어떤 형식이나 틀에도 걸려 넘어지지 않는 '무애행(無碍行)'을 보여주 었다. 원효는 '상구보리 하화중생'의 불교 이상을 온전히 실현한 사례 로 평가할 수 있다.

② 나말여초(羅末麗初)의 선(禪)불교 운동과 고려시대 지눌(知訥)

나말여초의 선불교 운동 역시 당시 문제 상황에 대한 비판과 개혁의 식을 보여준 사례이다. 선불교는 불교 전체의 역사적 전개 과정에서 도 기존 불교 흐름에 대한 비판과 혁신의 의미를 지닌다. 처음 불교 는 인간의 삶이 지닌 한계를 극복하려는 실존적 추구 그리고 그 실현 을 실천적 깨달음을 통해 이루려는 특성을 지녔다. 그 특성은 석가모 니의 출가수행과 깨달음에서 분명히 확인할 수 있고, 이후 초기 불교 공동체에도 그대로 반영되었다. 그런데 점차 불교가 제도적 체계를 갖추어가면서 실천적 활력이 약화되고 경직되는 문제가 드러났다. 이 러한 문제를 비판하면서 불교 본래의 직관적이고 활력 있는 깨달음을 강조하는 혁신 움직임이 선불교이다.

선불교가 한국에 수용된 정확한 시점을 특정하기는 어렵지만 나말 여초 시기에 선불교가 국가불교와 귀족불교의 문제에 빠져 있던 당시 불교를 비판하고 새로운 변화를 제기했던 사실은 주목할 만하다. 비 록 선불교가 지니는 사상적 한계로 인하여 전통적 불교의 한계를 철 저히 극복하는 데까지 이르지는 못하였지만, 나말여초의 선불교 운동 은 국가불교로서의 기성 교단이 왕실과 중앙 귀족의 안위를 기원하는 기복적이고 의례적인 불교를 지향했던 점을 비판하면서 개혁적인 성향을 띤 운동이었음에 틀림없다.[34] 초월 추구에 온전히 근거하여 당시 국가불교와 귀족불교의 흐름이 불교 본연의 정신과 본질에서 심각히 어긋나 있다는 비판 의식을 제시한 것이다.

또한 고려시대 지눌(知訥)에게서도 이러한 비판과 개혁의식을 확인할 수 있다. 지눌은 원효 못지않은 한국 불교의 큰 인물이다. 지눌은 선불교 사상 전체에서 획기적인 의미를 지닌 연구 업적을 남겼고, 현재까지 한국 불교 교단은 물론 학계에서도 많은 주목을 받고 있다. 특히 지눌의 선불교 사상은 주관적 체험의 성격이 강한 선불교에 이론적 토대를 제공했다는 점에서 높은 평가를 받는다. 이렇듯 뛰어난 학승(學僧)으로서 면모를 지녔던 지눌이지만 동시에 실천적 삶의 측면에서도 남다른 헌신을 보여주었다. 대표적인 사례가 당시 불교의 문제를 비판하고 개혁하려는 불교 정화(淨化) 운동을 주도한 점이다.

당시 불교는 갖가지 폐단을 드러내고 있었다. 왕실과 귀족들의 세속적 목적을 위한 지나친 불교 의례가 성행하였고, 승려들은 귀족들에 편승하여 세속적으로 타락하고 정치에 개입하는 등의 문제가 심각했다. 이러한 현실적 폐단에도 불구하고 불교 교단은 선종(禪宗)과 교종(敎宗)의 맹목적이고 소모적인 대립에 빠져 있었다. 지눌이 주도한 정혜결사(定慧結社)는 혼란 속에서 침체되고 본연의 모습을 잃어버린 불교계를 정화하려는 실천운동이었다.[35] 선종이 앞세우는 정(定, 禪

---

34) 길희성, 「한국불교사와 개혁운동」 『동아연구』 제11집(서강대 동아연구소, 1987)
35) 『현토역해보조법어(懸吐譯解普照法語)』, 『권수정혜결사문(勸修定慧結社文)』 참조

定)과 교종이 강조하는 혜(慧) 모두 깨달음을 위해 중요하고 필요하므로 마땅히 둘을 함께 닦아야 함을 강조하고, 불교 교단과 승려들의 현실적 폐단에서 스스로 벗어날 것을 결의하고 실천하는 움직임을 주도하였다. 비록 당시 불교의 고질화된 폐단이 두텁고 짙게 드리워져 있어 온전한 개혁 성공으로 이어지지는 못했지만 지눌의 비판과 개혁 노력은 불교 본연의 초월적 인식이 빛을 발한 사례로 평가할 수 있다.

③ 조선시대 휴정(休靜)

조선시대의 휴정(休靜) 역시 불교 본연의 초월적 인식을 잘 보여준다.[36] 흔히 휴정에 관해서는 임진왜란 시기에 승군(僧軍)을 일으켜 위기에 처한 나라와 백성을 구한 공헌을 떠올린다. 이런 행적에 대해 부정적인 평가를 제기하기도 한다. 승군과 전쟁 참여가 불살생(不殺生)의 불교 원칙에 위배된다는 점, 불교 원칙에 어긋나면서도 그 같은 선택을 한 의도에는 국가불교로서의 지향성이 있다는 점 등에서 비판을 받는다. 사안 자체만을 단면적으로 판단하면 원칙상의 문제점을 지적할 수 있으나 휴정의 선택에 관해서는 전체적인 배경을 함께 고려하는 신중한 해석이 필요하다.

휴정에 대한 평가는 조선시대의 배불(排佛) 상황을 배경으로 이루어져야 한다.[37] 조선 건국 초기부터 이론적으로나 정책적으로 극심한 배불 상황이 추진되면서 불교는 공식적으로 해체 위기에 처해 있

---

36) 『청허집(淸虛集)』권2 「서산청허당휴정대사비(西山淸虛堂休靜大師碑)」, 『동사열전(東師列傳)』2 「청허존자전(淸虛尊者傳)」 참조

37) 조선시대 배불 상황에 관해서는 이 책의 Ⅱ-3-(5) 참조

었다. 배불 상황은 일방적으로 전개되었고 불교의 대처는 거의 이루어질 수 없었다. 이렇게 압도적인 상황 때문에 소극적인 방식일 수밖에 없었지만 휴정의 행적은 출가수행자의 본분에 충실한 대처를 시도한 것으로 평가할 수 있다. 휴정은 현세적 상황에서 그에게 주어진 책무를 회피하지 않고 충실히 수행하였다. 명종(明宗) 때 부활된 승과(僧科)에 급제하여 불교 중흥이라는 시대적인 사명을 수행했고, 임진왜란의 위기를 맞아 국가와 백성을 구제하기 위한 세상의 일에 나아가기도 했다.

그렇다고 그가 현세의 일에 연연하거나 종속된 것은 아니었다. 시대적 상황이 그에게 요구한 역할이 끝나면 휴정은 세상의 권력과 명예에 아무런 미련 없이 현세의 삶을 떠나 다시금 본연의 모습인 산승(山僧)의 삶으로 되돌아가곤 했다. 휴정은 명리(名利)를 떨쳐버린 비운 마음으로 세속을 떠나 자유자재(自由自在)하게 일생의 대부분을 산속에서 자연과 더불어 살았다. 현세의 삶을 살면서도 초월적 인식을 잃지 않은 진정한 수도승(修道僧)으로서의 모습이라 할 수 있다.

이미 언급했듯이 휴정의 행적은 불교 원칙에 어긋난다는 부정적 평가의 여지도 있고 또한 배불상황에 대한 소극적 대처이거나 배불 입장의 정권에 동조한 것으로까지 비판받을 가능성도 있다. 하지만 철저한 수도승으로서의 삶이 휴정의 진면목이라는 사실을 고려한다면 휴정의 행적에서 좀 더 깊은 내면의 의미를 해석할 가능성을 찾을 수 있다. 휴정의 행적에서 당시 불교 상황에 대한 비판과 개혁 의식을 확인할 수 있음이다.

휴정은 불교 수도승으로서 본연의 역할에 충실한 삶을 사는 것으로 당시 불교 상황에 대한 말없는 비판 의식을 드러내고 동시에 불교 본연의 모습 회복을 위한 개혁의 메시지를 보여준 것으로 해석할 수 있다. 배불 상황에 저항하거나 부당함을 항변하는 적극적 비판과 개혁을 시도한 것은 아니지만, 세상과 인간을 위한 실천적 삶을 사는 것이 불교 본연의 모습이라는 사실 그리고 불교 본연의 모습을 회복하는 것이 당시 불교의 문제 상황을 극복하는 최선의 길임을 실천적으로 보여주었다. 불교를 현실적으로 무의미하고 허무맹랑한 헛된 가르침이라 비판했던 당시 주자학에게 불교의 참된 의미와 역할을 구체적으로 입증해준 셈이다.

④ 근현대 한국 불교의 개혁 정신

불교의 초월적 인식과 연관하여 근대 한국불교계의 개혁운동 역시 중요한 의미를 지닌다. 근대 개화사상의 형성과 실천에 불교가 중요한 역할을 했다는 점을 강조하면서 한국불교의 개혁적 역할을 강조하는 연구들이 제기되었다.[38] 19세기 불교는 배불의 조선사회에서 새로운 활력을 모색한 시기로 평가할 수 있다. 19세기 중엽에 거사(居士)불교라는 새로운 조류가 등장했는데, 이는 불교계를 통합하는 종단이 존재하지 않는 상황에서 출가자의 지도와 조력 없이 이루어지는 재가자들의 자발적인 신앙이었다. 거사불교의 핵심 계층은 역관(譯官)을 중심으로 한 중인들이었고, 이들이 전문적 지식과 개방적 사고를 지니

---

38) 한상길, 「개화사상의 형성과 근대불교」『불교학보』 45집 (동국대 불교문화연구원, 2006)

고 개화사상을 형성하면서 근대불교의 지평을 열어갔다.

또한 현대 한국불교의 민중불교 운동과 재가불교 운동에서도 불교의 초월적 인식과 개혁 의식을 확인할 수 있다. 전통적인 한국불교의 특성으로 산중(山中) 불교 혹은 은둔 불교적 성격이 여전히 이어지고 있지만, 도심 포교당 활동과 현실 삶의 상황에 대한 불교계의 적극적인 대응39) 등에서 현대 한국불교의 변화와 역동성을 확인할 수 있다. 재가신자들의 역할 참여 제한과 재정구조의 불투명성 등 사찰 운영의 비근대성에 대해서도 보다 적극적인 개혁 노력이 필요하다는 주장이 제기되고 있고, 불교 수행에 있어서도 지금까지의 한계와 문제점을 극복하려는 개혁 의식이 드러나고 있다. 지나치게 경직된 간화선(看話禪) 위주의 수행 전통에 대한 비판과 반발로 미얀마와 태국에서 수입된 위파사나(Vipassana) 수행이 유행하고 있다.

아울러 현대 한국불교의 문제점에 관해 출가수행자들이 자기완성을 위한 깨달음에만 초점을 맞추는 경향을 비판하는 목소리도 나온다. 포기의 삶을 선택한 출가수행자들에게 깨달음이 꼭 얻고자 하는 또 다른 집착과 욕심이 되어버린 문제이다. 결과적으로 세상과 중생을 위한 실천적 삶으로서의 수행의 의미는 약화되고 맹목적인 깨달음 지상주의가 팽배해 있다는 비판이다. 세속과 구별되면서도 세속을 떠나지 않는 경지가 필요함을 강조한다. 이와 연관하여 2010년 3월 11일 입적하면서 불교 신자들은 물론 사회 전반에 큰 반향을 일

---

39) 대표적인 예로 4대강 사업 반대 운동, 생명평화운동, 환경운동, 종교차별 시정 운동 등을 들 수 있다.

으킨 법정(法頂) 스님의 무소유 정신이 시사해주는 바가 크다. 무소유 정신은 불교가 지닌 초월적 인식, 현세적 가치 질서에 대한 비판과 개혁 의식의 핵심이다.

(2) 한국 유교의 선비[士] 정신

① 선비의 본질

한국인의 삶에 비판과 개혁의 인식을 제공해준 또 하나의 사례를 유교의 선비 정신에서 확인할 수 있다. 흔히 선비와 연관하여 일반적으로는 올곧은 몸가짐, 근엄한 표정, 꼬장꼬장한 말투, 신념에 어긋나는 일과 결코 타협하지 않는 고집스러움, 권위적이고 보수적인 기준, 가정형편이 어려워 부인은 뒷산에 나물 캐러 다니는데 그저 방안에서 책만 읽는 현실 무감각한 모습 등의 이미지를 떠올린다. 물론 선비가 이런 모습과 전혀 무관하지는 않지만, 진정한 선비의 정신은 여기에 있지 않다.

본래 선비는 깊이 있는 신념을 지니고 초월적인 가치[마땅한 진리]를 추구하는 이상적 인간상(人間像)을 뜻한다.

선비는 넓고 꿋꿋하지 않을 수 없다. 임무가 무겁고 갈 길이 머니 인(仁)을 자기의 임무로 삼는다.[40]

---

40) 『논어(論語)』 태백(泰伯)7

선비는 위급함을 보면 목숨을 내걸고, 이득을 보면 의로운가를 생각한다.[41]

선비는 곤궁해져도 의(義)를 잃지 않고, 세속적인 성공을 해서도 도(道)를 떠나지 않는다.[42]

선비가 간직한 신념은 인(仁)과 의(義)로 표현되는 '마땅함'에 근거한다. 마땅함은 세상과 인간 삶의 모든 일에서 늘 그러해야 하는 절대적[초월적] 기준이자 진리이다. 인간다운 삶을 살기 위해 간직하고 실현해야 하는 근본 원리이다. 현세적이고 물질적인 조건보다는 초월적이고 마땅한 진리를 자기 삶의 가치 기준으로 삼는 이상적인 인간상이 선비이다. 이렇게 초월적 진리에 온전히 근거하는 선비는 마땅함에 어긋나는 현세의 상황과 사안에 대해 당연히 비판과 개혁 인식을 지닌다. 세상과 인간의 삶을 마땅함의 기준에 부합하여 완성시키기 위해 노력하는 실천적 삶이 선비의 본질이다.

② 선비 정신의 표상-조광조(趙光祖)

현세 삶을 향한 비판과 개혁 인식을 실천한 선비의 사례는 유교를 수용한 이래 한국 역사에서 많이 확인할 수 있다.[43] 대표적인 사례로 조

---

41) 『논어(論語)』 자장(子張)1
42) 『맹자(孟子)』 진심장구상(盡心章句上)9
43) 정옥자, 『우리가 정말 알아야 할 우리 선비』, 현암사, 2002년 / 금장태, 『한국의 선비와 선비 정신』, 서울대학교출판부, 2000년 참조

선 중종(中宗) 시기에 활동한 조광조를 들 수 있다. 조광조에 대한 평가는 현재 역사학계에서 다소 논란이 있기도 하지만, 흔히 조광조라는 이름 앞에는 '비운의 정치가'라는 수식이 붙곤 한다. 조광조가 이루지 못한 미완의 개혁을 언급하기도 한다.

어쨌든 조광조는 젊은 나이에 큰 뜻을 품고 현실 정치 한가운데로 뛰어들었지만 그 뜻을 다 펴보지도 못하고 비참한 귀양살이 끝에 생을 마감했다. 그것도 명백한 비리나 과오를 저질러 마땅한 처벌을 받은 것이 아니라, 반대 정치 세력에 의해 억울하게 누명을 쓰고 내몰림을 당했다. 그때 조광조가 경험했던 고통이 얼마나 컸을까? 하루 아침에 역적이 되어 겪은 모욕과 고초, 처참한 귀양지에서의 생활 등은 그 자체만으로도 충분히 고통스러운 경험이다. 무엇보다 자신이 당하고 있는 고통이 도저히 납득할 수 없는 것이기 때문에 느끼는 고통이 더 컸을 것이다.

조광조로 하여금 그 고통을 견뎌낼 수 있게 해준 것은 무엇이었을까? 자신에게 고통을 준 적들을 향한 분노와 복수의 원한? 이렇게 되어버린 것 이제 끝장이니 될 대로 되라는 자포자기? 조광조의 속내를 정확히 알 수는 없지만 그가 누구보다 유교의 근본 진리 실현에 모든 가치를 두었던 도학자(道學者)였다는 점을 감안할 때, 그가 시종일관 믿고 따랐던 '초월적 진리'야말로 그를 고통으로부터 견디게 해준 바탕이었음을 짐작할 수 있다.

'초월적 진리'는 현세의 질서나 가치가 어떻게 흘러가더라도 결코 변하지 않고 흔들리지 않는 '마땅히 그러한' 진리이다. 조광조에게는 초월적 진리에 대한 확고한 신념이 있었다. 그의 선택과 행동은 모두 초월적 진리에 따르는 실천이었다. 비록 현세의 상황이 그가 계획하고 기대했던 것과 다르게 흘러간다 해도 인간 조광조로서는 어찌할 수 없는 일이다. 인간으로서, 특히 유교의 근본 진리를 온전히 실천하는 도학자로서 할 수 있는 일은 그저 초월적 진리에 대한 신념을 변함없이 지킬 뿐이다. 지금의 모든 상황이 인간으로서는 온전히 파악할 수 없는 초월적 진리의 흐름에 의해 주어지는 것이라 믿고 모든 것을 내맡기는 것이다.

조광조가 견디기 힘든 현세 삶의 고통에 대처하는 방식, 즉 마땅한 진리 안에서 당당함을 잃지 않는 마음은 그대로 선비 정신에 해당한다. 조광조는 조선시대 유교 전체에서 선비의 대표적인 표상으로 평가받는다. 조광조에게 확인할 수 있었던 고통 견뎌내기는 그가 내내 간직했던 선비다움에 근거한 것이다. 선비는 비록 현실적으로 불우한 상황에 처하고 물질적으로 힘든 조건이 주어진다 해도 그같이 곤궁한 삶을 고통스러운 삶으로 생각하지 않는다. 궁극적 가치로서의 도를 따르기 위해 감당해야 하는 마땅한 고통이라 생각한다. 마땅한 진리를 지키고 따른다는 당당함 안에서 현세 고통을 편안하게 견뎌낸다. 이른바 '안빈낙도(安貧樂道)'의 삶이다.

물론 선비다운 삶을 사는 것이 말처럼 그리 녹록한 일은 아니다. 현대인에게 선비다운 삶을 요구하는 것은 그 타당성을 떠나 자칫 공허한 이상주의로 간주되기 쉽다. 하지만 현대 사회의 혼란과 모순 상황이 해도 너무 심하다는 생각이 들 때면 다시금 선비의 이상이 절실해진다. 현세적 힘의 논리와 물질중심의 가치관이 만연한 상황에 좌절감을 느낄 때면 어떤 불이익한 상황이나 고난에도 불구하고 마땅한 도리를 지킬 수 있는 정신적 바탕이 간절해진다.

비록 온전히 선비다운 삶을 살지는 못하더라도 선비라는 이상은 현세 삶의 상황이 더는 타락하지 않도록 올바른 방향성을 제시해주는 의미를 지닌다. 길에서 벗어나 한참을 헤매다가도 다시 올바른 방향을 잡을 수 있도록 저 멀리에서 변함없이 반짝이는 등대와 같다. 끝내 등대에 도착하지 못하더라도 마땅히 가야 할 곳을 향해 다가가려 부단히 노력하는 삶 그 자체로 의미 있는 삶이다. 이렇게 초월적 진리에 온전히 방향을 두고 현세 삶의 상황에 대한 비판과 개혁의 삶을 감내할 수 있었던 사람이 조광조를 비롯한 선비였다.

(3) 그리스도교의 예언자 정신

한국인의 삶에 비판과 개혁의 인식을 제공해준 또 하나의 내용은 그리스도교의 예언자 정신이다. 그리스도교의 예언자 정신 개념을 온전히 이해하기 위해서는 예언자 또는 예언에 관한 일반적인 생각에서 벗어날 필요가 있다. 흔히 예언이라 하면 단순히 아직 오지 않은 일을 미리 알려주는 것으로 생각한다. 점(占)을 치는 일이나 신비한 예지 능력을 떠올린다. 하지만 그리스도교 전통에서 강조되는 예언과 예언자 개념은 초월적 진리, 즉 하느님의 진리와 밀접히 연관되어 있다.

그리스도교의 궁극적인 지향은 세상과 인간의 모든 것을 하느님의 진리에 일치시키는 것이다. 하느님의 진리에 부합하는 세상과 인간 존재를 추구한다. 예언은 세상과 인간에게 하느님의 진리를 구체적으로 제시해주는 일이고, 예언자는 그 역할을 수행하는 사람이다. 그리스도교 전통에서 예언과 예언자의 의미가 각별하게 부각되는 맥락은 세상과 인간의 상황이 하느님의 진리에 어긋날 때이다.[44] 세상과 인간의 상황이 하느님의 진리에 어긋나는 방향으로 흘러갈 때 이를 단호하게 비판하고 다시 하느님의 진리에 맞게 개혁하도록 일깨워주는 것이 예언과 예언자의 본질이다. 예언자 정신은 이렇게 하느님의 진리(초월적 진리)에 근거한 현실 비판과 개혁 의식을 제공한다.

예언자 정신의 현실 비판과 개혁 의식은 한국에 그리스도교가 수용된 맥락부터 여실히 드러난다.[45] 그리스도교의 수용은 더 이상 살아 있는 종교의 의미와 역할을 수행하지 못하고 있던 조선 말 유교(주자학)의 한계를 넘어서는 새로운 종교 이해를 제공하였다. 오랜 기간 관념적 틀에 갇혀 있던 주자학을 비판하고 세상과 인간을 위한 살아 있는 가르침으로서 종교의 역할을 일깨우는 계기로 작용했다. 그리스도교가 제공한 새로운 종교 이해는 실제로 이후 개혁 성향의 신종교 운동에 자극을 준 것으로 평가할 수 있다. 사회적으로도 그리스도교는 전근대적인 조선 사회의 한계에 비판과 도전의 의미를 지녔

---

44) 그리스도교 전통에서 예언자는 구약성서와 신약성서 모두에 나타난다. 구약성서에는 이스라엘 민족의 생존이 위태롭거나 공동체의 위기 때 예언자의 출현 빈도가 높아진다. 위기 상황의 원인이 하느님으로부터 멀어졌기 때문임을 일깨워주고 다시 하느님의 진리에 부합하는 삶을 회복하도록 이끌어준다. 신약성서에는 예수 역시 예언자의 역할을 수행한 것으로 나타난다. 정치·사회적으로나 종교적으로 혼란에 빠져있던 시대에 예수는 하느님의 진리를 따르는 삶으로 사람들을 이끌어주었다. 예수 이후의 사도들에게서도 예언자의 의미를 확인할 수 있다. 이용결, 「예언」『한국가톨릭대사전』(한국가톨릭대사전 편찬위원회, 2002) 참조

45) 한국에 그리스도교가 수용된 맥락에 관해서는 이 책의 II-4-(1) 참조

다. 신분차별 등의 문제를 극복하면서 근대적 변화를 모색하려는 개혁 의식으로 작용하였다.

그리스도교의 예언자 정신에 근거한 현실 비판과 개혁 의식은 1970~80년대 사회 정치적 혼란 상황에서도 드러났다. 비민주적이고 비인간적인 사회 정치 상황 속에서 고통을 겪고 있는 민중의 편에 서서 저항 운동에 참여하였다. 그리스도교는 당시 사회와 정치의 문제 상황을 하느님의 진리에 어긋나는 불의(不義)한 상황으로 규정함으로써 저항 운동에 정당성을 제공해주었다. 아울러 저항 운동에 헌신하는 사람들을 위로하고 보호하면서 하느님의 진리가 실현되는 정의로운 세상, 모든 이를 위한 세상 실현에 힘을 보탰다.

위에 예시한 한국 역사의 맥락에서 그리스도교 전체가 현실 비판과 개혁의 모습을 나타냈다고 평가하는 것은 무리일 수 있다. 그리스도교 안에서도 정치적 성향에 따라 진보가 아닌 보수로 분류되고 해당 시대 맥락에서 체제 옹호와 수구적(守舊的) 모습을 보여준 사례도 있다. 그리스도교의 실제 모습 전체를 현실 비판과 개혁 성향으로 단정하려는 의도는 아니다. 그리스도교의 예언자 정신에 근거한 현실 비판과 개혁 의식에 주목하는 것은 종교의 초월 인식을 강조하기 위함이다.

앞에서 계속 설명했듯이 종교의 초월 인식은 현세적 가치와 질서 '너머' 또는 '전혀 다름'으로서 의미를 지닌다. 현세적 가치와 질서가 초월적 진리에 어긋날 때 단호한 비판과 개혁 의식을 제시하는 것은 종교의 초월 인식에 의한 당연한 결과이다. 물론 종교가 현실 상황에서 어떤 방향으로 작용해야 하는지를 가치판단식으로 규정하는 것은 적절하지 않다. 그리스도교 안에서 초월 인식에 대한 다른 이해를 지닌 사람도 있지만 위에 언급한 내용의 초월 인식을 지닌 사람에 의해 그리스도교의 현실 비판과 개혁 모습이 드러난 것은 명백한 사실이다. 이 책에서는 종교의 초월 인식이 현실 비판과 개혁 의식 형성으로 작용한 사실을 강조하는 것이다.

3
고통과 죽음에 대한 성찰과 이해

종교의 초월 인식이 작용한 구체적 내용의 세 번째는 '고통과 죽음에 대한 성찰과 이해'이다. 종교의 초월 인식은 한국인에게 유한한 경험의 차원 '너머'에 대한 이해를 제공하였다. 세상과 인간에 관한 일이 반드시 객관적이고 합리적으로 설명되지는 않는다는 현실에 직면했을 때, 인간으로서 어찌할 수 없는 근원적 한계를 지닌 일을 마주했을 때, 한국인은 종교가 제시하는 초월 인식을 통해 '전혀 다른' 성찰과 이해를 얻을 수 있었다. 이에 해당하는 대표적인 사례가 고통과 죽음의 문제이다.

(1) 고통에 대한 종교적 이해

종교가 인간에게 현실적인 의미로 다가오는 시작점은 고통의 문제이다. 인간이 현세 삶을 살면서 경험하는 고통의 문제에 관해 여러 영역에서 다양한 관점으로 접근하는데, 종교는 고통의 근원적 차원을 성찰한다. 종교는 인간 존재에게 왜 고통이 존재하는지, 특히 원인을 설명할 수 없는 고통이 왜 주어지는지의 문제를 성찰하는 데 집중한다. 그리고 초월적 인식에 근거하여 고통에 대한 대응 방식 역시 근원적 차원에서 제시한다. 여러 종교의 가르침이 저마다 고통에 의미를 부여하면서 고통을 대하는 인간의 태도를 전환하게 해준다.

고통을 대하는 인간의 태도는 부정적이기 쉽다. 인간의 현실적 고통 문제가 일단 인간의 삶에 좌절이나 고난으로 작용하기 때문이다. 고통의 현실이 극심하다보면 인간 존재와 세상에 대한 본질적 회의를 지니게 되고 더 나아가 신(神) 또는 궁극적 의미를 부정하기도 한다. 하지만 여러 종교에서 해석하는 고통의 의미는 인간의 존재와 삶을 새로운 차원으로 이해하게 해준다. 고통의 근원적 의미를 직면하면서 오히려 능동적이고 주체적인 삶의 태도를 터득하게 되는 역설적 전환을 이룰 수 있다. 고통이 더 이상 부정적인 요소로 작용하지 않고 진정한 삶의 의미와 인간 존재의 심오한 이치를 깨닫는 통로로 작용하게 된다. 종교가 제시하는 고통의 근원적 의미는 신 또는 궁극적 의미에 근거하기 때문이다.

유대교에서는 고통에 대해 두 가지로 설명한다. 첫 번째는 고통의 원인을 인간의 자유의지와 연결시키는 설명이다. 신은 인간에게 자유의지를 부여하였는데, 인간이 자유의지를 남용하여 죄를 지은 것에 대한 벌이 고통이라는 것이다. 따라서 고통에서 벗어나기 위해서는 죄의 용서가 필요하다. 두 번째는 고통을 교육적 의미로 이해하는 설명이다. 고통이 영적인 훈련으로서 의미를 지닌다는 것이다. 신이 인간을 교육하기 위한 목적으로 고통을 준다는 해석이다.

그리스도교는 구약성서 전통을 이어받는다는 점에서 기본적으로 유대교의 설명과 연결된다. 여기에 덧붙여 그리스도교에서는 원죄(原罪) 개념이 중요한 의미를 지닌다. 그리스도교는 원죄를 '인간의 자유의지 남용' 또는 '인간의 미성숙성 혹은 불완전성' 등으로 설명한다. 인간은 선을 행할 수 있는 능력이 충분히 성숙하지 않았기 때문에 죄를 지을 수밖에 없고, 죄의 결과인 고통은 인간에게 숙명적이다. 아울러 그리스도교에서는 고통을 인간이 알 수 없는 신비적인 신의 의지로 해석한다. 신의 의지에 의한 것이기에 무의미한 고통은 없다. 다만 인간은 신의 의지를 온전히 이해할 수 없다.

이슬람교는 고통을 신에 대한 불복종(불신이나 의심)의 죄에 가해진 벌이며 심판으로 설명한다. 이슬람교에서는 고통을 하느님의 정의나 완전성의 문제와 연결시키지 않는다. 하느님의 초월성과 완전성에 대해서는 어떤 이의나 변론도 제기할 수 없다. 고통의 문제는 전적으로 인간에 의한 문제이지 신과는 무관하다. 고통에 대해 신에게 불평하는 것 자체가 불신과 불복종이다. 한편 고통은 의로운 자에 대한 단련과 시련으로서 의미도 지닌다. 그러한 고통에 대한 보상은 종말의 때에 받는다.

인도 종교에서는 고통의 문제를 온전히 인간의 행위로 인한 자동적인 결과로 해석한다. 업(業)과 윤회(輪廻) 개념 안에서 고통을 설명한다. 내가 지금 고통을 당하고 있다면 그것은 지난 생의 내가 지은 업 때문이다. 지금 내가 행하는 모든 것이 나의 다음 생의 고통과 행복을 결정한다. 철저한 인과론적(因果論的) 설명이다. 고통의 문제를 근본적으로 극복하는 방법은 더 이상 업을 짓지 않고 윤회의 굴레에서 벗어나는 깨달음을 얻는 것이다.

인도 종교의 고통 이해는 불교로 이어졌다. 한국인은 불교를 통해 고통에 대한 초월적 성찰과 이해를 얻을 수 있었다. 특히 불교는 고통의 뿌리를 캐내는 접근으로 고통의 문제에 대한 초월적 인식을 제공해주었다.

① 불교가 제시하는 고통의 뿌리 캐기

인간이 현실 삶을 살면서 한 번도 고통의 상황을 겪지 않을 수는 없다. 고통은 인간에게 숙명적이다. 그러니 고통을 대하는 인간의 태도는 '견뎌냄'이어야 한다. 고통을 견뎌내기 위한 방법은 고통의 근본 원인을 파악하는 것이다. 도대체 고통은 어디에서 오는 것인지, 어떻게 생겨나 인간을 괴롭히는지 고통의 메커니즘을 파악한다면 고통으로부터 자유로울 수 있다. 물론 현실 삶에서 경험하는 고통의 원인이 그렇게 간단하지는 않다. 여러 측면이 복잡하게 얽혀 있어 어느 하나만을 원인으로 지목하기 쉽지 않다. 그래도 내가 겪는 고통의 원인을 나의 내면적인 차원에 찾는 시도는 각별한 의미를 지닌다.

인간의 고통을 초래하는 데에는 사회 구조적인 모순을 비롯한 외적 차원의 원인도 작용한다. 한층 복잡하고 각박해진 현대 사회 구조에서는 사회 공동체 차원에서 개인의 고통 문제를 접근하는 배려가 특히 절실해지고 있다. 그럼에도 불구하고 고통은 결국 나 자신의 문제일 수밖에 없다. 다른 사람이 나의 고통을 온전히 해결해주지는 못한다. 나의 고통은 끝내 내가 감당해야 한다.

고통을 끝내 내가 감당해야 한다는 말은 고통을 단순히 개인적인 차원의 문제로 환원시키려는 의도는 아니다. 분명 객관적 외부 원인에 의해 주어진 고통일지라도 나 자신이 그것을 어떻게 받아들이고 대처하느냐에 따라 고통을 견뎌내는 결과에 변화를 이룰 수 있음을 뜻한다. 아울러 현실 삶에서 경험하는 고통의 꽤 많은 부분이 내가 객관적 외부 상황을 어떻게 인식하느냐에 영향 받는다는 뜻도 포함한다. 이런 맥락에서 고통의 근본 원인을 나 자신의 내면적인 차원에서부터 성찰하는 시도는 문제의 본질상 적합하다.

고통의 원인을 나 자신 안에서 찾도록 이끌어주는 대표적인 가르침이 불교이다. 불교의 가르침은 석가모니의 깨달음에 근거한다. 불교 전통이 역사적 전개 과정을 거치면서 각 시대와 지역에 따라 여러 다른 모습으로 재해석되었지만, 석가모니의 깨달음에서 비롯한 핵심은 변하지 않고 이어졌다. 그 핵심은 바로 '고통으로부터 자유로움'이다. 이때의 고통은 관념적이거나 추상적 의미가 아니다. 인간이라면 누구나 일상의 매순간 경험할 수밖에 없는 지극히 현실적이고 구체적인 고통이다.

어느 누구보다 석가모니 자신이 이러한 현세적 고통 때문에 혼란스러웠다. 비록 작고 힘없는 나라였지만 나름 왕자의 신분을 버리고 출가수행자의 삶을 선택할 수밖에 없었던 것도 현실적 고통의 절박함 때문이었다. 석가모니의 출가와 수행은 스스로 고통의 문제를 극복하기 위한 간절한 노력이었다. 그리고 석가모니가 이룬 깨달음은 고통으로부터 완전히 자유로울 수 있도록 근본 원인을 해소한 것이라는 점에서 의의를 지닌다.

석가모니의 깨달음이 정확히 어떤 의미를 지니는지 이해하기 위해서는 석가모니의 출가 후 수행과정에 주목할 필요가 있다. 석가모니는 출가 초기에 당시 다른 출가수행자들이 했던 것과 마찬가지 방법의 수행을 했다. 고행과 선정(禪定)의 방법이다. 하지만 석가모니는 이 두 방법으로는 결코 궁극적인 깨달음을 이룰 수 없음을 확인했다.

먼저 고행은 쉽게 표현하면 인위적으로 몸에 혹독한 조건을 부여하여 고통으로 이어질 수 있는 근원적 욕망을 억제하는 것이다. 석가모니는 당시 어느 출가수행자보다 더 혹독한 고행을 실천했다. 그러나 고행의 방법으로 도달한 상태는 결코 완전한 깨달음일 수 없었다. 그 이유는 다음과 같은 비유로 설명할 수 있다. 땅 속 어느 곳의 수도관이 터져 땅위로 물이 솟구쳐 나오고 있는 상황을 생각해보자. 근원적인 해결책은 땅을 파헤쳐 수도관의 구멍 난 부분을 찾아 봉합하는 것이다. 고행은 이런 상황에서 땅 위로 솟구치고 있는 물줄기를 그저 온몸으로 틀어막고 있는 것과 같다. 온몸으로 틀어막고 있으니 당장에는 물이 터져 나오지 않는다. 하지만 이런 상태가 결코 완전한 문제의 해결일 수는 없다. 물을 틀어막기 위한 노력도 너무 처절하게 힘들다. 조금이라도 긴장을 풀고 힘이 빠지면 언제든 물은 다시 솟구쳐 나올 수밖에 없다. 이처럼 고행은 욕망과 고통의 문제를 어느 정도 억제하는 효과는 있지만 단지 잠정적인 대처일 뿐 근원적 문제 해결일 수는 없다.

　선정의 방법 역시 석가모니에게 고통의 문제를 근원적으로 해결하는 완전한 깨달음을 이루어주지 못했다. 선정의 방법은 고도의 정신적 통제 훈련을 통해 내면 깊은 차원에서의 고요함을 갖추는 것이다. 고대 인도의 인간 이해에 따르면 인간은 본래 내면에 평정(平靜)을 지니고 있다. 평정이 깨지고 마음에 동요가 생겨 욕망과 고통으로 이어지는 것은 외부 대상에 반응하면서부터이다. 외부 대상에서 비롯한 자극이 인간의 감각기관을 통해 내면으로 전달되면서 일파만파 갈등과 번뇌의 격랑이 생겨난다. 선정의 방법은 이러한 외부 대상의 자극을 인위적으로 차단하여 내면의 고요함을 유지하는 훈련이다. 외부 대상이 다가오는 것을 어찌할 수는 없으니 그로부터 전해지는 자극에 나의 내면이 동요하지 않도록 차단하는 것이다. 단순하게 표현해 감각기관으로부터 나의 내면으로 이어지는 회로를 끊어버리는 것이다. 이렇게 해서 얻은 내면의 고요함, 더 이상 외부 대상에 의해 동요하지 않고 고통 받지 않는 평정의 상태가 석가모니도 원한 깨달음의 상태[고통으로부터 자유로움]일 수 있다. 하지만 선정의 방법만으로는 완전할 수 없었다. 외부 대상 세계로부터 나 자신을 차단시킨 상태에서 유지하고 있는 내면의 평정이기 때문이다. 눈, 코, 귀, 느낌 심지어 의식마저도 다 닫아버린 (실제로 살아있는 건지 죽은 건지 모호한) 상태에서 그저 나 홀로 누리고 있는 내면의 고요함이기 때문이다.

　결국 석가모니는 선정의 방법을 통해 얻은 경험에 '지혜'를 결합시켜 완전한 깨달음을 이루었다. 이때의 지혜는 인간과 세상의 참모습을 환히 볼 수 있는 지혜를 뜻한다. 인간과 세상이 어떻게 생겨나고 어떻게 움직이는지를 환하게 보게 되면서 더 이상 이 세상에 얽매이지 않는 참 자유를 얻었다. 앞에서 이미 언급한 바 있지만, 다음과 같은 비유로 쉽게 이해할 수 있다.

우리가 사는 세상을 방 안이라고 가정할 때 고통의 상황은 방 안의 불이 꺼져 아무것도 보이지 않는 상태와 같다. 아무것도 보이지 않으니 이리저리 움직일 때마다 온갖 대상들에 걸려 넘어지기도 하고 다른 사람과 부딪히기도 한다. 그때마다 상처받고 고통스럽다. 석가모니의 깨달음은 이러한 상태에서 불을 켜서 (혹은 내 눈을 가리고 있던 안대를 벗어버리고 눈을 환히 떠서) 방 안의 모습을 있는 그대로 보게 되는 것이다. 이제 방 안이 어떻게 생겼는지 여러 대상들이 어디에 위치하고 어떻게 움직이고 있는지 볼 수 있으니 더 이상 세상과 부딪히지 않아도 된다. 고통을 처절하게 억제하지 않아도, 세상과 단절하지 않아도, 현세 삶 안에서 그대로 살아가면서 더 이상 걸려 넘어지거나 고통 받지 않는 참 자유의 상태이다.

결국 석가모니의 깨달음, 현실적 고통 극복은 인간과 세상의 참모습을 환히 볼 수 있는 지혜의 방법으로 이루어졌다. 그리고 이것은 가장 근원적 차원에서의 고통 극복이다. 인간이 경험하는 현세 삶의 모든 고통은 결국 '내게 주어진 고통, 내가 느끼는 고통'이다. 그렇다면 고통의 근원적 해결은 '내 안에서' 이루어질 수밖에 없다. 석가모니는 이것을 인간과 세상을 대하는 나의 마음에 착안했다. 내가 '나 중심'으로 세상과 사람들에 거스르는 삶을 살 때 세상은 온통 고통일 뿐이다. 내가 인간과 세상의 참모습을 깨달아 그 안에서 더불어 흘러가는 삶을 살 때 세상의 고통으로부터 완전히 자유로울 수 있다. 외부 조건이 아니라 내 안에서 근본 원인을 찾는 것, 세상이 아니라 내가 변하는 것이 석가모니가 찾아낸 근원적 고통 극복의 방법이다.

고통에 관한 석가모니의 가르침을 좀 더 구체적으로 확인할 수 있는 대표적 경전이 『금강경(金剛經)』이다. 『금강경』은 불교의 반야(般若) 계통 경전 중 가장 중심 부분에 해당한다. 반야 계통 경전은 공(空) 또는 무아(無我)에 관한 가르침을 핵심 주제로 담고 있다. 『금강경』의 본래 이름은 '금강반야바라밀경(金剛般若波羅密經)'이다. '금강'은 금강석, '반야'는 지혜, '바라밀'은 피안(彼岸)에 도달 혹은 목표 이룸을 뜻한다. 풀이하면 "가장 단단하고 완벽한 지혜로 모든 번뇌를 끊고 피안에 이르도록 이끌어주는 가르침"이라 이해할 수 있다.

『금강경』의 이야기는 석가모니의 수제자 수보리(須菩提)가 깊은 깨달음을 위한 가르침을 청하면서 시작된다. "세존이시여! 선남자(善男子) 선여인(善女人)이 최상의 바르고 평등한 깨달음[무상정등정각無上正等正覺 아뇩다라삼먁삼보리]을 얻으려는 마음을 내면서 마땅히 어떻게 머물며 어떻게 그 마음을 다스려야 합니까?" 수보리가 깨달음을 위해 석가모니에게 청한 첫 번째 질문은 "어떻게 마음을 다스려야 합니까"이다. 여기에서 불교의 핵심이 무엇인지 파악할 수 있다. 불교는 결국 '마음공부'이다. 모든 현세의 고통이 다름 아닌 내 마음에서 비롯된다. 마음을 다스리는 것이 고통을 견뎌내는 가장 근원적 대처라는 것이 불교 가르침의 핵심이다.

그런데 중요한 것은 불교에서의 마음 다스림이 단지 감정을 조절하거나 감각을 통제하는 것을 뜻하지 않는다는 사실이다. 불교에서는 마음 다스림을 가장 근원적인 차원에서 시도한다. 바로 세상과 인간의 참모습을 환히 볼 수 있는 지혜를 깨달음으로써 얻을 수 있는 마음 다스림이다. 세상이 무엇으로 이루어져 돌아가는지, 내 마음이 어떻게 움직여 온갖 갈등과 고통으로 이어지는지 그 전모를 깨닫는 것이 진정 내 마음을 다스리는 일이다. 고통의 실체, 고통의 근본 원인을 파악할 때 모든 고통으로부터 자유로울 수 있다.

그렇다면『금강경』에서는 모든 고통의 근본 원인이 되는 마음의 움직임을 무엇이라 설명하는가? 다음 구절에서 그 답을 찾을 수 있다.

> 모든 보살마하살은 이와 같이 그 마음을 다스려야 한다. 존재하는 모든 중생의 종류, 즉 알로 나는 것, 태로 나는 것 … 생각이 있는 것도 아니고 생각이 없는 것도 아닌 것을 내가 다 완전한 열반에 들게 제도(濟度)하리라. 이와 같이 한량이 없고 수가 없고 가없는 중생을 제도하되 실로 제도를 받은 자가 하나도 없다. 왜냐하면 수보리여! 만일 보살이 '나'라는 상[아상我相], '너'라는 상[인상人相], '모든 사람'이라는 상[중생상衆生相], '생명 있는 존재'라는 상[수자상壽者相]이 있다면 그는 보살이 아니기 때문이다.46)

이 구절의 전체 의미를 설명하기 위해서는 처음부터 한 단어 한 문장 다루어야 할 내용이 많다. 여기에서 그렇게까지는 할 수 없고, 고통의 근본 원인 파악과 관련한 내용만 언급해보려 한다.

주목할 내용은 "모든 중생의 종류를 완전한 열반에 들게 제도하지

---

46)『금강경(金剛經)』제삼(第三) 대승정종분(大乘正宗分)

만, 실제 제도를 받은 자가 하나도 없게 해야 한다"는 것이다. 이것이 무슨 말인가? 내가 다른 중생들을 도와주는 일, 그것도 완전한 깨달음으로 이끌어주는 일은 실로 엄청난 일이다. 그런 일을 하는 것만으로도 어찌해야 할지 감당이 안 되는데, 실제로 도움을 받은 중생이 하나도 없게 해야 한다니 도무지 이해가 되지 않는다. 여기서 석가모니가 강조하는 것은 모든 일을 일체의 상(相) 없이 해야 한다는 점이다. 이른바 '무주상보시(無住相布施)'이다.

상(相)이란 내 마음 혹은 내 생각이 만들어낸 모든 것으로 이해할 수 있다. 관념, 개념, 느낌, 가치관, 신념, 편견, 선입견, 기대, 바람, 집착 등 모든 것이 상에 해당한다. 상이 문제인 것은 실재하지 않는데 나의 생각에 의해 실재하는 것으로 착각하기 때문이다. 불교에서 흔히 드는 비유인데, '뱀은 징그럽다'는 생각이 대표적인 예이다. 우리는 이 생각을 당연하게 지니고 있지만 사실 뱀 자체에 '징그럽다'는 본성이 존재하는 것은 아니다. 우리의 생각이 만들어낸 '상'을 뱀에 덧씌운 셈이다. 이런 식의 여러 상에 사로잡히고 갇혀서 현세 삶의 모든 갈등과 고통이 생겨난다.

여러 상 중에 가장 근원이 되는 것이 '나'라는 상[아상我相]이다. 나 중심성이다. 나를 중심으로 삼으면서부터 내가 아닌 너 그리고 그들을 구분한다. 세상의 모든 존재와 가치들을 나 중심적으로 판단하고 편 가름한다. 세상과 사람들에 대해 이런 저런 상을 만들어 덧씌운다. 모든 것을 있는 그대로 대하지 못하고 나 중심적으로 분별하고 집착한다. 이런 분별 과정이 그대로 갈등과 고통의 과정이다. 결국 세상 모든 고통의 근원은 내 마음이 만들어낸 나 중심의 상이다.

'무주상보시'는 그 어떤 상에도 머뭄이 없이 보시를 행하라는 뜻이다. 여기에서의 보시는 중생을 위한 구제 행위를 말하지만, 넓게 이해하면 우리가 살아가면서 행하는 모든 생각과 행동으로 풀이할 수 있다. 생각해보면 우리는 현세 삶을 살아가면서 나 중심으로 생각하고 나의 기대와 바람에 의해 행동한다. 세상의 모든 고통은 내 생각과 다르고, 내 기대에 어긋나고, 내 뜻대로 되지 않고, 내 기준에 들지 않기 때문에 생겨난다. 세상의 실제 있는 그대로의 모습과는 다르게 일방적으로 나의 기준을 덧씌워놓고서는 결과가 내 뜻과 다르다 하여 갈등하고 괴로워하고 분노한다. 결국 모든 상을 벗어버릴 때, 나 중심적인 분별과 집착을 내려놓을 때, 진정 고통으로부터 자유로울 수 있다는 것이 『금강경』의 가르침이다.

'무주상보시'가 결코 쉽거나 누구에게나 해당하는 방법일 수는 없다. 하지만 우리가 경험하는 현세 삶의 수많은 갈등과 고통 그 가장 깊은 곳에는 분명 나 중심성의 문제가 똬리를 틀고 있다는 사실을 일깨워주는 가르침이다. 고통의 근본 원인을 내 안에서 찾아 해소하려는 노력으로서 각별한 의미를 지닌다. 이렇게 불교는 한국인에게 고통의 문제를 근원적 차원에서 성찰하고 극복할 수 있는 초월적 인식을 제공하였다.

② 유교의 고통 이해-납득할 수 없는 고통의 수용

고통의 문제와 연관하여 더욱 곤혹스러운 것은 합리적으로 설명할 수 없는 고통의 문제이다. 반드시 이런 사람, 이런 조건의 결과로 고통이 주어진다고 한다면 고통을 대하는 인간의 태도는 좀 더 명확해질 것이다. 그러나 현실적으로 인간의 고통은 납득할 수 없는 상황과 이유에 의해 닥쳐온다. 더 예민하고 난해한 주제는 의로운 삶을 사는 사람에게 주어지는 고통의 문제이다. 이 문제는 그리스도교의 입장에서 더욱 곤혹스러운 도전일 수밖에 없었고, 그리스도교 신학과 종교 철학에서 신정론(神正論, Theodicy)이라는 주제로 논의되었다.[47] 하지만 고통과 악(惡)이 인간에게 보편적 의미를 지니는 점에서 신정론은 종교학과 인문학 전체에서도 필수 주제이다.

신정론은 크게 두 가지 방향의 논의를 포함하고 있다. 하나는 신(神) 입장에서의 변론이고, 다른 하나는 고통과 악에 대한 본질적 분석이다. 내용적으로는 두 가지이지만 신정론에서는 이 둘을 적절히 조화시키는 것이 핵심이다. 현세적 고통과 악에도 불구하고 신 혹은 초월적 진리가 지니는 완전성을 보전하면서, 인간에게는 현세적 악과 고통을 어떻게 이해하고 대처해야 하는지에 관한 수용 가능한 설명을 제시해주어야 한다.

신정론의 본래 의도나 핵심이 '(악의 존재에 대한) 신의 정당성'이라고 규정할 수도 있다. 하지만 그 논의 과정에서 악의 존재에 대한 해명이 필요하고, 오히려 악의 존재를 어떻게 해명하느냐에 따라 신

---

47) '의인(義人)의 고통' 문제가 그리스도교에게 곤혹스러운 이유는 그리스도교의 두 가지 원리와 연관되어 있다. 하느님이 세상 모든 것의 근원이고, 하느님은 절대 선(善)의 본성을 지닌다는 원리이다. 이에 따르면 세상 모든 것은 하느님으로부터 나왔고 하느님의 본성을 반영하여 모두 선이어야 한다. 그런데 현실 세상에는 악(惡)이 존재한다. 심지어 의로운 삶을 사는 사람이 고통을 받고 불의한 사람이 성공한다. 하느님의 본성과 명백히 어긋나는 현실이다. 어떻게 절대 선인 하느님에게서 악이 나올 수 있을까? 의인은 고통을 받고 악인이 성공을 누리는 현실에 과연 하느님의 정의가 존재하는가?

의 정당성 변론이 더욱 분명한 설득력을 얻을 수 있다는 점에서 악에 대한 본질적 분석 역시 신정론의 중요한 주제가 되어야 타당하다.

그리스도교를 중심으로 하는 서구 전통에서의 신정론은 문제의 심각성만큼 많은 논의가 이루어졌다. 그런데 조금 과감하게 전체적 특징을 간추려보면 서구 그리스도교 전통의 신정론은 현실 악에 대한 신의 자기 변론에 치중하는 것으로 평가할 수 있다. 인간과 현세적 기준으로는 가늠할 수 없는 신의 뜻 혹은 질서를 앞세우기도 하고, 현실 악의 존재는 신에 의한 것이 아닌 인간 자유의지의 오남용에 따른 결과라고 설명하기도 하고, 신의 완전성에 치명적 흠집으로 보이는 악이 사실은 신의 더 큰 계획이라는 의미(이른바 필요악 개념)를 부여하기도 한다.

하지만 이런 신의 자기 변론이 인간에게는 현세적 악의 존재를 납득할 수 있는 설명으로 부족할 수밖에 없다. 현실의 악이 어떻게 존재하는지 설명해주고, 악의 존재에도 불구하고 신의 완전성과 절대성에 대한 기본 신뢰가 무너지지 않을 수 있는 근거를 제공해주어야 한다. 사실 위에서 제시한 신정론의 두 가지 논의 중 첫 번째 '신 입장에서의 변론'은 신학적 주제에 가깝다. 두 번째 '고통과 악에 대한 본질적 분석'이 인문학적 의미에서는 더 중요하다.

신의 자기 변론을 중심으로 하는 서구 그리스도교 전통의 신정론은 자칫 신에게 모든 절대권을 이양하고 초월적인 영역과 권한에 대한 절대적 순종으로 결론이 이어질 수 있다. 현실의 악은 신과 무관하다거나 신의 영역에서만 의미 해명이 가능하다고 선을 그어버리면 현실의 악에 고통 받는 인간에게는 아무런 의미도 제공해주지 못한다.

인간에게 현세 삶의 궁극적 의미를 제공해주는 것이 종교의 의미라고 한다면 서구 그리스도교 전통의 신정론은 한계를 지닌다.

이러한 한계를 의식하고 신정론을 인문학적 논의로 보편화하는 의미에서 유교의 가르침 안에서 신정론에 해당하는 내용에 주목할 만하다. 유교에 신정론을 적용해볼 수 있는 근거는 그리스도교의 신정론이 시작되는 딜레마를 유교도 공유하고 있다는 점이다. 그리스도교 신정론이 시작되는 것은 하느님이 모든 것의 근원이고 하느님은 완전하다는 기본 전제와 현실적 악의 존재가 충돌하기 때문이다. 마찬가지로 유교에서도 만물의 궁극 원리로서 천리(天理)를 강조하면서 천리에 순응하면 만사형통하는 것을 원리로 제시하지만, 현실에서는 이러한 원리에 어긋나는 모순된 상황이 존재한다.

유교 신정론의 전형적인 내용을 한국 유교의 대표적 인물인 율곡(栗谷, 李珥)의 사상에서 확인할 수 있다. 율곡은 「천도인사책(天道人事策)」[48]에서 이러한 문제를 구체적으로 논의하고 있다. 율곡의 신정론으로 의미 부여할 수 있는 내용이다. 실제로 「천도인사책」의 내용에서 신정론의 두 주제에 해당하는 내용을 확인할 수 있다. 율곡은 먼저 현실의 모순된 상황에도 불구하고 천인감응(天人感應)은 분명한 원리임을 강조한다. 신정론의 첫 번째 주제인 '신 입장에서의 변론'에 해당한다. 그리고 현세의 일들이 작동하고 이루어지는 것은 '때와 형세'로 드러나는 기(氣)의 작용에 의한 것이라고 설명한다. 신정론의 두 번째 주제인 '악에 대한 본질적 분석'에 해당하는 내용이다.

---

48) 『율곡전서(栗谷全書)』 「천도인사책(天道人事策)」

율곡의 신정론에서는 특히 두 번째 주제와 관련한 논의가 중요한 의미를 지닌다. 인간에게 악 혹은 현실의 모순된 상황을 어떻게 이해하고 대처해야 하는지에 관한 수용 가능한 설명을 제시해주고 있기 때문이다. 결국 유교와 율곡 사상 안에서 확인할 수 있는 신정론은 서구 그리스도교 전통의 신정론이 지니는 한계를 보완해주는 의미를 지닌다.

율곡은 기본적으로 유교의 전형적인 천인감응의 원리를 수용한다. "하늘은 사사로움 없이 오로지 덕이 있는 사람을 돕기 때문에 덕을 따르는 사람은 길하고 덕을 거스르는 사람은 흉하는 것이 천인감응의 이치"임을 강조한다. 그러면서도 율곡은 천인감응의 이치가 그대로 실현되지 않는 것처럼 보이는 현실 상황에 초점을 맞춘다. "사람이 하늘의 이치에 순응하는데 하늘이 순리대로 도와주지 않고, 사람이 하늘의 이치를 거스르는데 하늘이 오히려 도와주기도 하는 상황을 어떻게 설명해야 할지"가 율곡의 문제의식이다. 신정론에서 논의하는 신의 절대성과 완전성에도 불구하고 왜 현실에 악과 고통이 존재하는지의 문제, 더욱이 신의 뜻을 따르는 사람에게 닥치는 납득할 수 없는 고통의 문제에 해당한다. 이 문제에 대한 율곡의 해명은 다음 세 가지로 요약된다.

첫째, 천리(天理)에 순응한 자가 망하기도 하고 천리를 거스른 자가 흥하기도 하는 것은 천리와 상관없다. 율곡은 인사와 천도가 순응하지 않는 현실 상황이 일어나는 것은 사실이지만 그것으로 인해 천인감응의 원리에 손상이 가는 것은 아님을 강조한다. 이를 역사의 사례들을 거론하며 설명한다.

주(周)나라 환왕(桓王)이 정백(鄭伯)을 정벌하려 했으나 실패하고 자신이 어깨를 다치게 된 일에 관하여 비록 정벌의 뜻은 천리에 맞는 것이었으나 함께 정벌에 참여한 나라들의 어지러운 상황 등을 고려하지 않고 성급히 일을 추진한 것이니, 환왕이 정벌에 실패하고 어깨를 다친 것은 하늘의 잘못이 아니라고 한다. 또한 소열(昭烈)이 의병을 일으켰으나 성공하지 못한 것에 관하여 그 의로움은 정당한 것이었으나 이미 조조(曹操)가 천자와 제후들을 장악한 때인지라 힘으로 저항할 수 없는 상황이었으니, 공연히 뜻만 컸을 뿐 재주가 부족하고 형세를 이용하지도 못했다고 평가한다. 그러니 하늘의 도움을 기대할 수 없었다는 것이다.

　승냥이 여우나 독약 같은 진시황(秦始皇)이 천하를 차지한 것에 관해서는 진시황이 때를 얻었을 뿐 아니라 나머지 여섯 나라들이 지레 겁을 먹고 성읍을 떼어 바쳤으니, 진이 여섯 나라를 정벌한 것이 아니라 여섯 나라가 스스로 멸망한 것으로 하늘과는 상관없는 일이라고 한다. 그리고 오로지 사기와 폭력에 의존하고 공덕이 없는 수문제(隋文帝)가 천하를 얻은 것에 관하여 북주선제(北周宣帝)가 포악하여 신하들이 이반하는 때를 얻었고 백성들이 부유하고 번성하여 땅도 크고 군사도 많았으니 천하를 얻을 만한 형세였다고 평가한다. 하늘이 수(隋)를 도와준 것이 아니라는 것이다.

　환왕과 소열은 천리에 순응하였으나 현실 상황에서 실패하였고, 진시황과 수문제는 천리에 거스르는 처신을 했지만 현세적 뜻을 이루었다. 천리를 따르면 길하고 천리를 거스르면 흥한다는 천인감응의 원리에 위반되는 현실이다. 이러한 딜레마에 대하여 율곡은 현실 상황의 여러 일들이 이루어지거나 허물어지는 작동에서 천리를 분리시키는 해명을 제시한다. 현세적 일에 천리가 직접 작용하는 것은 아니라는 것이다.

이러한 해명은 율곡의 기본 원리인 기발이승(氣發理乘) 그리고 이통기국(理通氣局)에 따른 것으로 이해할 수 있다. 율곡은 현실 세계가 운동성이 없는 이(理)에 의해서가 아니라 기(氣)의 작용에 의해 전개된다고 설명한다. 이가 궁극원리로서 보편적 의미를 지니지만[理通] 현실 세계에서는 기에 의해서 구체적이고 다양한 일들이 형성된다[氣局]. 이렇게 보면 현실 상황에서 일의 이루어짐과 허물어짐은 이(理)와 무관할 수밖에 없다. 거꾸로 말하면 현실 상황에서의 모순된 일들, 악과 고통의 존재가 궁극원리로서의 이(理)의 절대성이나 완전성을 침해할 수 없다.

둘째, 현세 일의 성패는 때와 형세에 따라 결정된다. 현세적 일에 직접 작용하는 것은 기(氣)이고, 기의 작용을 구체적으로 설명해주는 개념이 때와 형세이다. 기의 작용에 의해 드러나는 것이 때와 형세라고 할 수도 있다. 때와 형세는 정확히 규정하거나 파악하기 어렵다. 우연적이고 비법칙적인 그러면서 순환적인 흐름 같은 것이다. 현세에서 일이 이루어지고 허물어지는 것은 때와 형세에 따라 결정된다. 때와 형세가 맞지 않으면 천리에 순응하더라도 현세의 일이 이루어지지 않고, 때와 형세가 맞으면 천리에 거스르더라도 일이 이루어진다. 현세 일의 결과적인 성패가 그 일의 정당성이나 의로움을 입증하는 것은 아니다.

앞서 율곡이 역사적 사례들을 해명할 때에도 일의 성패를 결정한 것은 하늘의 도움이나 관여가 아니라 때와 형세였음을 일관되게 강조한다. 환왕과 소열이 천리에 순응했는데도 일이 실패한 것은 때와 형세가 맞지 않았기 때문이고, 천리에 어긋난 진시황과 수문제가 일에 성공한 것은 때와 형세가 도와주었기 때문이다. 그런데 환왕과 소열에게는 왜 일이 실패하는 때와 형세가 주어졌고 진시황과 수문제에게는 왜 일이 성공하는 때와 형세가 주어졌을까? 둘의 차이는 어디에서 비롯되는 것일까? 위에 설명한 때와 형세의 우연성 비법칙성에 의하면 둘의 차이는 딱히 이유가 없다. 그저 그렇게 주어지는 것일 뿐이다.

이러한 설명은 신정론, 특히 악에 대한 본질적 분석에서 중요한 의미를 지닌다. 앞서 언급했듯이 인간에게 악 혹은 현실의 모순된 상황을 어떻게 이해하고 대처해야 하는지에 관한 수용 가능한 설명을 제시해줄 수 있기 때문이다. 사실 악의 문제를 이해하고 대처하기 위해 악의 근본 원인을 따지는 것은 충분하지 않을 수 있다. 악의 근본 원인을 파악한다고 현실 악이 적절히 제거되지는 않기 때문이다. 악의 원인이 고질적이고 원천적임이 밝혀지면서 오히려 악의 문제는 절대 해결 불가능한 것으로 고착화할 수도 있다.

악의 문제에 대한 현실적으로 적절한 이해와 대처는 역설적으로 악의 원인이 없다는 사실을 확인하는 것일 수 있다. 악이라는 현실이 특정 원인에 의해 생겨나는 고질적인 문제가 아니라 때와 형세에 따라 그저 그렇게 주어지는 변화의 흐름인 것으로 이해할 때 악의 심각성에서 벗어날 수 있다. 현실의 악과 모순된 상황이 일어나는 것이 마치 날씨에 따라 눈비가 내리는 것 같은 변화의 흐름일 뿐이라 이해할 때 현실의 악과 모순된 상황을 수용하고 감당하는 일이 가능할 수 있다.

셋째, 진실로 덕을 닦으면 천하가 따를 것이다. 율곡의 신정론은 인간에게 악과 고통의 현실을 담담하게 바라볼 수 있게 해준다. 신정론이 인문학적 의미를 지니는 지점을 확인시켜 준다. 그런데 율곡의 신정론이 단지 소극적인 수용의 자세만을 강조하는 것은 아니다. 율곡은 악과 고통이 여지없이 주어지는 현실을 그대로 드러내면서도 인간이 마땅히 해야 할 일을 분명하게 강조한다.

천리에 순응하려는 인간의 노력이 때와 형세에 의해 어긋난 결과로 이어질 수 있지만 그렇다고 해서 천리에 순응하려는 인간의 노력이 무의미하거나 노력을 하지 않아도 되는 것은 아니다. 율곡은 천도(天道)와 인사(人事)가 어긋나는 현실을 인정하면서도 천인감응이 변함없는 원리임을 강조한다. "하늘과 사람은 똑같은 이치이므로 감응하는 것이 틀림이 없는 것이니, 인사만 참으로 다했다면 응하지 않을 천리가 없다"는 것이다. 천도와 인사가 어긋나는 것이 현실이라면서 그래도 하늘과 사람은 감응한다는 말을 어떻게 이해해야 하는가?

앞서 확인했듯이 천도와 인사가 어긋나는 현실은 때와 형세에 의해 결정된다. 그런데 때와 형세는 우연적이면서도 순환적이다. 때와 형세는 어떻게 주어질지 모르지만 계속 변하고 돌아올 수 있다. 비록 지금은 일이 이루어지지 않는 때와 형세일지라도 언젠가는 일이 이루어지는 때와 형세가 돌아올 수 있다. 인간에게 중요한 것은 그때와 형세가 언제 올지 모르니 언제나 천리에 순응하는 삶을 사는 것이다. 천리에 어긋나지만 때와 형세의 도움을 받아 일을 이루는 것은 바람직하지 않다. 마침 때와 형세도 맞아 일을 이룬다면 감사한 일이지만, 일의 성공 여부에 상관없이 언제나 천리에 순응하며 사는 것이 인간에게는 마땅한 일이다.

율곡의 신정론은 현세 삶의 고통과 악 자체에 결정적인 의미를 부여하지 않는다. 율곡이 궁극적으로 의미를 부여하는 것은 현세 삶의 악과 고통 자체가 아니라 그 어떤 상황에도 하늘의 이치를 따르는 삶을 사는 것이다. 하늘의 이치는 언제나 변함없는 절대적 의미를 지니고, 인간은 마땅히 하늘의 이치에 충실한 삶을 살아야 한다. 납득할수 없는 현세 삶의 고통과 악은 그저 때와 형세에 따라 주어지는 것이라 이해하고 받아들일 뿐이다.

(2) 죽음에 대한 종교적 이해

세상에 태어난 인간이라면 누구나 불가피하게 부여받는 운명이 죽음이다. 어떤 모습으로 어떤 환경에서 어느 정도 양과 질의 삶을 살아갈 것인가에 관련된 운명은 수많은 인간들이 각양각색으로 부여받고 태어난다. 그러나 종국에는 삶을 끝내야만 한다는 운명은 어느 누구에게도 예외가 없다.

인간은 죽음이 자신에게 친숙했던 삶으로부터 자신을 제외시키기 때문에, 그러한 퇴장을 별로 원하지 않기 때문에 죽음을 싫어하고 두려워한다. 자신이 지금까지 직접 보고 느끼고 맛볼 수 있었던 삶, 좋으나 싫으나 그래도 이제까지의 다정다감한 느낌들이 이곳저곳에 깃

들어 있는 삶을 더 이상 나의 것이 아닌 것으로 만들어버리는 것이 죽음이다. 인간은 죽음이 삶의 끝을 의미한다는 사실 이외에는 죽음에 관해 아무것도 모르고 있기 때문에 더욱 죽음을 두려워한다. 인류 최초의 고대인이나 첨단 과학문명으로 무장한 현대인이나 죽음 앞에서는 무기력한 존재이다. 죽음을 극복하려고, 최소한 좀 더 정확히 알려고 무던히도 노력했지만 확실해진 것은 아무것도 없다.

그래도 인간은 포기하지 않고 끊임없이 죽음의 문제를 사유의 대상으로 삼는다. 죽음이 주는 막연함과 두려움으로부터 벗어나고, 어떤 형태로든 죽음이라는 운명을 극복하려는 추구를 한다. 죽음이라는 운명을 소극적이고 수동적으로 맞으려 하지는 않는다. 피할 수 없이 맞게 되더라도 죽음 앞에서 의연해지려 한다. 단순히 삶의 끝이라는 회의적인 의미만이 아니라 그 이상의 의미를 찾으려 한다. 삶의 끝이라는 상실감을 극복할 수 있는 내면적인 의미, 죽음을 넘어서는 궁극적인 의미를 죽음으로부터 찾으려 한다.

고대인들로부터 계속되어온 이 같은 노력을 여러 종교의 가르침 안에서 확인할 수 있다. 언제 어떻게 찾아올지 모르고 그 이후가 어떤지도 모르는, 그렇지만 예외 없이 찾아올 죽음의 문제에 대해 가장 깊이 있고 체계적인 이해를 제시한 것은 종교이다. 삶과 죽음의 문제는 인간에게 가장 중요하고 의미 깊은 문제이다. 따라서 인간의 근본문제에 대한 궁극적이고 절대적인 해결을 제시하고자 하는 종교에서 삶과 죽음의 문제를 진지하게 다루고 있는 것은 지극히 당연하다.

먼저 죽음을 심각한 현실로 받아들인다. 결코 죽음이라는 현실을 회피하거나 문제의 심각성을 가볍게 만들지 않는다. 죽음이 주는 표면적인 공포감에 그대로 압도당하지도 않는다. 인간 삶의 전체 여정에서 죽음이 피할 수 없는 현실임을 인식하면서, 동시에 그것이 그만큼의 필연적인 의미를 지니고 있음을 파악한다. 그것은 제한적인 인간 현존에 대한 문제의식과 맥락을 같이 한다. 죽음이라는 운명의 존재는 현세적인 제한을 지닌 불완전한 존재, 미완(未完)의 존재이다. 불완전성의 결과가 죽음이라는 운명이라고도 할 수 있다. 그런데 미완의 존재에 만족하지 않고 보다 궁극적인 완성의 존재를 추구하는 종교적 인간은 죽음이야말로 최종 목표로 나아가기 위한 결정적 계기라는 인식을 갖게 된다. 역설적으로 표현하면 현세적인 탄생에 의해 부여된 불완전한 존재가 죽어야 완전한 존재로 다시 태어날 수 있다. 죽음은 단순한 무화(無化)를 의미하지 않는다. 오히려 죽음이야말로 참 생명, 본질적인 존재로 옮겨가기 위한 필연적 과정으로서 의미를 지닌다. 죽음을 종교적 이상이 실현되는 계기로 승화시키는 구조에서 여러 종교의 가르침이 보편성을 지니고 있다.

죽음에 관한 종교적 이해 내용 중 한국인의 삶과 문화에 지배적인 영향을 준 것이 무속신앙의 생사관과 유교의 죽음 이해이다.

① 무속신앙의 생사관(生死觀)

무속신앙은 일정한 범위나 체계로 특정하기 쉽지 않다. 복합적 또는 혼합적 성격을 지니고 있다. 한국인의 삶과 문화 여러 영역에 넓게 스며들어 있고, 다른 종교와 상호 중첩되어 있기도 하다. 한국의 무속신앙은 넓은 의미에서 샤머니즘(Shamanism)의 범주에 해당한다. 다른 지역의 샤머니즘과 한국 무속신앙 사이의 다른 점도 있지만, 샤머니즘 전체의 보편적 특징과 연결시키면서 한국 무속신앙의 기본 구조를 정리해볼 수 있다. 무속신앙의 기본 구조는 신령(神靈), 샤먼(Shaman), 굿의 세 가지 요소가 근간이다.

신령은 무속신앙의 초월성에 해당한다. 다른 종교와 마찬가지로 무속신앙 역시 초월성에 근거한다. 초월적인 신령이 인간의 삶에 어떻게 작용하느냐가 무속신앙의 핵심이다. 신령이 인간의 삶에 조화롭게 작용하는 것이 무속신앙에서 추구하는 이상적 삶이다. 이를 위해 신령과 인간 사이를 중재하는 역할이 샤먼이다. 한국의 무속신앙에서 샤먼은 무인(巫人)·무(巫)·무격(巫覡)·무녀(巫女)·단골·심방 등의 여러 명칭으로 부른다. 남자 샤먼은 격(覡)·박수라고 부르기도 한다. 샤먼은 의례 행위를 통해 몰아(沒我, ecstasy)의 경지에 들어 신령과 접하는 능력을 지녔다. 몰아의 능력이 신령과 인간 사이를 중재하는 샤먼의 근간이다. 이렇게 샤먼의 중재로 신령과 인간 사이의 소통이 이루어지는 장(場)이 굿이다. 마을 공동체 전체의 일을 위한 목적이든 개인의 문제 해소를 위한 목적이든, 모두 굿 안에서 신령과의 소통을 통해 이루어진다.

무속신앙의 생사관 역시 이러한 무속신앙의 기본 구조 안에서 이해할 수 있다. 무속신앙의 생사관은 인간의 삶에 대한 이해에서 출발한다. 무속신앙에서는 신이 인간을 점지한다고 한다. '삼신'이 인간의 잉태에서부터 출산과 양육에 이르는 모든 일을 주관한다고 한다. 이것은 일반적으로 종교에서 인간 존재가 초월적인 차원에 근거한다고 설명하는 것과 연결시켜 이해할 수 있다. 초월적인 차원을 궁극적인 생명의 원천으로 받아들이고, 인간을 비롯한 모든 생명이 그로부터 기원한다고 설명하는 것과 같은 의미이다.

　인간 삶의 시작인 출생의 과정에 대해 무속신앙에서는 우선 아버지와 어머니라는 남녀의 결합을 이야기한다. 흔히 '아버지로부터는 뼈를 받고, 어머니로부터는 살을 받았다'는 표현이 이런 의미이다. 하지만 온전한 인간 존재로 성립하기 위해서는 아버지와 어머니로부터 받은 몸에 한 가지가 덧붙여져야 한다. 신이 숨(넋)을 불어넣어주어야 한다. 결국 인간 존재는 몸과 넋의 결합으로 이루어지고, 이 결합(탄생)은 근본적으로 신의 주관에 의해 이루어진다.

　출생 이후의 성장 과정도 매순간 신의 돌봄과 주관이 작용한다. 흔히 일곱 살까지는 칠성신이 주관하고, 일곱 살 이후부터는 제석신이 인간의 수명장수를 관장한다고 한다. 무속신앙에서는 사람마다 일정한 목숨의 길이가 정해져 있다고 생각한다. 이를 천수(天壽)라고 한다. 무속신앙에서 이상적인 죽음은 인생의 모든 통과의례(성인식-결혼 등)를 순조롭게 거친 후 자식을 낳아두고 천수가 다해 자연스럽게 죽는 것이다. 하지만 모든 사람들이 천수를 다하고 이상적인 죽음을 맞이할 수 있는 것은 아니다. 태어나서 행복한 삶을 누리다 이상적인 죽음을 맞이하기 위해서는 스스로 정성을 다해야 한다. 자신의 삶에 대한 책임과 의무가 필요하다.

　결국 무속신앙에서 이해하는 인간의 삶은 초월적인 신과의 밀접한 관계를 특징으로 한다. 무속신앙 신앙에 의하면 인간 존재는 탄생 단계에서부터 결코 우연한 존재가 아니다. 초월적인 신의 주관에 의해 성립된 존재이고 초월적인 질서 안에서 의미를 지니는 존재이다. 삶의 과정 내내 그리고 죽음에 있어서도 이러한 초월적인 질서 안에 있는 인간 존재의 의미는 계속 유지된다.

② 유교의 죽음 이해

유교의 죽음 이해는 한 마디로 '죽음보다 더 큰 삶'을 사는 것이라고 할 수 있다. 우리가 죽음을 두려워하는 이유는 죽음이 현세의 삶, 특히 현세의 삶에서 내가 확실히 누리고 있는 모든 것을 빼앗아간다고 생각하기 때문이다. 죽음으로 인해 현재의 확실한 것들을 빼앗기고 뭔지 모르는 막연한 상황으로 옮겨진다고 생각하기 때문이다. 따라서 죽음을 당당히 그리고 의연하게 맞을 수 있기 위해서는 죽음이 빼앗아갈 수 없는 절대적이고 궁극적인 가치를 현세 삶의 의미로 삼는 것이 필요하다. 죽음을 넘어서는 가치, 죽을지라도 결코 포기하지 않을 가치, 현세적 가치를 넘어서는 가치를 추구하는 삶을 사는 것이 죽음을 의연하게 맞을 수 있는 원리이다. 죽음보다 더 큰 삶을 사는 것이 죽음을 극복하는(죽음에 대한 공포와 불안을 떨치고 의연하게 죽음을 맞이할 수 있는) 원리이다.

이러한 원리를 공자의 가르침은 분명히 보여주고 있다. 『논어』의 다음 구절에서 확인할 수 있다.

> 공자가 말하였다. "아침에 도(道)를 들으면 저녁에 죽어도 괜찮다."[49]

---

49) 『논어(論語)』 이인(里仁)8

계로가 귀신을 섬기는 것을 물으니 공자가 말했다. "사람을 섬기지 못한다면 어떻게 귀신을 섬길 수 있겠는가." "감히 죽음을 묻겠습니다"라고 하니 공자가 말했다. "삶을 모른다면 어떻게 죽음을 알겠는가."[50]

위 구절에서 공자는 죽음이나 귀신이라는 문제에 대해 직접적인 언급을 하지 않는다. 이것은 결코 공자가 죽음이나 귀신에 관해 잘 몰랐기 때문은 아닐 것이다. 공자의 관심, 공자의 강조점이 달랐기 때문이다. 공자는 죽음의 문제에 관한 논의보다는 현세의 삶에 관한 논의에 초점을 맞추었다. 죽음의 문제에 관한 논의는 어차피 추상적이고 관념적인 사변으로 이어질 수밖에 없고, 아무리 논의해도 그다지 뚜렷해지지 않는다. 반면 현세의 삶에 대한 논의는 논의하는 만큼 의미도 분명해지고 실제 삶의 변화로 이어질 수 있다. 아울러 공자가 현세 삶에 초점을 맞춘 것은 당시의 시대 상황과 연관되어 있다. 춘추(春秋)시대의 극심한 혼란 속에서 사회 기강이 문란해지고 백성들의 삶은 도탄에 빠진 상황이다. 위기 상황에서 현실 삶의 절박한 문제를 우선 해결해야 한다는 것이 공자의 판단이었다.

더 나아가 공자가 죽음 자체가 아닌 현세 삶에 초점을 맞춘 것에서 유교의 죽음 이해의 핵심을 확인할 수 있다. 죽음에 대한 공자 가르침의 핵심은 역설적으로 현실 삶에 충실하는 것이 죽음이 우리에게 주는 궁극적 의미라는 것이다. 현세 삶에 최선을 다하는 자세, 죽음

---

50) 『논어(論語)』 선진(先進)11

에 연연하는 것이 아니라 삶 안에서 마땅히 추구하고 이루어야 할 도리(道, 인간사와 만물의 마땅히 그래야만 하는 이치)를 완성하는 것에 더 가치와 의미를 두는 자세야말로 공자가 죽음에 관해 제시해주는 가르침의 핵심이다. 마땅한 도리를 다한다면 죽음의 문제는 그다지 큰 문제가 되지 않고, 연연할 필요가 없다는 것이다.

현세 삶을 통해 궁극의 가치를 완성했다면, 죽음이 나를 어디론가 데려간다 해도 더 이상 아쉬움이나 두려움이 없다. "아침에 도를 들으면 저녁에 죽어도 괜찮다"는 공자의 말에 담긴 뜻이 이것이다. 유교적 죽음관은 현세 삶에서 인간의 마땅한 도리를 완성함으로써 죽음의 아쉬움이나 두려움을 초극하는 것이다. 죽음이란 오히려 그렇게 열심히 도의 실현을 위해 노력하다가 이제 편안하게 쉬는 것일 수 있다.

> 뜻있는 선비와 인(仁)한 사람은 자신이 살고자 인(仁)을 해치는 일은 없지만, 자신을 희생하여 인(仁)을 이루는 경우는 있다.[51]

> 증자가 말했다. "선비는 뜻이 크고 굳세지 않으면 안 되니, 책임은 무겁고 갈 길은 멀기 때문이다. 인(仁)의 실현을 자기의 임무로 삼으니 또한 무겁지 아니한가? 죽은 뒤에야 끝나니 또한 멀지 아니한가?[52]

---

51) 『논어(論語)』 위령공(衛靈公)8
52) 『논어(論語)』 태백(泰伯)7

이렇게 죽음의 의미를 현세의 삶을 통한 궁극적 도의 실현이라는 목표에 두는 유교의 이해는 삶과 죽음이 하나의 도리(道理)라는 인식에 기초한다.

> 낮과 밤이 바뀌는 것이 바로 삶과 죽음의 도리이다. 삶의 도를 알면 곧 죽음의 도를 알게 된다. 사람을 섬기는 도를 다하는 것이 바로 귀신을 섬기는 도를 다하는 것이다. 삶과 죽음, 사람과 귀신은 하나이면서 둘이고 둘이면서 하나인 것이다.[53]

죽음 이후의 세계와 삶의 세계가 이치에서 다르지 않다는 것이다. 죽음이란 천명(天命)에 의한 당연한 귀결이며, 그것은 삶의 한 과정으로서 거역할 수 없는 당위임을 경건하게 수용하는 태도이다. 결국 죽음에 대한 부정적 태도, 죽음을 싫어하고 두려워하는 태도를 극복하는 유교의 방법은 삶과 죽음을 보는 관점을 전환하는 것이다. 인간의 생명을 천지의 생명 차원에서 보는 관점, 즉 소아(小我)의 차원에서 벗어나 대아(大我)의 차원에서 삶과 죽음을 보는 관점으로 전환이다.[54]

유교의 죽음 이해는 전체적으로 볼 때 서구적인 그리스도교의 죽음 이해와 대비되는 면이 있다. 일단 유교와 그리스도교 모두 죽음

---

53) 주희(朱熹), 『논어집주(論語集註)』 선진(先進)11
54) 유권종, 「유교의 상례와 죽음의 의미」『철학탐구』제16집, 26쪽

을 무의미한 끝으로 인식하지 않고 현세적 죽음을 넘어서는 그 이상의 가치와 의미를 추구한다는 점에서는 공통적이다. 하지만 죽음을 넘어서는 불변의 가치와 의미를 구체적으로 어디에서 찾느냐는 점에서는 차이를 보인다. 그리스도교는 현세의 삶이 끝난 이후의 또 다른 차원에서 불변의 가치를 찾는 반면, 유교는 오히려 현세의 삶 안에서 불변의 가치를 찾는다. 그리스도교가 죽음 이후에도 변함없는 가치와 의미가 존재함을 강조하면서 죽음 이후의 세계에 초점을 맞춘 죽음 이해를 제시하는 반면, 유교는 오히려 현세의 삶에서 마땅히 힘써야 할 도리를 다하다가 편히 쉬는 것이 진정한 죽음의 의미라는 점을 강조한다. 그리스도교가 죽음 이후의 확실성을 제공해줌으로써 죽음의 두려움과 막연함에서 벗어나게 해주는 반면, 유교는 오히려 현세 안에서 죽음보다 더 큰 삶을 추구함으로써 죽음으로 인한 소멸과 허망함을 초극할 수 있게 해준다.

IV

한국인의 삶 안에서 종교가 지닌 의미 -현실

다양하고 복합적인 한국 종교 관련 내용을 단순히 병렬적으로 나열하는 데 그치지 않고 통합적이고 유기적인 체계 안에서 파악하려는 것이 이 책의 의도이다. 이를 위해 한국 종교의 전체 내용, 즉 한국인의 역사와 삶 안에서 드러난 종교의 의미 전체를 종교가 지닌 '초월'과 '현실'의 두 범주 안에 분류하고자 했다.

종교가 '초월'과 '현실'의 두 범주를 지니고 있다는 사실, 두 범주 모두를 균형 있게 이해하는 것이 종교 이해의 핵심이라는 사실에 관해서는 이 책의 서론에서 이미 설명하였다.[1] 초월을 전제 또는 근거로 삼는 것이 종교의 핵심이고, 초월 추구가 종교의 중요한 의미임은 틀림없다. 중요한 점은 초월 추구가 현실 삶의 부정이나 배제를 뜻하지 않는다는 사실이다. 종교가 추구하는 초월적 가치 또는 초월적 진리가 현실적 가치를 넘어서는 '전혀 다른' 것이지만, 초월 추구의 진정한 의미는 초월적 가치[진리]를 현실 삶 안에서 실현하는 데 있다. 현실 삶을 떠난, 현실 삶과 동떨어진 초월 추구는 공허한 이상향[유토피아]을 쫓는 것에 그칠 수 있다. 초월 추구의 의미를 관념적인 차원으로 치부할 수 있다. 현실 삶 안에서 초월적 가치[진리]를 실현하고, 현실 삶을 초월적 가치[진리]에 부합하게 변화시키는 데서 종교가 인간에게 지니는 진정한 의미가 실현된다. 이런 맥락에서 종교에는 초월과 현실의 두 범주가 함께 균형을 이루어야 한다.

앞선 Ⅲ장에서 한국인의 역사와 삶에 작용한 종교의 '초월' 범주 내용을 살펴보았고 이제 '현실' 범주를 살펴볼 차례이다. '현실' 범주

---

1) 이 책의 Ⅰ-2-(4) 참조

에 해당하는 세부 내용을 살펴보면서 종교가 한국인에게 현실 삶의 다양한 맥락에서 구체적인 영향과 의미를 제공했음을 확인할 수 있을 것이다. 한국인의 현실 삶 안에 내재(內在)[2]하여 작용한 한국 종교의 특징을 확인하는 셈이다.

---

2) 여기서 사용하는 '내재'의 개념은 초월적 진리가 단지 저 너머의 그 무엇으로 단절해 있는 것이 아니라 현실 세상과 삶 안에서도 작용하고 영향을 주고 그렇게 실재한다는 의미를 나타낸다. 종교의 두 범주인 '초월'과 '현실' 중 '현실'의 구체적 내용이 '내재'이다.

1
현실 삶에 내재한 한국 종교
-일상(日常) 영성의 의미

현실 삶 안에 내재하여 작용한 한국 종교의 특징을 살펴보기 전에 우선 현대 종교 상황에서 주목받고 있는 '일상 영성'의 개념을 언급할 필요가 있다. 종교의 내재성에 관한 기본 이해를 갖추는 의미이다. 현대 종교 상황에서 일상 영성의 개념이 강조되는 것은 왜곡된 종교 이해의 문제를 배경으로 한다. 종교의 본래 의미에서 벗어나는 왜곡된 종교 이해의 사례 중에서 특히 성(聖)과 속(俗)을 극단적으로 대립시키는 문제가 일상 영성의 부각에 연관된다.

종교의 핵심을 성과 속의 극단적 대립으로 이해하는 사람들이 있다. 그들은 종교에서 강조하는 성의 추구를 위해서는 속을 거짓되고 무의미하고 무가치한 것 더 나아가 악(惡)으로 배격해야 한다고 생각한다. 현실 삶과 철저히 대립한 성을 추구한다. 이렇게 성과 속을 이분법적으로 대립시키는 왜곡된 종교 이해는 극단적인 내세 지향적 종교로서 문제를 드러낸다. 종교의 의미를 오로지 죽음 이후의 삶을 대비하고 보장받기 위한 것으로 제한한다. 극단적 내세 지향의 종교적 추구는 맹목적인 종말론 신앙으로 이어지기도 한다. 왜곡된 종말의 의미, 근거 없는 종말의 시기와 상황에 몰두한다.

극단적 내세 지향의 종교가 더욱 심각하게 왜곡되면 현실 삶에 인간으로 태어남 자체가 잘못된 것 혹은 악의 결과인 것으로 간주한다. 그래서 악의 상태인 현실 인간의 삶에서 벗어나는 일 그리고 현실 삶이 끝난 이후의 저 너머로 옮겨가는 일에 모든 종교적 열정을 집중한다. 이러한 왜곡된 열정은 최악의 경우 모순된 현실 사회를 처단 혹은 징벌하려는 폭력[테러] 행위를 시도하기도 하고, 더 극단적으로는 현실 삶을 자발적으로 종결시키려는 집단자살로 이어지기도 한다.

성과 속을 이분법적으로 대립시키는 왜곡된 종교 이해의 문제는 위와 같은 극단적인 양상뿐 아니라 일반적인 종교 이해와 실천에서도 확인할 수 있다. 현실적 가치 또는 인간의 현실 삶에 관련된 일은 종교 영역 밖의 문제인 것으로 간주하는 경향이 대표적인 문제이다. 인간의 현실 삶에 분명 중요한 의미를 지니는 정치, 경제, 사회, 문화, 환경 등의 사안에 종교는 무관심해도 된다거나 혹은 관여하지 말아야 한다는 단호한 태도를 보인다. 그런데 종교가 스스로 현실 삶에 관심을 차단하면 종교는 현실 삶과 전혀 무관한 외딴섬으로 고립되는 결과를 자초한다. 인간은 현실 삶과 종교적 삶의 대립적인 두 영역 사이에 끼어 있는 모순적 존재가 된다.

현대 종교 상황에 일상 영성의 의미가 강조되는 현상은 이러한 맥락에 연관된 것으로 해석할 수 있다. 성과 속의 이분법적 대립 인식이 극단화되고 이에 대한 문제의식과 극복 필요성이 성숙하면서 일상 영성의 의미가 부각되었다는 분석이다. 종교가 인간의 현실 삶과 분리된 별도의 의미로 왜곡되면서 종교는 인간에게 더욱 어렵고 힘든 대상이 되었다. 인간에게 종교가 지니는 의미를 직접적이고 분명하게 느끼지 못하게 되었다. 자연히 종교에 무관심해지고 종교를 부정하게 되었다. 일상 영성의 의미 부각은 종교 본래 의미의 왜곡에 따른 반작용이라는 사실에 주목할 필요가 있다.

이러한 일상 영성의 의미, 즉 종교의 내재성은 모든 종교에서 공통적으로 확인할 수 있지만 특히 한국 종교의 주 내용인 유교, 불교, 도교 안에서 더욱 분명하게 드러난다. 유·불·도 중심의 한국 종교에서는 초월적 진리가 현실 삶 안에 내재해 있다는 사실, 초월적 진리의 추구는 일상 안에서 이루어지는 것이라는 사실을 분명하게 확인할 수 있다.

(1) 초월적 진리의 내재

유·불·도 중심의 한국 종교에서는 그리스도교 중심의 서양 종교에 비해 초월적 진리의 내재를 강조한다. 종교에 관한 논의에서 간혹 초월성과 내재성은 충돌하는 개념으로 논란의 대상이 되기도 한다. 특히 그리스도교처럼 초월성을 강조하는 종교에서는 내재성의 강조가 초월성을 침해할 위험성이 있음을 경계하기도 한다. 그런데 초월성과 내재성의 의미를 좀 더 깊게 이해하면 두 개념이 서로 충돌하지 않음을 확인할 수 있다. 내재성의 강조가 초월성을 침해하는 것이 아님을 이해할 수 있다.

예를 들어 그리스도교의 창조 개념을 통해 초월성과 내재성이 동전의 양면처럼 함께 조화를 이루는 의미임을 확인할 수 있다. 하느님이 인간과 세상을 창조했다는 그리스도교의 설명에서 우선 하느님은 인간과 세상을 넘어서는 초월적 존재임이 강조된다. 인간과 세상의 가치 질서를 넘어서고 모든 것의 궁극적 의미를 지닌다는 점에서 초월성을 지닌다. 그런데 하느님이 인간과 세상을 창조했다는 사실은 인간과 세상의 본성에 하느님의 뜻[질서, 가치]이 반영되어 있다는 의미도 함께 지닌다. 예술가가 작품을 창작하거나 장인이 물건을 만들 때 그의 정신과 지향이 결과물에 그대로 반영되는 것과 같다. 이렇게 하느님의 뜻이 인간과 세상에 반영되어 있다는 점에서 초월적 진리가 현실 세상 안에 내재해 있음을 이해할 수 있다. 내재성의 강조가 초월성을 침해하지 않고, 초월성과 내재성을 함께 강조하는 것이 종교의 본래 의미이다.

한국 종교를 구성하는 유·불·도의 몇 가지 내용을 통해 초월적 진리의 내재성을 확인할 수 있다.

도가 하나를 낳고
하나가 둘을 낳고
둘이 셋을 낳고
셋이 만물을 낳는다.

만물은 음을 등에 업고 양을 가슴에 안았다.[3]

도(道)는 인간과 세상의 궁극 원리이다. 여기에서는 궁극 원리인 도에 근거하여 만물이 전개[생성−변화]되었음을 설명한다. 구체적으로 '하나'와 '둘'과 '셋'이 각기 무엇을 의미하는지는 여러 해석이 가능하지만, 어쨌든 결론적으로 만물이 초월적 진리인 도에 근거한 것, 도의 원리가 반영된 것이라는 사실은 분명하다. 도의 초월성을 확인할 수 있다.

세상 만물의 성립과 전개에 도의 원리가 반영되었다는 사실은 초월적 진리인 도의 내재성도 함께 드러낸다. 위의 인용문에서는 만물 안에 내재되어 있는 양태로서의 도를 음과 양의 개념으로 설명하고 있다. 초월성을 지닌 도가 세상 만물 안의 내재적 차원에서는 음과 양의 현실적이고 구체적인 원리로 작용하는 것이다. 초월적 진리가 현실 만물 안에 내재해 작용하고 있으니, 우리는 현실 세상의 삼라만상 변화를 통해 초월적 진리를 경험하고 확인할 수 있다.

하늘이 부여한 것을 성이라 하고
성을 따르는 것을 도라 하고
도를 닦는 것을 교[가르침]라 한다.[4]

---

3) 道生一 一生二 二生三 三生萬物 萬物負陰而抱陽, 『도덕경(道德經)』42장
4) 天命之謂性 率性之謂道 修道之謂教, 『중용(中庸)』1장

'하늘이 부여한 것을 성이라 한다'는 구절은 유교에서 강조하는 초월적 진리의 내재성을 분명하게 확인할 수 있는 예이다. 유교에서 제시하는 초월적 진리는 여러 가지 개념으로 표현되고 있는데, 여기에서처럼 하늘[天]로 표현될 때 초월성의 의미가 더욱 직접적으로 드러난다고 할 수 있다. 물론 유교에서는 그리스도교에서와 같은 인격성으로까지 설명하지는 않지만, 하늘은 분명 인간과 세상의 근원이고 궁극적 원리로서의 의미를 지닌다.

이러한 하늘의 본성이 그대로 인간과 세상 만물의 본성에 반영되어 있다고 설명한다. 그렇게 하늘의 본성[초월적 진리]이 인간과 만물의 본성 안에 내재해 있는 양태를 성(性)이라 이름 한다. 그리고 이러한 성, 즉 하늘의 본성을 따르는 것이 인간의 마땅한 도(道)이다. 인간의 참된 본성으로 내재해 있는 초월적 진리를 따르는 것은 인간이 현실 삶을 살아가면서 이루어야 할 당연하고 자연스러운 일인 것이다.

모든 사물의 이치는 나에게 갖추어져 있다.[5]

앞선 『중용』의 구절에서 확인했듯이 하늘의 본성이 인간과 만물의 참된 본성으로 주어졌다. 하늘의 본성을 같이 부여받았다는 점에서 인간과 만물의 참된 본성은 서로 통할 수 있다. 물론 인간과 만물이 서로 통하는 본성 이외에 인간은 인간으로서 만물은 만물로서 각자 갖추고 있는 개별적 특성도 존재한다. 각자의 개별적 특성을 어지

---

5) 萬物皆備於我, 『맹자(孟子)』 진심장구(盡心章句) 상(上)

럽게 뒤섞지 않으면서 서로 통하는 본성에 주목하는 것은 인간과 만물의 조화로운 공존을 위해 중요한 의미를 지닌다.

여기에서 주목할 점은 인간과 만물이 서로 통하는 본성을 확인할 수 있으려면 하늘이 부여한 본성을 온전히 실현해야 한다는 사실이다. 현실적 인간적 요소들에 의해 왜곡되지 않고 온전히 하늘의 본성을 유지한 상태에서 인간과 만물이 본성으로서 서로 통할 수 있는 것이다. 이렇게 인간이 온전히 하늘의 본성을 구현하면, 다시 말해 초월적 진리를 온전히 깨달으면 만물의 이치도 환하게 볼 수 있다.

이렇게 유교에서는 초월성과 내재성을 함께 강조함으로써 조화로운 현실 세상을 구현하고자 한다.

(2) 일상 안의 초월적 진리 추구

한국 종교에서 초월적 진리의 내재성을 강조하는 것은 자연스럽게 일상 안의 초월적 진리 추구로 이어진다. 초월적 진리가 인간의 참된 본성 안에는 물론 세상 만물의 참된 본성 안에 내재해 있기에 초월적 진리를 확인하고 깨닫는 일은 현실 삶의 일상 안에서 이루어진다. 아울러 그렇게 일상 안에서 초월적 진리를 깨닫고 초월적 진리에 따르는 삶을 살면서 현실 삶과 세상을 초월적 진리에 부합하게 변화·완성시키는 것이 한국 종교의 궁극적 지향이다.

이러한 의미는 한국 종교에서 확인할 수 있는 '공부(工夫)' 개념에서 잘 드러난다. 오늘날의 공부 개념이 단순히 지식과 정보 습득의 의미만 두드러지는 반면, 전통적인 한국 종교에서의 공부 개념은 초월적 진리의 추구를 통해 현실 삶의 변화와 궁극적 완성을 이루기 위한 '수행'으로서 의미를 지닌다. 그리고 이러한 공부는 일상 삶 안에서 구체적이고 지속적이게 이루어야 한다. 초월적 진리의 내재성이 일상 안의 초월적 진리 추구로 자연스럽게 이어지는 것이다.

배우고 때때로 익히면 기쁘지 아니한가[6]

『논어』의 첫 구절이다. 여기에서의 '배움[學]'이 앞서 설명한 공부의 의미에 해당한다. 이 구절에서 일상 안의 초월적 진리 추구의 중요한 원리를 확인할 수 있다. 두 글자[개념]에 주목할 필요가 있다.

첫 번째는 '때때로[時]'이다. '때때로'라는 표현이 얼핏 가끔 (sometimes)의 의미인 것 같지만 정확하게 풀이하면 '때에 맞게 (timely)'의 의미이다. 초월적 진리를 깨닫기 위한 공부는 일상의 삶을 살아가면서 경험하는 상황과 때에 맞게 그때그때 이루어져야 한다는 뜻으로 이해할 수 있다. 일상의 삶 안에서 이루어지는 공부의 의미이다. 또한 '모든 때에'의 의미로 이해할 수도 있다. 초월적 진리를 현실 삶 안에서 실현하기 위한 공부는 현실 삶을 떠난 별도의 장소와 시간 안에서가 아니라 일상 삶의 모든 순간에 이루어야 한다는 뜻이다.

두 번째는 '익힘[習]'이다. 유교에서 강조하는 공부는 초월적 진리를 일상의 삶 안에서 적용하고 실천하는 데 초점을 맞춘다. 단순히

---

6) 學而時習之不亦說乎, 『논어(論語)』 학이(學而) 1

머리로 아는데 머무는 관념적 혹은 추상적 지식으로서가 아니라 일상 삶 안에서 실천적 의미를 지녀야 한다. 이를 위해서 강조하는 것이 '익힘'이다. '익힘'은 초월적 진리가 몸에 배는 것을 의미한다. 진리가 몸에 배기 위해서는 끊임없는 반복이 필요하다. 머리에서 의식하고 생각하고 고민한 후에 행동하는 것이 아니라, 일상 삶을 살며 모든 순간 상황마다 즉각적으로 초월적 진리에 부합하는 선택과 행동이 나올 수 있도록 초월적 진리를 몸에 배게 하는 것 또는 내면화하는 것이 '익힘'이다. 유교의 '습(習)' 개념에서 일상 안 초월적 진리 추구의 의미를 확인할 수 있다.

유교를 비롯한 한국 종교에서 일상 안의 초월적 진리 추구가 두드러진다는 점은 다음 내용에서도 확인 할 수 있다.

> 오직 천하의 지극한 성(誠)이라야 능히 그 본성(性)을 다할 수 있으니
> 그 본성을 다할 수 있어야 능히 사람의 본성을 다할 수 있고
> 사람의 본성을 다할 수 있어야 능히 물건의 본성을 다할 수 있고
> 물건의 본성을 다할 수 있어야 천지의 화육(化育)을 도울 수 있고
> 천지의 화육을 도울 수 있으면 천지에 함께 참여할 수 있다.[7]

이 구절에서는 앞서 살펴본 『중용』 1장의 의미, 즉 인간은 하늘이

---

7) 惟天下至誠 爲能盡其性 能盡其性 則能盡人之性 能盡人之性 則能盡物之性 能盡物之性 則可以贊天地之化育 可以贊天地之化育 則可以與天地參矣, 『중용(中庸)』 22장

부여한 본성을 지닌 존재임(天命之謂性)을 전제하고 있다. 하늘은 초월성 또는 초월적 진리로서 의미를 지니고, 하늘이 부여한 본성이 그대로 인간의 본성이라는 것은 초월적 진리가 인간 안에 내재하고 있다는 의미이다. 그런데 인간 안에 초월적 진리가 내재해 있다는 사실에 머무는 것으로는 종교의 의미가 충분히 드러날 수 없다. 『중용』1장에서 제시하듯이 '주어진 본성을 따르고(率性), 본성에 간직된 의미를 닦음(修道)'에서 인간을 위한 종교(敎)의 의미가 온전히 실현된다.[8]

위에 인용한 『중용』 22장에서는 종교의 의미를 온전히 실현하는 원리를 제시한다. 바로 성(誠)이다. 성(誠)은 우리말로 명확하게 번역하기 쉽지 않은데, 기본적으로 '정성' 또는 '최선을 다함'의 의미로 이해할 수 있다. 간단한 비유로 설명해보자. 어떤 물건을 구입한 후 그것이 어떤 유용한 기능을 지니고 있고 얼마나 탁월한 효능을 제공해줄 수 있는지 확인하기 위해서는 제품의 작은 부분까지 세심하게 살피고 직접 열심히 사용해보아야 한다. 물건을 제대로 파악하고 충분히 경험해보려는 정성과 최선의 노력이 없으면 그것이 지닌 참된 가치와 의미가 드러나지 않는다. 그저 번거롭고 별 의미 없는 거추장스러운 물건으로 취급하게 된다.

---

8) 『중용』 1장의 내용(天命之謂性 率性之謂道 修道之謂敎)을 性→道→敎 세 키워드로 풀어보면 인간에게 종교가 지니는 핵심 의미를 확인할 수 있다. 종교(敎)는 초월적 진리(道)를 닦는 것(修道, 초월적 진리를 실현하는 삶을 사는 것)이고, 인간이 초월적 진리를 실현하는 삶을 사는 것은 본래 인간에게 주어진 본성(性)에 근거한 당연하고 자연스러운 일이다. 『중용』 1장의 내용에서 '인간은 종교적 본성을 지닌 존재(Homo Religiosus)'라는 종교학적 명제의 의미를 확인할 수 있다.

이와 유사하게 인간과 세상 안에 내재해 있는 참된 본성을 온전하게 드러내고 그 가치와 의미를 깨닫기 위해서는 실제로 현실 삶 안에서 인간과 세상의 모든 일 하나하나에 정성과 최선을 다해야 한다. 일상 안에서 마주하는 모든 일과 상황 그리고 사람, 어느 하나도 소홀히 지나치거나 흘려보내지 않아야 인간과 세상의 참된 의미 더 나아가 초월적 진리를 깨달을 수 있다. 성(誠)은 이렇게 일상 삶 안에서 초월적 진리 실현을 위한 노력을 의미한다. "오직 천하의 지극한 성(誠)이라야 능히 그 본성(性)을 다할 수 있다."

하늘의 본성이 내재하고 있음을 깨달아야 인간의 본성을 진정으로 실현할 수 있고(能盡人之性), 진정 인간의 본성을 실현한 사람이어야 인간을 넘어 만물의 본성도 실현할 수 있고(能盡物之性), 인간과 만물의 본성을 진정 실현하면 천지의 움직임과 흐름(초월적 진리)이 어떠한 것인지를 깨달은 것(贊天地之化育)이니 초월적 진리와 함께 한다(與天地參) 할 수 있을 것이다.

유교에서 강조하는 초월적 진리 추구는 일상의 삶 안에서 이루어진다. 초월적 진리가 인간과 세상, 일상의 삶 안에 내재해 있기 때문이다. 하늘이 인간과 세상 만물에 참된 본성을 부여했으니, 일상에서 경험하는 모든 순간과 상황 만나는 모든 사람 안에는 초월적 진리에 근거한 저마다의 의미 또는 이치가 간직되어 있다. 따라서 어느 한순간 어느 한 사람도 허투루 흘려보지 않고 최선과 정성을 다해야 한다. 최선과 정성을 다할 때 그 안에 간직되어 있는 이치를 깨달을 수 있고, 이렇게 일상 삶 안의 이치를 하나하나 깨달아가다 보면 궁극에는

초월적 진리를 완성하게 된다.[9]

한국 종교에서의 초월적 진리 추구는 초월과 현세를 이분법적으로 구분하거나 대립시키지 않는다. 현세와 일상 삶을 긍정하고 정성과 최선을 다하면서, 그 안에 내재한 초월적 진리를 깨닫고 실현하고자 한다.

---

9) 이러한 내용을 『대학(大學)』에서는 격물(格物)과 치지(致知) 개념으로 설명한다. "치지는 격물에 있다.(致知在格物)" '격물'은 일상의 사물 하나하나를 탐구하여 그 안에 간직되어 있는 이치 또는 원리를 깨우치는 것이다. '치지'는 앎을 이루는 것, 즉 궁극적으로 초월적 진리를 완성하는 것이다. 현세 안의 모든 대상 모든 경험 안에 초월적 진리에 근거한 이치가 내재해 있고, 일상 삶 안에서 그 하나하나의 이치를 깨우치다 보면 궁극적으로 초월적 진리를 완성한다는 뜻이다. '일상 삶 안에서 초월적 진리 추구'의 의미를 확인할 수 있다.

2
현실 삶의 가치와 기준[윤리] 제공

일상 삶 안에서 초월적 진리를 추구하는 한국 종교의 특징은 자연스럽게 한국인에게 현실 삶의 가치와 기준을 제공했다. 종교가 인간에게 어떻게 살 것인지(어떤 삶이 의미 있는 삶인지)의 가치와 기준, 더 나아가 구체적 생활 규범과 윤리를 제공하는 것은 여러 종교에서 확인할 수 있다. 그런데 초월적 진리의 내재를 강조하는 종교에서는 초월적 진리와 생활 규범·윤리의 연관성이 더욱 두드러진다. 초월적 진리 추구와 일상 삶이 분리되지 않으면서 자연스럽게 연결되기 때문이다.

마찬가지로 한국 종교는 한국인의 생활 규범과 윤리 형성에 밀접한 근거로 작용했다. 현대 사회와 문화의 삶으로 이전하면서 양상이 많이 바뀌었지만, 전통적인 차원에서는 한국 종교에 근거한 삶의 가치와 기준[윤리]이 한국인에게 지배적인 영향을 주었다.[10] 이를 다음 몇 가지 사례에서 확인할 수 있다.

(1) 한국 무속신앙에 근거한 삶의 가치와 기준

한국인이 현실 삶을 어떻게 이해하고 어떤 삶을 살아야 하는지에 영향을 준 한국 종교 내용으로 우선 무속신앙을 살펴볼 수 있다. 무속신앙이 유·불·도 수용 이전 한국 종교에서 주요 의미를 지녔다는 사실은 앞서 한국 종교의 역사적 전개 과정을 정리하면서 확인했다.[11] 유·불·도 수용 이전 시기뿐 아니라, 유·불·도 수용으로 표층적 영향력이 쇠퇴한 이후 시기에도 한국 무속은 심층적 차원에서 한국인의 삶에 지속적인 영향을 주었다. 삶의 가치와 기준에서도 무속신앙이 한국인에게 끼친 영향은 주목할 만하다. 무속신앙이 독자적 또는 지배적 요소로 영향을 주지 않은 경우에도 다른 주류 요소와 혼합된 양상으로 영향을 주었다.[12]

---

10) "한국인에게 종교는 어떤 의미를 지니는가?"라는 주제는 사실 시점 설정이 민감하다. 전통적 한국인에게 종교가 지녔던 의미 또는 영향에 비해 현대 한국인에게는 종교가 다르게 작용하기 때문이다. 따라서 "한국인에게 종교는 어떤 의미를 지니는가?"에 관한 종합적인 논의는 전통적 시점과 현대 시점 양쪽 모두를 반영해야 한다. 하지만 이 책은 기본적으로 역사적 접근 방법을 사용하여 전통적 시점에서 한국 종교를 논하고 있다. 현대 시점에서 한국 종교의 상황 그리고 한국인에게 종교가 어떤 의미를 지니는지에 관한 논의는 사회·문화 현상을 고려하는 또 다른 접근 방법이 필요하다.

11) 이 책의 Ⅱ(한국 종교의 역사적 전개)-1-(3) 참조

12) 한국인은 삶의 가치와 기준에서 복합적 또는 중층적 구조를 지니고 있다는 평가를 받

이렇게 한국 무속신앙이 삶의 가치와 기준에 영향을 준 것은 무속신앙의 기본 특징에 근거한다. 한국 무속신앙의 실천이 일상 삶 안에서 자연스럽게 이루어지는 특징이다.

① 일상 삶 안의 신앙 실천이 두드러지는 한국 무속

전통적으로 한국 무속신앙을 실천하는 단골들은 집안에서 제석·터주·몸주대감 등의 수호 신령들을 섬긴다. 자신의 삶을 주관하고 지켜주는 신들을 항상 가까이 모시고 사는 것이다. 단골들은 부엌이나 마당에 작은 제상을 차려놓고 이들 수호신에게 집안의 화평을 위한 기원을 한다. 이러한 기도 형태를 비손·비나리·비념이라 한다. 한국 무속신앙의 실천은 이처럼 일상의 삶을 초월적인 신과 밀접히 연결하는 것이 가장 기본적인 의미를 지닌다.

일상적인 신앙 실천과 더불어 단골들은 각자의 신앙 정도에 따라 정기적으로 무당을 찾아가면서 신앙을 실천한다. 열성적인 단골들은 무당이 주기적으로 거행하는 기도 모임에 참여한다. 정기적인 의례에 참여하는 것 이외에도 단골들은 집안에 문제가 있을 때 신의 뜻을 알아보고 문제를 해결하기 위해 무당을 찾아간다. 무당은 신의 뜻을

는다. 〈갤럽조사보고서 〈한국인의 종교 1984-2021〉 참조〉 삶의 여러 영역이나 사안에 따라 가치와 기준이 다르게 적용된다. 현세적 조건과 행복을 중요하게 추구하면서 동시에 다른 한편에서는 현세 삶을 초월하는 가치를 높이 평가하는 의식을 보인다. 이렇게 복합적 의식을 지니는 데에는 한국 종교의 혼합적 성격이 영향을 주었다. 무속신앙, 유교, 불교, 도교, 그리스도교 등 한국 종교를 구성하고 있는 여러 종교에 근거한 삶의 가치와 기준이 삶의 영역과 사안에 따라 선택적 또는 혼합적으로 작용하는 것으로 해석할 수 있다.

전달하고 의례를 주관하는 역할과 더불어 단골의 삶 전반에 걸친 상담자의 역할을 한다.

한국 무속신앙 실천의 특징을 함축적으로 이해할 수 있는 것으로 치성(致誠)을 들 수 있다. 치성은 쉽게 표현해 굿의 간략한 형태이다. 규모가 크고 격식을 갖추어 이루어지는 본격적인 굿에 비해 치성은 간략한 형식이지만 오히려 단골들의 일상생활 속 신앙 실천을 확인할 수 있는 의례이다. 치성을 통한 단골들의 신앙 실천 내용을 대략 네 가지로 요약할 수 있다.

첫째, 신에게 정성을 다해 기도드린다. 초월적인 신을 향한 신앙의 표현이다. 치성이라는 말 자체가 이러한 신앙의 마음을 의미한다. 둘째, 문제의 해결을 시도한다. 영적인 것으로부터 일상적인 것에 이르기까지 삶의 모든 문제의 궁극적인 해결을 시도한다. 치성의 여러 종류에 '풀이'라는 표현이 많이 쓰이는 것이 이러한 문제 해결의 의미를 잘 나타내준다. 셋째, 앞으로 닥칠지도 모르는 문제를 예방한다. 치성의 종류에 '막이'라는 표현도 많이 등장하는데, 바로 이러한 예방적 의미를 나타낸다. 넷째, 행복한 일이나 좋은 일을 기쁘게 맞이하고 동시에 그에 대한 감사의 마음을 표현한다. 중요한 절기나 행사 때에 행하는 종교적 축제 또는 감사제로서의 의미를 지닌다.

② 한국 무속신앙에서 이해하는 인간의 삶

일상적 실천의 특징이 두드러지는 한국 무속신앙은 인간 존재와 삶에 대한 이해 역시 일상 삶 안의 의미를 강조한다. 일상 삶 안의 의미를 강조하는 인간 이해에 근거하여 한국 무속신앙은 한국인이 어떤 삶을 살아야 하는지의 가치와 기준 형성에 영향을 주었다.

한국 무속신앙에서는 '신이 인간을 점지한다.'고 한다. 삼신이라고 부르는 신이 인간의 잉태에서부터 출산과 양육에 이르는 모든 일을 주관한다고 한다. 일반적으로 종교에서 인간 존재 또는 생명을 초월적인 차원에 여관하여 설명하는 것에 해당하는 의미로 해석할 수 있다. 초월적인 차원을 궁극적인 생명의 원천으로 받아들이고, 인간을 비롯한 모든 생명이 그로부터 기원한다는 설명이다.

인간 삶의 시작인 출생에 대해 한국 무속신앙에서는 우선 아버지와 어머니 두 남녀의 결합을 이야기한다. 흔히 '아버지로부터는 뼈를 받고, 어머니로부터는 살을 받았다.' 표현한다. 하지만 온전한 인간 존재로 성립하기 위해서는 몸을 이루는 일에 한 가지가 덧붙여져야 한다. 신이 숨을 불어넣어주어야 한다. 결국 인간 존재는 몸과 넋의 결합으로 이루어지고, 이 결합에 의한 탄생은 근본적으로 신의 주관에 의해 이루어진다.

출생 이후의 성장 과정에서도 모든 순간마다 신의 주관과 돌봄이 이루어진다. 흔히 일곱 살까지는 칠성신이 주관하고, 일곱 살 이후부터는 제석신이 인간의 수명장수를 관장한다고 한다. 한국 무속신앙에서는 사람마다 일정한 목숨의 길이가 정해져 있다고 생각한다. 이를 천수(天壽)라고 한다. 이상적인 죽음은 인생의 모든 통과의례(성인식−결혼 등)를 무난히 거친 후 자식을 낳아두고 천수가 다해 자연스럽게 죽는 것이다. 하지만 모든 사람이 천수를 다하고 이상적인 죽음을 맞이하는 것은 아니다. 태어나서 행복한 삶을 누리다가 이상적인 죽음을 맞이하기 위해서는 스스로 정성을 다해야 한다. 현세에 삶을 받으면서 자연히 수반하는 책임과 의무를 다할 때 행복한 삶을 유지할 수 있고 이상적인 죽음으로까지 이어질 수 있다.[13]

요약하면 한국 무속신앙에서 이해하는 인간의 삶은 우선 초월적인 신과의 밀접한 관계에서 시작한다. 인간 존재는 출생에서부터 결코 우연한 존재가 아니다. 초월적인 신의 주관에 의해 성립된 존재이고, 초월적인 질서 안에서 의미를 지니는 존재이다. 삶의 과정 내내 그리고 죽음에서도 초월적인 질서 안에 있는 인간 존재의 의미는 계속 유지된다. 이처럼 기본적으로 초월적 의미에 근거하면서도 인간 존재의 의미를 온전히 실현하는 일은 현세의 일상적 삶의 과정 안에서 이루어진다. 신으로부터 생명이 주어지면서 시작된 일상의 삶을 탈 없이 행복하게 이어가다 마무리인 죽음까지 무난하게 통과했을 때 인간 존재의 의미는 완성된다.

결국 한국 무속신앙은 주어진 현세 삶을 소중하게 여기고 그 안에서 행복을 이루어가는 삶이 이상적인 삶이라는 기준을 한국인에게 제시해주었다.

---

13) 흔히 무속신앙을 현세적 기복(祈福) 추구가 지배적이라 판단하면서 종교적 신앙의 깊이가 없는 미신으로 간주한다. 사실 기복 추구와 미신적 성향의 문제는 어느 종교에나 해당할 수 있다. 어떤 종교든 본래 의미에서 벗어나 현세적 기복 추구에 휩쓸리면 미신의 문제에 빠진다. 미신이라는 개념이 특정 종교를 지칭하는 것이 아니라 본래의 의미를 잃어버린 종교의 문제가 곧 미신인 셈이다. 무속신앙이 본래 의미에서부터 기복 추구와 미신의 문제를 지닌다고 할 수는 없다. 무속신앙이 현세 삶의 행복에 초점을 맞추는 것이 사실이지만 본래 의미의 무속신앙에서 추구하는 삶의 행복이 단순히 미신적인 기복은 아니다. 마땅한 의무와 책임을 이루었을 때 누릴 수 있는 행복이기 때문이다.

(2) 유교에 근거한 삶의 가치와 기준

한국인에게 어떤 삶이 이상적인 삶인지, 어떤 삶을 살아야 하는지 구체적인 가치와 기준을 형성하는 데 영향을 준 또 하나는 유교이다. 유교가 한국인의 삶의 원칙과 기준 형성에 두드러진 영향을 주었다는 사실은 다음과 같은 유교의 특징에 근거한다. 유교는 현세 삶에 초점을 맞추고, 마땅함의 가치와 기준 제시가 뚜렷하고, 현세 삶에서 마땅함을 실현하는 원리와 실천 체계가 집중적으로 발전했으며, 오랜 기간 한국인의 역사에 지속적이고 지배적인 요소로 작용했다.

한국 역사와 문화에 끼친 유교의 영향에 관하여 부정적인 인식도 있다. 형식주의, 권위의식, 남성 우월 문화, 가부장적 질서 등의 폐단이 유교 전통에서 기인했다는 평가이다. 유교 문화는 전근대적 구습이니 척결해야 할 대상이라 규정하기도 한다. 현대에는 많이 시정되고 있지만 한국 사회와 문화 안에 그런 폐단이 심각했고 또한 일정 부분 유교와 관련성이 있는 점을 부정할 수는 없다. 그런데 유교의 부정적 영향에 관한 판단에는 좀 더 세밀한 고려가 필요하다.

우선 위에 열거한 폐단과 유교와의 관련성을 유교 전체 또는 유교 본래 모습의 문제로 확대하는 단순화의 오류에 빠져서는 안 된다. 어느 종교나 사상도 부분적으로 문제점이 드러날 수 있다. 하지만 부분적 문제점으로 인해 해당 종교나 사상 전체 또는 본래 모습까지 부정하는 것은 적합하지 않다. 유교의 영향이 부정적 측면으로 드러나기도 했지만 긍정적인 의미로 영향을 준 내용이 훨씬 많다. 더욱이 부정적 측면으로 작용할 때 유교는 사실 유교 본래 의미에서 벗어난 왜곡된 형태가 두드러졌다. 역시 모든 종교에 해당하는 일인데, 유교는 역사적 전개 과정에서 여러 맥락과 조우하여 다양한 형태로 재해석되었다.[14] 이러한 유교의 역사적 재해석 과정에서 형식적이고 권위적 내용이 부분적으로 드러났다. 한국 역사와 문화에 부정적 영향으로 연결된 유교는 이런 부정적 부분이 두드러진 형태였다.

부정적 측면으로 드러난 유교의 내용이 아니라 유교 본래의 의미에 집중하면 한국 역사와 문화에 유교가 긍정적 영향을 제공했다는 사실을 확인할 수 있다. 유교는 폐지해야 할 구 시대 유산이 아니라 오히려 현대 사회의 한계와 병폐 현상을 해결할 수 있는 원리와 구체적 실천 방안을 간직하고 있다. 이런 의미에서 유교의 현대적 재조명은 충분히 주목할 만한 주제이다. 특히 인간과 사회 전반에 걸친 삶의 가치와 기준 정립에 유교의 본래 가르침에서 이끌어낼 내용이 많다.

① 일상 삶의 윤리[가치] 제시

유교는 한국인에게 일상 삶의 구체적 윤리 또는 가치 기준을 제시해 주었다. 유교가 제시한 윤리[가치] 기준은 한국인의 생활 방식과 문화 전반에도 변화를 주었다. 이러한 사실을 한국 역사 안에서 분명히 확인할 수 있다. 예를 들어 혼인과 장례 풍속에서 유교문화 유입 이후

---

14) 이 점을 반영하여 유교의 역사적 전개를 논의할 때 공자의 가르침에 집중한 근본유교, 맹자에 의해 체계화를 이룬 유교, 한(漢)나라 동중서(董仲舒)에 의해 통치이념으로서 성격이 부각된 유교, 당(唐)나라 말기에 시작한 신유학(新儒學) 또는 성리학(性理學), 송(宋)나라 내내 극성한 주자학(朱子學), 명(明)나라에 새롭게 형성된 양명학(陽明學) 등을 각자의 맥락으로 이해해야 한다. 이들이 각 맥락 안에 형성한 내용은 긍정적 의미와 더불어 부정적 측면도 평가받는다.

변화를 볼 수 있다. 상고시대 일반적 풍속이었던 매매혼에 대한 인식이 바뀌어 혼례에 돈을 주고받는 것을 천하게 여겼다. 장례 풍속에 관해서는 "죽은 자는 옥내(屋內)에 빈소(殯所)를 차려 3년이 지난 다음에 길일을 택하여 장례를 지낸다"[15]는 기록이 있는데, 이는 분명 유교식 장례 풍속인 삼년상(三年喪)의 반영일 것이다.

무엇보다 신라시대 강수(强首)의 기록에서 유교가 한국인의 윤리[가치] 기준에 영향을 준 사실이 드러난다. 강수에 관해서는 앞서 '한국 종교의 역사적 전개'를 설명하면서 삼국시대의 유·불 관계 인식을 파악하는 중요 사례로 언급하였다.[16] 위 내용에서는 강수가 유학자로서의 길을 선택하는 과정의 일화를 살펴보았는데, 이와 더불어 또 하나의 흥미로운 일화가 있다.

그는 원래 대장간 집 딸과 정을 통하고 있었다. 그가 20세 되던 해에 좋은 집의 규수에게 장가 들게 하려 했으나, 강수는 재취(再娶)가 옳지 못하다는 이유로 이를 거절했다. 그의 아버지가 '지금 너는 명성 있는 사람인데, 미천한 자를 짝으로 삼으니 부끄럽지 않은가?'라고 하였다. 이에 강수는 '가난하고 천한 것은 부끄러운 바가 아니지만, 도(道)를 배우고 이를 행하지 않는 것은 진실로 부끄러운 바입니다'라고 답했다.[17]

---

15) 『북사(北史)』「고구려(高句麗)」
16) 이 책의 Ⅱ(한국 종교의 역사적 전개)-3-(2) 참조
17) 김부식(金富軾), 『삼국사기(三國史記)』 권46 「열전(列傳)」 제6 강수(强首)

이 일화의 의미를 여러 가지로 해석할 수 있다. 우선 강수가 육두품 출신이라는 사실에 초점을 맞추어, 당시 신라의 기존 질서 또는 전통적인 권위주의에 대한 비판적 인식을 보여준 것이라 해석할 수 있다. 당시 귀족층에 일반적으로 행해지던 일부다처(一夫多妻)에 대한 비판적 태도로, 단순히 혼인제도에 대한 비판을 넘어 골품제에 입각한 신라의 전통적인 신분제에 대한 비판 의식으로 해석한다. 여기에서 주목할 것은 강수가 이렇게 기존 가치 질서에 비판 의식을 지닐 수 있었던 근거가 유교에 있다는 점이다. 유교의 가르침에 근거하여 기존의 잘못된 질서에 비판적 인식을 지닐 수 있었다. 유교가 일상 삶의 윤리[가치] 기준으로 작용하고 있음을 확인할 수 있다.

또 하나 해석은 강수가 일부다처제를 비판한 것에서 더 나아가 조강지처(糟糠之妻)에 대한 신의를 지켰다는 점에 주목한다. 신의를 지키는 것이 유교를 공부한 사람으로서 마땅한 일이라는 인식이 드러난다. "道를 배우고 이를 행하지 않는 것이 진실로 부끄러운 바이다"라는 강수의 말은 일상 삶 안의 진리 실천을 강조하는 유교의 특징을 그대로 반영하고 있다. 비록 단편적인 일화이지만 강수에게서 유교가 한국인의 일상 삶에 분명한 윤리[가치] 기준을 제시했음을 확인하기에 충분하다.

유교를 지배 이념으로 채택한 조선시대에 오면서 유교에 근거한 일상 삶의 윤리는 더욱 확고한 체계를 갖추었다. 조선은 왕조 시작 단계에서부터 유교 이념에 철저한 통치 질서 확립을 추구하였다. 유교 이외의 것을 모두 이단(異端)으로 배격하는 벽이단(闢異端) 정책이 조선 왕조의 모든 분야에 적용되었다. 벽이단 정책과 더불어 유교 이념을 확산 보급하는 일 역시 국가 차원에서 이루어졌다. 유교 윤리서의 간행 및 보급, 유교 의례의 권장, 유교 교육 기관의 정비 등이 이러한 목적에 따른 국가사업이었다.

유교 윤리서의 간행 보급에 관련하여『주자가례(朱子家禮)』와『소학(小學)』등의 가치에 주목했다.『주자가례』는 관혼상제(冠婚喪祭)의 사례(四禮)를 중심으로 가족 윤리를 규정한 책이다. 주자학의 전래와 더불어 고려 말부터 이미 주목받았는데, 조선시대에 들어와 유교적 윤리 질서 정비를 강력히 추진하면서 그 중요성을 한층 높였다.『주자가례』가 지배층에 해당하는 윤리서로서 성격이 강한 책이라면,『소학』은 일반 민간까지 넓게 적용될 수 있는 윤리서이다. 주자가 여러 유교 경서(經書)에서 구체적인 윤리 덕목을 선별하여 편찬한 책이다.

일반 서민의 윤리적 교화를 위해『삼강행실도(三綱行實圖)』나『효행록(孝行錄)』등의 책도 간행 보급하였다. 중종(中宗) 때에 사림파(士林派)가 주도한 향약(鄕約)의 보급 역시 향촌에서 유교적 사회질서를 확립하기 위한 목적을 지니고 있었다. 이들 조선시대의 사례를 통해 유교가 한국인에게 일상 삶의 구체적 윤리[가치] 기준을 제공했음을 확인할 수 있다.

② 유교의 가족 윤리

유교가 한국인의 삶에 제시한 윤리[가치] 중 가장 대표적인 것이 가족 윤리이다.[18] 유교가 제시한 윤리[가치]의 핵심을 종합하고 있는 것이

---

18) 전통적인 유교의 가족 윤리에 주목하는 것은 현대적 맥락에서도 의미를 지닌다. 일반적

가족 윤리라고 표현할 수도 있다. 유교의 가족 윤리가 어떤 특징과 의의를 지니는지 다음 몇 가지 항목으로 정리할 수 있다.

첫째, 가족은 유교 사회가 지닌 세계관의 근간이다. 가족은 유교적인 도덕규범, 사상, 문화, 제도 등의 모든 영역에서 핵심을 이룬다. 세상을 구성하는 근본 요소이면서 개인 존재와 사회를 연결하는 중요한 고리 역할을 한다. 유교의 핵심 가르침인 인(仁)을 터득하고 실현하는 중요한 방법 중 하나는 부모와 자녀간의 사랑을 확대하는 것이다. 가족에서의 윤리를 확대 적용하여 사회와 국가에서의 윤리를 이룬다. 가족에서 자연스럽게 사랑의 관계를 체험하고, 그 관계를 차츰 이웃으로, 나라로, 세계로 확산시킴으로써 세계 평화를 달성하는 데까지 나아가는 것이다. 부모에 대한 효도와 형제간의 우애가 인간적인 도덕성을 실현하는 근본이고, 이런 맥락에서 인간다운 삶의 근본은 가족 윤리의 실천에서 이루어진다.

둘째, 유교에서 중요하게 생각하는 가족의 기능은 사회통제의 기능이다. 일반적으로 사회의 질서와 통합을 확보하는 방법으로 공권력에 의한 통제를 떠올린다. 그런데 공권력에 의한 외압적인 통제는 분명한 한계를 지닐 수밖에 없다. 따라서 좀 더 근원적 의미를 지니는 방법에 무게를 두는데, 이런 맥락에서 가치와 규범의 내면화를 통

으로 전통에 대한 관심과 논의가 다시 이루어지는 것은 변화의 시기이다. 현대 한국 사회의 가족 질서 또는 가족 문화는 극심한 변화를 겪고 있다. 그렇다고 단순히 전통적인 가족 문화 복구를 위해 유교의 가족 윤리에 주목하는 것은 아니다. 단순한 과거 회귀 혹은 복구는 현대 상황에 부적합한 문제점과 반발을 초래할 위험이 있다. 유교의 가족 윤리에 주목하는 것은 전통적인 가치 안에서 이상적인 그리고 적합한 가족 원리를 도출해내고, 이를 현대 사회에 적용시키는 재해석과 응용으로서 의미를 지닌다.

한 내적 통제(또는 자발적 통제)가 의미를 지닌다. 가족은 이러한 가치와 규범의 내면화에서 가장 핵심적이고 근원적인 역할을 수행한다. 가치와 규범의 내면화는 어려서부터 자연스럽게 그리고 지속적으로 이루어져야 한다는 점에서 이해(利害) 관계를 떠난 친밀한 애정과 신뢰 관계인 가족 공동체 안에서 이루어지는 것이 마땅하고 효율적이다. 가족질서를 모든 사회질서의 기본으로 설정하고 가족 윤리를 모든 사회관계에 확대 적용함으로써 전체 사회 질서를 유지하는 것이 유교의 근본 입장이다. 효(孝)를 비롯한 가족관계에서의 덕목이 모든 행위 규범의 기본 모형이 되는 것이다.[19]

셋째, 유교는 가족이 간직하고 있는 공동체적 생명의식과 연대 의식을 강조한다. 유교의 생명관에 의하면 인간은 태어나면서 하늘의 본성을 그대로 부여받는다. 모두가 하늘의 본성을 부여받았다는 점에서 개별 생명은 다른 생명들과 연대성을 지닌다. 마치 독립된 고리들이 하나의 긴 사슬을 이루는 것처럼 긴밀한 연대 관계를 형성하고 있다. 연대 관계는 살아 있는 사람 사이뿐 아니라 죽은 사람과 살아 있는 사람 사이에도 이어져 있다. 한 마디로 유교적인 인간관계는 하늘과 인간 사이의 수직적 연대 그리고 인간과 인간 사이의 수평적 연대가 한데 어우러져 있다는 특징을 지닌다. 이러한 유교적 연대 의식의 핵심이자 근간이 가족이다. 가족의 근원적인 연대의식으로부터 출발

---

19) 가족의 사회통제 기능이 중요성을 지니는 만큼 유교에서 가정교육은 핵심적인 의미를 지닌다. 유교에서 가정교육은 가치와 규범의 내면화를 통해 건강한 사회 구성원을 양성하고 사회질서를 확보하는 데 있어서 불가결한 기능을 수행한다. 현대 사회에 기본 인성을 의심하게 만드는 사람이 많고 그들에 의한 무질서와 혼란이 빈번한 상황이 현대 가족의 변화와 무관하지 않다.

하여 친구, 이웃, 마침내 세상 전체에까지 연대 의식을 확산하여 하나의 조화로운 대동(大同) 사회를 실현하는 것이 유교의 이상이다.[20]

이상에서 정리한 가족 윤리의 특징에 근거하여 유교는 한국인의 관계 질서 또는 사회 질서에 명확한 특징을 형성했다. 유교 가르침에서는 인간관계를 위계(位階, 수직 관계의 높고 낮음)와 친소(親疎, 수평 관계의 가깝고 멂)[21]에 의해 구별하는데, 이러한 관계 구별이 그대로 가족 질서는 물론 사회 질서에도 적용된다. 예를 들어 부모와 자식, 윗사람과 아랫사람 관계에는 위계가 있고, 가족과 가족 아닌 사람 사이에는 친소가 있다. 중요한 것은 이러한 구별이 차별이나 불평등을 의미하는 것이 아니라, '다름'에 따른 각자의 마땅한 위치와 본분 또는 역할 구분을 의미한다는 사실이다.

---

20) 현대 사회 가족 해체 문제의 핵심은 가족 사이의 연대감이 사라져버리고 부모와 자식 간에도 엄격한 개인주의를 내세우고 심지어 가족관계까지도 이해(利害) 관계로 변질되고 있다는 점이다. 가족 연대 의식의 약화 혹은 해체는 단지 한 가족의 문제에 그치지 않고 사회 전체의 문제로 확산된다는 점에서 심각성이 크다.
물론 가족 연대 의식이 간혹 부담을 주는 방향으로 작용하는 것은 문제이지만, 연대 의식을 통해 자신의 존재 근거를 확인하고 그로써 자기 정체성을 분명히 하고 또 자신의 삶에 대한 책임감과 분발(돌아가신 조상이나 살아 있는 가족에게 누가 되지 않기 위해서도 충실한 삶을 살도록 분발)을 이루는 긍정적 영향이 있다. 가족 관계 안의 연대감은 다른 어떤 관계에 의해 얻을 수 없는 안정감과 충만감을 제공해준다. 인간 생명의 근원, 즉 자연 원리에 근거한 연대감이기 때문이다.

21) 유교적인 질서에서 친소의 구별은 자기를 중심으로 가까운 데서 먼 데로 인(仁)의 실천을 확산시키는 유교의 원리를 반영하고 있다. 가까운 사람에게 더 깊게 그리고 쉽게 사랑을 실천할 수 있음은 자연스러운 인간의 본성이다. 이렇게 자연스럽게 사랑을 터득하여 점차 먼 사람 그리고 세상 전체까지 사랑의 확산을 이루는 것이 유교의 가르침이다.

(3) 불교에 근거한 삶의 가치와 기준

불교가 한국인의 삶과 역사에 영향을 끼친 중요한 역할 중 하나는 삶의 가치관과 윤리의식을 제공한 점이다. 이와 연관하여 우선 불교의 업보(業報)-윤회(輪廻) 사상의 영향을 언급할 수 있다. 특히 삶의 현실적 측면에 초점을 맞추는 유교적 세계관에 비해, 불교의 업보-윤회 개념은 삼세(三世, 과거-현재-미래)를 관통하는 세계관을 제공하였다. 아울러 선(善)을 행하고 악(惡)을 멀리해야 하는 보다 직접적이고 구체적인 이유를 설명해주는 역할을 하였고, 딱히 설명하기 어려운 현실 삶의 고통과 불의(不義)에 대한 이해와 위안을 제공해주기도 했다.

불교가 한국인의 가치관이나 윤리의식에 영향을 준 것과 연관하여 강조할 또 하나의 내용은 자비(慈悲)이다. 대승불교의 핵심이라 할 수 있는 자비는 보살(菩薩)이라는 이상(理想)을 통해 구체적으로 드러난다. 자신만을 위한 이기적 삶이 아닌 다른 사람을 배려하고 그들의 상황에 대해 측은한 마음을 지니고 더 나아가 그들을 위해 희생하는 삶을 이상적 가치로 생각하는 것은 분명 불교의 영향이라 할 수 있다.

이처럼 불교가 제공해준 삶의 가치관과 윤리의식은 현대 한국 사회와 한국인의 삶을 위해 새롭게 해석하고 적용할 필요가 있다. 자기중심적이고 개인주의적 경향이 사회 전반에 부정적 측면으로 작용하는 문제점이 더욱 심각해지는 현실에서, 이를 극복할 수 있는 적절한 방안의 필요가 커지고 있다. 이런 맥락에서 여러 종교적 가르침에 근거한 대응에 관심이 높아지고 있는데, 이런 맥락에서 전통적으로 한국인의 삶에 영향을 주었던 불교의 가르침이 새삼 의미를 지닐 수 있다.

① 현세 삶의 가치와 기준에 관한 불교의 기본 태도

삶의 가치와 기준에 관한 무속신앙과 유교의 내용을 비교하면 현실 삶에 초점을 맞추고 있다는 공통점을 지니면서 아울러 서로 다른 특성도 보여준다. 무속신앙은 인간 존재가 현실 삶에서 추구하는 자연스러운 바람과 기대 또는 욕망 실현을 긍정하고 이에 초점을 맞추어 삶의 가치와 기준을 제시한다.[22] 이에 비해 유교는 인간 존재의 현세적인 바람과 기대가 절제 없이 드러나는 것을 저급한 세속적 욕망으로 경계하면서 이를 넘어서는 초월적 가치 실현의 삶을 추구한다. 무속신앙이나 유교에 비해 불교는 또 다른 차원에서 삶의 가치와 기준을 제시한다. 불교는 무속신앙이나 유교와 또 다른 가치와 기준을 추구하는 삶을 살도록 이끌어주었다.

언뜻 보면 출가수행[23]의 특성이 두드러진 불교는 현세 삶의 가치와 기준에 관하여 구체적이지 않거나 소극적인 듯하다. 불교가 궁극적으로 추구하는 깨달음 그리고 깨달음 실현을 위한 온전한 선택인 출가수행이 현세 삶의 포기를 전제한다는 점에 주목하면 현세 삶에

---

22) 인간 존재가 현실 삶에서 추구하는 자연스러운 바람과 기대 또는 욕망은 과도함과 지나침에서 문제를 일으키는 것이지 그 자체를 죄악시하거나 부정할 수는 없다. 무속신앙에서 현실 삶의 기대와 욕망을 긍정하는 것 역시 인간의 자연스러움을 인정하는 맥락이다. 무속신앙에서도 과도하고 지나친 욕망은 경계한다.

23) 불교 출가수행의 의미 그리고 한국인의 삶과 문화에 끼친 영향에 관하여는 이 책의 Ⅲ-1-(1)-④ 참조

대한 이해에 있어 유교와 불교가 상반된 듯 보인다. 이런 의미에서 유교와 불교의 가르침을 서로 다른 영역으로 구분하기도 한다. 중국과 한국의 여러 기록에서 확인할 수 있는 "유교는 세내교(世內敎), 불교는 세외교(世外敎)"라는 표현에서 이런 구분을 확인할 수 있다.[24]

사실 이 표현을 어떤 의미로 해석하느냐에 논란이 있다. 한편에서는 유교와 불교를 대립시키는 가치 판단의 의미로 해석한다. '세내교'를 현세 삶과 인간에게 유용하고 가치 있는 가르침이라는 뜻으로, '세외교'는 현세 삶과 동떨어진 비현실적이고 허망한 가르침이라는 뜻으로 해석한다. 유교와 불교를 대립적으로 가치 구분하면서 현세 삶을 위한 가르침만이 가치 있고 의미 있다는 판단을 전제하고 있다. 다른 한편에서는 '세내교와 세외교'의 표현을 군이 대립적 가치 구분의 의미로 해석하지 않는다. '세내교'는 현세 삶을 위한 구체적 가르침이고, '세외교'는 현세 차원을 넘어서는 초월적 가르침이라는 뜻으로 이해한다. 현세 삶을 위한 가르침과 초월적 가르침을 서로 다른 영역으로 파악할 수는 있지만 대립적 가치로 구분하는 것은 적합지 않다.[25] 오히려 인간의 온전한 삶을 위해서는 두 내용 모두 가치 있고 필요하

---

24) 삼국시대 강수(强首)에 관한 기록이 대표적인 예이다. 이 책의 Ⅱ-3-(2) 참조

25) 현세 삶을 위한 가르침과 초월적 가르침을 대립적 또는 배타적으로 이해하는 것은 왜곡된 종교 이해이다. 구체적으로 종교의 기본 구조인 성(聖)과 속(俗)을 이분법적 대립의 의미로 이해하는 문제에 해당한다. 종교의 본래 의미에서 성과 속의 구분은 단순히 속을 부정(不淨)한 것으로 배제하고 성만을 절대적 가치로 추구하는 뜻이 아니다. 성과 속의 조화가 종교의 본래 의미이다. 성(초월적 진리)을 속(현세 삶)에 적용하고, 성(초월적 진리)에 맞게 속(현세 삶)을 변화시킨다는 뜻에서 성과 속의 조화이다. 따라서 현세 삶을 위한 가르침과 초월적 가르침은 대립적이지 않고 조화·공존 더 나아가 상호보완적이다.

고 상호보완적인 의미를 지닌다. 전인적(全人的) 삶의 완성을 위해 동등한 가치와 의미를 지니는 두 영역에 유교와 불교의 가르침이 각기 특화된 것으로 이해할 수 있다.

후자의 해석에서 현세 삶의 가치와 기준에 관한 불교의 기본 태도를 이해할 수 있다. 불교는 단순히 현세 삶을 무의미한 것으로 간주하는 것이 아니라 현세 삶을 넘어서는 초월적 가르침에 초점을 맞추고 있다. 유교가 현세 삶에 초점을 맞추는 특징을 지니듯, 불교는 초월적 가르침에 초점을 맞추는 특징을 지니고 있다. 이 맥락에서 '현세 삶은 고통'이라는 불교의 전제를 오해 없이 적합하게 이해하는 것이 중요하다. 불교에서 문제의식의 출발점으로 삼는 '고통의 현세 삶'은 인간의 무분별한 욕망과 집착으로 왜곡된 현세 삶이다. 불교가 부정하고 극복하려는 대상은 왜곡된 상태의 현세 삶 그리고 그 왜곡의 근본 원인인 욕망과 집착이다. 이렇게 불교 가르침의 본의를 이해했을 때 불교가 단순히 현세 삶의 가치와 기준을 전적으로 부정하지는 않는 것으로 판단할 수 있다. 왜곡된 현세 삶을 극복[제거]하면 왜곡으로 가려져 있던 본래의 삶이 드러나고, 본래 모습의 현세 삶을 적합하게 살기 위해 필요한 가치와 기준은 불교의 가르침에서도 확인할 수 있다.

② 무소유(無所有)

불교의 더 근원적인 의미에서 말하면 불교에서 제시하는 현세 삶의 가치와 기준은 곧 욕망과 집착으로 왜곡된 현세를 극복하는 방법이다. 불교가 제시하는 가치와 기준에 따라 사는 삶이 곧 욕망과 집착을 극복 · 해체하는 실천적 의미를 지닌다. 이에 해당하는 대표적인 내용이 무소유이다.

혹시 무소유의 가르침은 출가수행자를 위한 높은 수준이기에 모두를 위한 현세 삶의 가치와 기준으로 적용하기 적절하지 않다고 판단할 수 있다. 그런데 이는 종교가 추구하는 궁극적 경지의 의미를 제한하는 불충분한 종교 이해이다. 불교뿐 아니라 모든 종교의 가르침은 당연히 가장 높은 수준을 추구한다. 그렇지만 그 경지에 도달하는 가능성을 일부 특별한 사람에 한정하지는 않는다. 종교가 제시하는 궁극적 경지는 모든 인간에게 열려 있다. 그곳에 도달하기 위한 노력 여부에 따라 결과가 달라질 뿐이다. 종교가 제시하는 가르침을 처음부터 대상이나 수준으로 구분하는 것은 적합지 않다.[26] 따라서 불교의 무소유 가르침은 출가수행자에게 국한하지 않고 모든 인간의 삶을 위한 가치와 기준으로 의미를 지닌다. 특히 현대 사회의 물질주의 문화가 근원적 차원의 한계 또는 모순을 드러내면서 불교가 제시하는 무소유의 가르침은 현세 삶의 가치와 기준으로서 더 깊은 의미를 지닐 수 있다.

무소유의 가르침은 불교의 근본 가르침과 직결된다. 불교의 근본 가르침은 현세 삶의 갈등과 혼란 그리고 그로 인한 고통의 문제를 근원적으로 해결하는 데 초점을 맞추고 있다. 일시적이거나 부분적인 미봉책이 아니라 고통의 근원적 극복을 추구한다. 근원적 극복은 문제의 근본 원인 해소가 필수이다. 불교는 현세 삶의 고통이 욕망과 집

---

26) 물론 '방편(方便, 우빠야upāya)'이나 '이도(易道)와 난도(難道)'처럼 일반 대중에게 좀 더 쉽고 편한 가르침을 제공하는 내용이 있지만, 이는 엄밀한 의미에서 가르침의 방법 차원에 해당하는 것이지 가르침 내용 자체를 수준으로 구분하는 것은 아니다.

착에서 비롯하고, 욕망과 집착은 인간과 세상의 있는 그대로 참모습을 보지 못하기 때문이라고 가르친다. 결국 현세 삶의 고통 문제를 근원적으로 극복하기 위해서는 인간과 세상의 참모습을 있는 그대로 볼 수 있는 지혜를 깨달아야 한다. 그리고 깨달아야 하는 참모습을 무아(無我)와 연기(緣起) 개념으로 설명한다. 무아와 연기 개념에 근거할 때 무소유의 의미를 온전히 이해할 수 있다.

무아와 연기 가르침은 궁극적으로 인간이 지닌 무분별한 욕망과 집착을 극복하게 해준다.[27] 욕망과 집착이 애당초 근거 없고 부질없는 일임을 깨우치는 근원적 차원의 문제 해결이다. 무소유는 이렇게 무아와 연기의 참모습을 깨달아 욕망과 집착 자체가 부질없는 일임을 깨우친 결과로 자연스럽게 갖추어진 삶의 가치와 기준이다. 욕망과 집착 자체가 부질없음을 깨달았으니 현세적인 어느 것을 욕망하고 소유하려는 마음 자체가 자연스럽게 사라진 셈이다. 이렇게 무아와 연기 가르침에 근거하여 이해하면 무소유를 삶의 가치와 기준으로 지니는 일이 단순히 금욕주의적인 억제에 해당하지 않음을 이해할 수 있다. 무소유의 가치와 기준은 단순히 현세적 물질적 대상을 악(惡)으로 단죄하지 않는다. 무소유의 가치와 기준을 선택한 이유는 단지 현세적 물질적 대상 자체를 혐오하기 때문이 아니라 무분별한 욕망과 집착을 극복하기 위함이다. 욕망과 집착이 애당초 근거 없고 부질없는 일임을 깨우쳤기 때문이다.

이 맥락에서 불교의 또 하나 핵심 가르침인 중도(中道)의 의미를

---

27) 무아와 연기의 의미는 이 책의 Ⅲ-1-(1)-③ 참조

적용하여 이해할 수 있다. 중도의 가르침은 여러 깊은 의미를 내포하고 있지만 기본적으로는 어느 한쪽 극단으로 치우치지 않음을 뜻한다. 중도의 시각으로 인간과 세상을 이해하고, 중도의 마음으로 삶을 사는 것이 곧 불교가 제시하는 깨달음에 해당한다. 무아와 연기 개념에서도 중도의 의미를 읽을 수 있다. 무아와 연기는 어느 한쪽만이 아니라 둘 모두를 하나로 조화하여 이해해야 한다. 무아만을 이해하면 자칫 세상 모든 것을 단순히 허망한 대상으로 간주하는 허무주의 또는 비관론에 빠질 수 있다. 연기만을 이해하면 세상 모든 대상이 존재하는 차원에 집중하면서 다시 대상에 집착하는 욕망에 빠질 수 있다. 무아와 연기 어느 하나에만 빠지지 않고, '무아이면서 연기이고 연기이기에 무아'라는 중도의 지혜를 깨달아야 한다.

중도의 가르침을 적용할 때 진정한 무소유는 단순히 인간의 자연스러운 욕망을 강압적으로 억제하는 극단적 의미가 아님을 이해할 수 있다. 당연히 세상 모든 것을 무분별한 욕망과 집착의 대상으로 바라보는 또 다른 극단 역시 적합하지 않다. 무아와 연기의 가르침에 근거한 중도의 시각으로 세상을 이해하면 현세 삶을 위해 필요한 기본적이고 자연적인 대상 모두를 금욕적으로 부정하지 않고, 다만 그들에 무분별하게 집착하거나 압도당하는 삶을 살지 않는 것이 현실적인 무소유의 실천임을 이해할 수 있다. 이렇게 이해하면 무소유의 가치와 기준이 결코 소수의 출가수행자만을 위한 극단적 내용이 아니라 모든 사람의 현세 삶을 위한 가르침임을 확인할 수 있다.

③ 자비(慈悲)

불교의 가르침에서 확인할 수 있는 현세 삶의 가치와 기준으로 자비의 개념 역시 주목할 만하다. 흔히 불교를 지혜의 종교 혹은 깨달음의 종교라고 한다. 세상과 인간에 관한 궁극적 지혜를 깨달음으로써 현세 삶의 고통으로부터 자유로움[해탈]을 이루고자 한다. 현세 삶의 고통은 세상 만물과 인간 마음의 움직임을 있는 그대로 온전히 이해하지 못함으로 인해 생겨난다는 것이 불교의 문제의식이다. 세상 만물이 어떻게 생겨나고 변화 소멸해가는지, 세상 모든 일에 대해 인간의 마음은 어떻게 반응하고 움직이는지를 전체적으로 환히 보게 되는 것이 불교에서 깨닫고자 하는 지혜이다. 지혜의 깨달음으로 세상과 인간을 바라보는 시각이 전환되고 그래서 이전과는 전혀 다른 존재로 변화될 때 현세 삶의 고통으로부터 완전히 자유로워질 수 있다는 것이 불교 가르침의 핵심이다.

그런데 불교 가르침의 핵심에 관하여 지혜보다 자비를 더 강조하기도 한다. 자비의 강조는 불교의 역사적 전개 과정으로 볼 때 대승불교 성립 이후 확연하게 드러난다. 불교 가르침의 핵심이 자비임을 강조하는 입장에서는 더 나아가 대승불교 성립 이전의 초기불교에서도 자비가 불교의 본질적인 특성이었다고 주장한다.[28] 하지만 초기

---

28) 자비는 불교 가르침의 근본임을 강조한다. 불교의 가르침이 생로병사(生老病死)로 대표되는 현세의 고통으로부터 인간을 구제하기 위한 것임을 상기시키면서, 이러한 중생 구제의 구체적 실천이 자비임을 강조한다.
　"자비는 불도(佛道)의 근본이다. 그 이유는 무엇인가. 보살(菩薩)은 중생이 늙고 병들고 죽는 고통, 몸의 고통, 마음의 고통, 금세와 후세의 고통 등 여러 가지 고통에 괴로워하는 것을 보고, 대자비가 생겨나 이와 같은 고통으로부터 구제하고, 그런 다음 무

불교에서의 자비 개념에 관하여는 논란이 있다. 자비 개념에 관한 초기 불교에서 논쟁의 초점은 '붓다에게 자비의 마음이 존재하는가?'였다. 초기 불교에서 강조하는 붓다는 인간이 지니는 모든 욕망이나 감정으로부터 자유로워진 존재라는 점이다. 그런데 자비의 마음은 중생의 고통을 아파하고 그들이 고통 받지 않기를 바라는 마음이라는 점에서 욕망이나 감정으로 이해할 수 있고, 그러면 붓다가 여전히 욕망이나 감정으로부터 완전히 자유로워지지 않아 모순이라는 주장이다.

이 논쟁의 결론은 결코 쉽지 않다. 하지만 붓다가 지니는 자비심을 여전한 인간의 욕망이나 감정으로 간주하여 붓다다움의 모순을 주장하는 것은 지나치게 형식논리에 치우치는 것이 아닌지 의구심을 갖게 한다. 내면적인 의미에 집중하여 이해하면 완전한 지혜의 깨달음을 얻은 붓다가 지니는 자비심은 분명 깨닫기 이전의 인간이 지니는 욕망이나 감정과는 다른 차원일 것이다. 형식의 틀로 보면 다 같은 욕망이나 감정으로 보이지만 붓다의 자비심은 이미 인간적인 욕망이나 애착의 문제점을 극복한 이후의 마음이라는 점에서 분명 구분되어야 할 것이다.

이 같은 초기불교에서의 자비 개념 논란을 통해 불교의 핵심에 관한 종합적인 이해를 얻을 수 있다. 결국 불교는 지혜와 자비의 종교이다. 불교의 가르침에서 지혜와 자비는 동전의 양면과 같이 하나의

상정등각(無上正等覺)을 추구한다. 또한 대자비의 힘을 가지고 있기 때문에 헤아릴 수 없이 많은 세상의 생사 속의 마음으로부터 멀어지지 않는다. 또한 대자비의 힘을 가지고 있어 오랫동안 열반에 들 수 있어도 열반을 취하지 않는다. 이 때문에 모든 불법 가운데에서 자비를 으뜸으로 한다. 만약 대자대비가 없다면 일찍 열반에 들었을 것이다."
『대지도론(大智度論)』

의미를 지닌다. 지혜와 자비는 자연히 그리고 마땅히 함께 가야 한다. 세상과 인간에 관한 궁극적 지혜를 깨달은 자가 그 결과로 자연스럽게 지니게 되는 마음이 자비이고, 깨달은 자의 자비 실천을 통해 궁극적 지혜를 세상과 인간에 온전히 실현할 수 있다. 지혜와 자비는 서로 바탕이자 결과가 되는 셈이다. 불교는 지혜와 자비를 양 날개로 삼는 종교이다.

이렇게 볼 때 불교의 지혜가 나타내는 의미를 충분히 이해하기 위해서는 자비의 개념을 함께 이해해야 한다. 자비가 빠진 지혜, 자비의 실천으로 자연스럽게 이어지지 않는 지혜는 진정한 지혜가 아니다. 단지 머리로만, 이론으로만 이해한 지혜일 뿐 진정한 깨달음이라고 할 수 없다. 마찬가지로 불교의 자비가 간직한 의미를 온전히 이해하기 위해서는 지혜의 개념을 바탕으로 해야 한다. 진정한 자비는 궁극적 지혜를 깨달음으로써 가능하다. 인간적인 욕망과 감정, 집착으로부터 자유로울 때라야 진정한 자비는 가능하다.

흔히 자비를 그대로 한 단어로 사용하지만, 의미를 좀 더 세밀하게 이해하기 위해서는 자(慈)와 비(悲)의 의미를 구분한다. 우선 '자'에 해당하는 빨리어 단어는 mettā이다. 다른 사람의 이익과 행복을 간절히 바라는 마음, 사랑과 우정의 마음을 뜻한다. 여기에서 주목할 내용은 다른 사람의 이익과 행복을 원하는 마음에는 상대방에 대한 비난이나 원망의 마음, 공격적인 적개심을 버리는 것이 전제된다는 점이다. 자식을 위해 온갖 고난을 감내하는 어머니의 한없는 마음이며, 어떠한 경우에도 친구의 행복을 위해 최선을 다하려는 마음으로 묘사된다. 한편 '자'의 산스크리트어는 maitrī이다. 진실한 우정이나 우의를 뜻하는데, 특정 사람에 대한 우의가 아니라 모든 사람에게 똑같이 적용되는 우의라는 점이 강조된다. '비'에 해당하는 단어는 산스크리트어와 빨리어 모두 karuṇā이다. 형용사적 용법으로는 슬픈, 슬프게 여기는, 불쌍한, 불쌍히 여기는, 자비로운 등의 의미를 나타낸다. 같은 의미의 명사적 용법으로도 사용하고, 동정(同情)을 뜻하기도 한다.

불교의 역사적 변천과정에 따라 형성된 여러 경전에서 '자'와 '비'의 의미를 살펴보아도 모두 비슷한 의미를 나타낸다. '자'는 동료 친구에게 안락과 이익을 주기를 바라는 것, 살아 있는 모든 생명체(일체중생)에게 행복을 가져다주는 것, 사랑하는 마음을 가지고 중생에게 즐거움을 주는 것, 다른 존재에 대한 평등한 사랑을 주는 것 등의 의미로 사용된다. '비'는 동료 친구로부터 고통과 불이익을 제거하기를 바라는 것, 불행을 없애주는 것, 남의 고통을 덜어주는 것, 불쌍히 여기는 마음을 가지고 중생의 고통을 없애주는 사랑, 타인의 고통에 대한 아픔을 같이 느끼고 그 고통을 없애주려는 동정과 연민, 타인의 괴로움에 대해 견디지 못하는 심정 등의 뜻을 나타낸다.[29]

---

29) 자비는 모든 대상을 평등한 마음으로 대하는 마음에서 나오는 것이라고 한다. 자비는 나에게 중요하고 의미 깊은 사람, 내가 좋아하는 사람에게 향하는 인간적 감정과 전혀 다른 차원이다. 대상을 구분하지 않는, 대상에 따라 다르지 않은 절대 평등의 마음이다.
"아무런 감사나 되갚음도 바라지 않고 다만 스스로 온 세상에 하나로 평등하게 빛나는 태양처럼, 나도 그렇게 일체중생을 자비로 감쌀 수 있어야 하리. 설령 그들이 잘못으로 악을 저지른다 해도 내 굳게 세운 서원을 저버리지 않으며, 혹 그들 가운데 한 중생이 악하다 하여 그들 모두를 저버리지는 않아야 하리." 『화엄경(華嚴經)』「십명품(十明品)」
"보살은 일체중생에 대하여 평등한 마음가짐을 지니며, 남을 대함에 삿된 마음으로 나아가지 않고 다만 친근하고 우호적이며 싫어하는 생각이 섞이지 않으며, 해치거나 상하게 할 의향이 전혀 없는 마음으로 대하며, 또한 남을 대함에 있어 마치 그를 자기의 아버지나 어머니 혹은 아들이나 딸인 양 대해야 하며, 자신이 일체중생의 구제자임을 망

이렇게 어원적으로 '자'와 '비'의 의미를 구분하여 살펴보면 진정한 자비의 의미를 좀 더 분명하게 이해할 수 있다. '자'와 '비'는 같은 뜻을 나타내는 것 같으면서도 어원적인 의미로 세밀하게 구분하면 다른 측면을 지닌다. '자'는 다른 사람을 사랑하는 마음, 다른 사람을 위해 주고 싶은 마음이다. '비'는 다른 사람을 불쌍히 여기는 마음, 다른 사람의 고통을 같이 아파하고 그 아픔을 없애주고 싶은 마음이다. 엄밀하게 구분하면 다른 사람을 사랑하는 마음과 다른 사람의 아픔을 없애주려는 마음이 반드시 일치하지는 않는다. 다른 사람을 사랑하는 마음은 지녔지만 다른 사람의 아픔을 없애주려는 마음까지는 지니지 않는 경우가 있다.

　결국 진정한 자비의 의미는 '자'와 '비' 두 가지 마음의 결합에 있다. 자비는 기본적으로 다른 사람을 사랑하는 마음이다. 그런데 단지 다른 사람을 사랑하는 마음, 모든 사람에게 행복을 주고 싶다는 마음만이 진정한 자비는 아니다. 다른 사람의 행복을 바라는 마음, 상대방을 진정으로 위하는 마음이 그들의 고통을 구체적으로 제거해주겠다는 실천적인 마음으로까지 이어져야 한다. 진정한 자비는 단지 감성적인 사랑의 마음이 아니라 다른 사람의 고통을 함께 아파하고

각함이 없이 그들을 대해야 한다. 만일 보살이 완전한 깨달음을 얻고자 한다면 마땅히 이같이 되도록 자신을 갈고 닦아야 하리라."『팔천송반야경(八天頌般若經)』321-322
"깨달음에 드는 자는 아낌없이 나누어주는 자이니, 그들이 지니게 되는 것은 무엇이나 남과 더불어 평등하게 나누어 가지기를 즐거워한다. 이를 행함에 아무런 후회나 아까워하는 마음을 내지 않으며, 어떤 되갚음을 바라거나 결과에 집착하지 않으며, 명예를 구하지도 않으며, 물질적인 유익을 구하지도 않으며, 다만 일체중생의 유익과 그들의 안락을 위하여 그와 같이 행할 뿐이다."『화엄경(華嚴經)』「금강당보살십회향품(金剛幢菩薩十廻向品)」

더 나아가 그 아픔을 제거해줄 정도의 실천적인 사랑의 마음이다.[30]

　　같은 맥락에서 진정한 자비의 의미 이해를 위한 또 한 가지 중요한 초점을 확인할 수 있다. 다른 사람의 고통을 제거해줄 정도의 구체적이고 실천적인 마음까지를 수반하는 진정한 자비는 이기적인 탐욕을 벗어나고 질투심과 분노의 마음을 극복해야만 발휘될 수 있다. '자'의 산스크리트 어원 mettā에서 다른 사람의 이익과 행복을 원하는 마음에는 상대방에 대한 비난이나 원망의 마음, 공격적인 적개심을 버리는 것이 전제된다는 뜻을 확인한 것과 연결되는 내용이다. '자'에서 강조하는 다른 사람을 사랑하는 마음은 상대방에 대한 어떠한 가치 판단이나 분별도 개입시키지 않은 상태의 마음이다. 상대방을 온전히 있는 그대로 사랑하는 마음이다. 이처럼 주관적이고 이기적인 감정

---

30) 자비는 기본적으로 일체 중생의 고통을 함께 아파하는 마음이다. 그러나 단지 감성적인 아픔에 그치는 것이 아니라, 그들의 고통을 똑같이 아파하기에 진정 그들의 고통을 제거해주려 애쓰는 실천으로 이어지는 것이 진정한 자비의 마음이다.
"비심(悲心)이란 타인의 괴로움에 대해 견디지 못하는 심정이다."『청정도론(淸淨道論)』
"일체중생이 병이 있으므로 내 병이 있나니, 만일 일체중생이 병을 여읜다면 내 병도 나을 것입니다. 왜냐하면 보살은 중생을 위하므로 생사에 드나니, 생사가 있으면 병이 있지만 만일 중생이 병을 여의면 보살도 다시 병이 없습니다. 비유하여 외아들을 둔 부모가 그 아들이 병을 얻으면 부모도 또한 병이 나며 아들의 병이 나으면 부모도 또한 병이 낫는 것과 같습니다. 보살도 이와 같이 일체중생을 부모의 심정으로 사랑하나니 중생이 병이 있으면 보살이 병이 있고 중생의 병이 나으면 보살도 병이 낫습니다."『유마경(維摩經)』「문질품(問疾品)」
"모든 붓다의 마음속에 있는 자비를 대(大)라 하고 그 밖의 일반 사람들의 마음속에 있는 자비를 소(小) 자비라 한다. 그렇다면 무엇을 보살이 대자대비를 행한다고 하는가? … 소자(小慈)는 단지 마음에서 염원하여 중생에게 즐거움을 주려고 해도 실제로는 즐거움을 주지 못한다. 소비(小悲)는 중생의 여러 가지 심신의 고통을 깨닫는 것을 말한다. 그것은 다만 중생을 연민할 뿐 고통에서 벗어나게 할 수 없다. 그렇지만 대자(大慈)는 중생이 즐거움을 얻도록 염원하여 또한 실제로 즐거움을 준다. 대비(大悲)는 중생의 고통을 연민하며 또한 고통에서 벗어나게 할 수 있다."『대지도론(大智度論)』

을 근원적으로 제거하기 위해서는 궁극적 지혜의 깨달음이 필수적이다. 결국 진정한 자비는 지혜의 깨달음을 바탕으로 할 때만 가능하다.

이렇게 불교의 근본 가르침에 근거하여 자비의 의미를 이해해보면 언뜻 자비는 모든 사람의 현세 삶을 위한 가치와 기준으로 적용하기에는 너무 높은 경지라 생각한다. 궁극적 경지의 깨달음을 이룬 사람이어야 실천이 가능한 듯하다. 그러나 진정한 자비는 깨달음을 이루기 전에는 감당할 수 없는 것은 아니다. 모든 종교의 가르침이 추구하는 완성의 덕(德)은 궁극적 완성으로서의 의미와 동시에 궁극적 완성으로 나아가기 위한 닦음으로서의 의미도 지닌다. 성인(聖人)의 덕은 성인이 되어야 지닐 수 있는 것이면서 동시에 성인이 되기 위해 닦아야 하는 과정상의 목표 혹은 반드시 갖추어야 하는 필수 요소이기도 하다. 마찬가지로 자비는 깨달음을 이루기 위해 실천해야 할 목표로서의 의미도 지닌다. 진정한 깨달음을 이루기 위해 진정한 자비의 실천이 필수적이다. 다시 말해 자비는 깨달음 이후를 말해주면서 동시에 깨달음의 과정을 이끌어준다. 자비는 진정한 깨달음이 현실 삶 안에서 어떤 모습으로 드러나는지 보여주면서 동시에 진정한 깨달음은 어떠해야 하는지 요구한다. 진정한 깨달음 없는 자비는 제한적 의미일 수 있지만, 진정한 깨달음을 위해서는 진정한 자비를 실천해야 한다.

오히려 자비의 의미는 현대 사회 인간의 삶에 통할 수 있는 보편적 의미로 이해할 수 있다. 앞서 살펴보았듯이 불교 가르침의 맥락 안에서 자비 개념은 깨달음과 밀접히 연관되어 있다. 깨달음을 이루려는 '나'에게 초점이 맞추어지는 셈이다. 그런데 불교의 자비 개념은 기본적으로 관계적 의미도 지니고 있다. 자비의 기본 의미가 다른 사람을 사랑하는 마음, 다른 사람의 아픔을 함께 아파하는 마음이라는 점에서 관계적 의미는 분명하다. 더 나아가 진정한 자비의 의미가 단지 감성적인 마음이 아니라 구체적으로 다른 사람의 아픔을 없애주려 애쓰는 실천적 마음이라는 점에서도 관계적 의미는 더욱 강조될 수 있다. 진정한 자비는 자기 기준에 의한 자기만족이 아니라 상대방에게 초점이 맞추어지는 것이다. 이런 의미에서 불교의 자비 개념을 현대 사회 인간의 삶, 특히 인간관계 문제에 적용한다면 '공감'으로 표현할 수 있다.

진정한 자비는 진정한 공감과 많이 닮았다. 현대 사회를 위한 진정한 자비의 의미는 공감으로 표현할 수 있다. 진정한 자비는 세상과 인간의 참모습에 관한 지혜의 깨달음과 하나를 이루고 있었다. 그리고 무아와 연기가 그 지혜의 핵심이었다. 현대 사회 인간의 삶을 위한 진정한 공감에서도 무아와 연기의 지혜가 시사해주는 의미가 크다. 진정한 자비와 진정한 공감의 의미를 연결하며 현대 사회의 고질적인 갈등과 충돌 문제를 치유하는 방안을 확인해볼 수 있다.

먼저 연기는 불교의 세계관을 설명하는 개념이다. 세상의 모든 존재는 어느 것도 홀로 성립할 수 없는 상호의존적인 존재라는 뜻이다. A가 있어서 B가 있을 수 있고 B가 있으니 C가 있게 된다. 이렇게 무한히 연결된 것이 세상 모든 존재이다. 마치 그물처럼 서로 얽혀 있고 서로를 지탱해주는 관계이다. 이러한 연기적 세계관에 따르면 인간 역시 철저하게 관계 속의 존재이다. 누구도 독불장군식으로 혼자 존재할 수 없다. 서로를 아름답고 건강하게 성립시켜주는 상호의존적인 관계이다. 그물 전체가 튼튼해야 그물의 모든 부분이 유지될 수 있듯이, 모두를 위한 건강한 인간관계 안에서 개개인도 행복한 삶을 유지할 수 있다.

우리는 흔히 이러한 인간관계의 상호의존성과 연대성을 망각한 선택을 한다. 모두를 위한 삶이 아닌 나만을 위한 삶에 몰두한다. 나만 잘 살면 되고, 그게 가능하다고 생각한다. 하지만 인간은 연기의 세계 속의 관계적 존재이다. 아무리 나 혼자 잘나가도 모두를 위한 건강한 인간관계가 깨져버리면 연쇄적으로 나도 무너질 수밖에 없다. 이렇게 상호의존적 관계성을 일깨우면서 모두를 위한 삶을 사는 것이 진정한 공감의 의미일 것이다.

무아는 세상의 모든 존재가 고정불변의 실체[我]가 없다는 가르침이다. 우리가 끝없이 욕망하고 집착하면서 기대하는 것과는 달리 모든 것이 그저 변화의 흐름일 뿐이다. 무상(無常)할 뿐이다. '나'라고 하는 존재 역시 예외일 수 없다. '나'에 대한 고집과 집착 모두 부질없다. 무아의 진리를 일상의 경험으로 좀 더 확대하여 보면, 우리가 일상의 경험에서 일으키는 모든 생각과 관념 역시 고집할 것이 없다. 불교에서는 이를 무주상(無住相−일체 相에 머무르지 말라) 개념으로 설명한다. 상(相)이란 나다, 너다, 깨끗하다, 더럽다, 좋다, 나쁘다 등등 마음에서 일으켜 모양 지은 관념을 뜻한다. 생각으로 지었지만 마치 실재하는 것처럼 착각하고 이에 사로잡히는 것이 문제이다.

인간관계에서도 아(我)와 상(相)에 해당하는 나 중심적인 고집과 편견이 문제를 일으킨다. 주변의 모든 사람을 그저 내 고집대로 이끌어가려 하고 나 중심의 틀에 맞춰 이해하고 판단하려 하니 인간관계

295

가 틀어질 수밖에 없다. 무아의 지혜는 자기 비움의 의미이다. 모두를 위한 인간관계, 진정한 공감이 이루어지려면 근본적으로 자기 비움이 필요하다. 진정으로 '나'를 비우고 내려놓을 때 모두를 위한 진정한 인간관계가 가능하다. 사실 인간관계의 모든 갈등과 혼란의 근본 원인은 '나'를 중심에 놓고 '나'만을 앞세우기 때문이라는 사실을 일상의 경험에서 수없이 확인할 수 있다. '나'를 비우는 진정한 공감, 진정한 자비의 마음이 현대 사회의 삶에 절실하다.

(4) 한국 종교에 근거한 한국인의 행복 이해

행복이란 말은 어느 하나로 고정하여 정의할 수 없는 개념이다. 행복이 모든 인간의 기본적인 바람인 것은 공통적이겠으나, 구체적으로 어떤 것을 행복이라 하고 그 행복을 어떤 방법으로 이루고자 하는지는 여러 가지 설명이 있을 수 있다. 여러 시대와 다양한 문화적 환경에 따라 차이가 날 수 있는 것은 물론이고, 심지어는 개인의 생활 조건이나 가치관에 따라서도 각기 다르게 이해할 수 있다. 따라서 어느 민족의 보편적인 행복관(幸福觀)을 한가지로 명확하게 규정한다는 것은 분명 쉽지 않은 일이다. 같은 문화권 안에서 성장한 같은 민족이라 할지라도 행복에 대해서는 개인적으로 다양한 생각들을 갖고 있기 때문이다.

전통적으로 한국인들이 행복에 대해 어떤 생각을 지니고 있었는지에 대해서도 역시 어느 하나로 명확하게 설명하는 것이 쉽지 않다.

전통적인 한국인들도 개인에 따라 물질적인 행복에 치중하기도 하고 또 정신적인 행복을 더 중요하게 생각하기도 했다. 다만 행복에 대한 한국인들의 여러 가지 생각들을 살펴보면 그 가운데에서 현대 우리의 삶을 비추어 성찰해볼 수 있는 일종의 '거울'을 발견할 수 있다. 우리가 행복을 추구하면서 새삼 그 의미를 되새겨보아야 할 중요한 내용을 한국인들의 전통적인 행복관에서 발견할 수 있다.

우리말 사전에서는 행복이라는 말을 '심신의 욕구가 충족되어 조금도 부족감이 없는 상태'라고 설명하고 있다. 일단 이 설명을 기준으로 삼았을 때, 전통적인 한국인들은 어떤 욕구가 충족되기를 바랐는지를 살펴보는 것이 곧 한국인들이 원했던 행복의 내용을 알 수 있는 것이라고 할 수 있다.

① 현실적이고 물질적인 행복

전통적인 한국인들이 충족되기를 원했던 욕구를 함축적으로 표현하고 있는 것으로 '복(福)'이라는 개념을 들 수 있다. 복이라는 말은 한국인들에게 매우 친숙한 개념이다. 한국인들의 삶에 관련된 여러 가지 풍습이나 언어 습관에서 복과 관련된 내용을 쉽게 발견할 수 있다. 중요한 세시풍속(歲時風俗)들에 복을 기원하는 상징들이 기본적인 내용으로 포함된 것은 물론이고, 옷과 그릇 등의 생활 기구들에도 복이라는 글자를 새겨 넣곤 했다. 더 나아가 사람의 이름에 복 자를 넣기도 하고, 일상적인 인사말에서도 서로의 복을 빌어주는 것이 가장 보편적인 것이기도 하다. 그만큼 한국인들은 자신들의 삶 속에서 복에 대한 바람을 중요하게 간직하고 있었다.

이처럼 한국인들이 간절히 원했던 복의 내용을 큰 범주로 요약하면 대략 네 가지를 들 수 있다. '건강하게 오래 사는 것(壽)', '물질적으로 부족함 없이 풍요롭게 사는 것(富)', '세상에서 고귀한 존재가 되는 것(貴)', '자손, 특히 아들을 많이 낳는 것(多男)'의 네 가지이다.

먼저 '수(壽)'의 복을 바라는 것은 말 그대로 현실에서 오래도록 사는 것을 의미한다. 영원히 죽지 않을 수 있는 신비한 영생(永生)을 바란다든가, 이승이 아닌 저승에서의 무한한 삶을 추구하는 것과는 다른 내용이다. "개똥밭에 굴러도 이승이 좋다"는 말에 이러한 현실적인 삶을 중요하게 생각하는 한국인들의 전통적인 의식이 담겨 있는 것이다. 두 번째 '부(富)'의 복을 바라는 것은 현실에서의 삶을 살면서 물질적으로 부족함 없이 풍족하기를 바라는 것을 의미한다. "돈이 없으면 적막강산이요, 돈이 있으면 금수강산이다"라는 말이 이 같은 부에 대한 바람을 여실히 보여준다. 세 번째 '귀(貴)'의 복을 바라는 것은 근본적으로 가치 있는 삶을 살고자 하는 의식이 반영된 것이지만, 실제로 한국인들이 생각했던 귀한 삶은 곧 현실적으로 높은 벼슬에 오르는 것을 의미했다. 높은 벼슬에 올랐다는 것이 곧 가치 있는 사람이 되었음을 의미하는 것으로 생각했다. 마지막 '다남(多男)'의 복은 많은 자손, 특히 많은 아들들을 통해 번창한 가족을 이루는 것을 뜻한다. 많은 아들들을 중심으로 번창한 가족을 이룸으로써 현실적인 풍요와 행복을 바라는 것이다. 그뿐만 아니라 아들들을 통해 가족의 대(代)가 계속 이어지고자 하는 바람도 담겨 있다. 살아 있는 동안에는 물론 죽은 후에도 자신 가족을 통해 행복이 계속 이어지기를 바라는 것이다.

이렇게 보았을 때 전통적인 한국인들이 원했던 행복은 모두가 현실적이고 물질적인 의미를 지니는 것들이다. 현실에서 건강하게 오래 살면서, 물질적인 풍요를 누리고, 높은 벼슬에도 오르고, 많은 아들들을 두어 번창한 가족을 이루는 것이 한국인들이 바랐던 행복의 내용이었다. 한국인들은 전통적으로 현실 삶 안에서의 구체적이고 직접적인 행복을 바랐던 것이다.

② 궁극적이고 근원적인 행복

현실 삶 안에서의 구체적이고 직접적인 행복을 바라는 것이 인간으로서 지닐 수 있는 기본적인 욕구를 그대로 반영한 것이라고 했을 때, 이러한 한국인들의 행복 추구는 지극히 자연스럽고 당연하다고 할 수 있다. 그러나 인간들은 현실적이고 물질적인 욕구만 지닌 것이 아니라 보다 궁극적이고 근원적인 가치를 추구하기도 한다. 전통적인 한국인들 역시 오로지 현실적인 행복에만 관심이 있었던 것은 아니다. 소박하고 자연스러운 인간으로서 현실적인 행복이 충족되기를 간절히 원하면서도 다른 한편으로는 현실적이고 물질적인 조건을 넘어서는 차원에서의 행복을 중요하게 생각하기도 했다. 두 차원이 서로 충돌할 때는 오히려 물질적인 차원을 단호하게 포기하고 보다 궁극적인 차원을 선택하는 것이 더 크고 가치 있는 행복이라고 생각하기도 했다.

이처럼 전통적인 한국인들이 궁극적인 차원에서의 행복을 중요하게 생각했다는 사실은 '선비(士)' 개념을 통해 명확히 확인할 수 있다. 선비라고 하면 권위적이고 보수적인 귀족 지배 계급이라는 부정적인 이미지가 떠오르기도 하지만, 그 본래 의미는 깊이 있는 신념을 지니고 궁극적인 가치를 추구하는 인간상(人間像)을 뜻한다. 『논어(論語)』에서 "선비는 넓고 꿋꿋하지 않을 수 없다. 임무가 무겁고 갈 길이 머니 인(仁)을 자기의 임무로 삼는다"[31]고 하였고, "이득을 보면 의로운가를 생각하고 위급함을 보면 목숨을 내건다"[32]고 했다. 또한 『맹자(孟子)』에서 "선비는 곤궁해져도 의(義)를 잃지 않고, 세속적인 성공을 해서도 도(道)를 떠나지 않는다"[33]

고 했다. 현실적이고 물질적인 조건보다는 궁극적인 올바름을 삶의 가치 기준으로 삼는 이상적인 인간상이 바로 선비라고 할 수 있다. 비록 현실적으로 불우한 상황을 맞이하고 물질적으로 곤란한 조건에서 산다고 해도 그같이 곤궁한 삶을 불행한 삶으로 생각하지 않고 오히려 궁극적 가치로서의 도를 따르는 삶을 행복한 삶으로 느낄 수 있는 것이 선비이다. 이른바 '안빈낙도(安貧樂道)'의 삶이다.

③ 행복은 주어지는 것

이처럼 단순히 현실적이고 물질적인 기준에서의 행복만을 찾는 것이 아니라, 궁극적인 도를 따르며 사는 삶 속에서도 행복을 느낄 수 있는 내면적인 깊이와 여유는 분명 오늘날 우리들의 삶의 모습과 비교했을 때 많은 것을 생각하게 해준다. 그런데 전통적인 한국인들이 지니고 있던 행복관에는 이보다 더 의미 깊게 주목할 만한 내용이 있다. 그것은 전통적인 한국인들이 행복을 추구하는 과정에서 지녔던 기본

---

31) 曾子曰 士不可以不弘毅 任重而道遠 仁以爲己任 不亦重乎, 『논어(論語)』 태백(泰伯)7

32) 見利思義 見危授命, 『논어(論語)』 헌문(憲問)13

33) 窮不失義 達不離道, 『맹자(孟子)』 진심상(盡心上)9

태도에서 확인할 수 있다.

전통적인 한국인들은 어떻게 하면 행복한 삶을 누릴 수 있다고 생각했는가? 앞서 살펴본 행복의 내용 중에서 우선 궁극적인 차원에서의 행복은 내면적인 깨달음과 성숙이 필요하다는 점에서 부단한 자기 성찰과 수양을 통해 이룰 수 있는 행복이다. 스스로 노력을 통해 얻을 수 있는 행복이다.

현실적이고 물질적인 행복에서도 기본적으로는 스스로 노력하는 사람들이 원하는 행복을 누릴 수 있다고 생각했다. 현실적인 행복을 얻기 위한 개인적인 노력에 있어서 특히 중요하게 생각했던 조건은 내면적인 도덕성이다. 전통적인 문학 작품들에서 확인할 수 있는 한국인들의 의식은 정직하고 착하게 살려고 노력한 사람들이 결국 행복한 삶을 살게 된다는 것이다. 이러한 의식은 단지 권선징악(勸善懲惡)적인 의미만이 아니라, 근본적으로 한국인들이 도덕적인 궁극 원리에 대한 분명한 의식을 지니고 있었다는 사실을 의미하는 것이라고 이해할 수 있다. 이 세상은 도덕적으로 선(善)인 궁극 원리에 의해 운행되고 있으며, 비록 지금 당장 전개되는 세상의 모습이 올바르지 못하더라도 결국에는 도덕적인 궁극 원리에 의해 의로움과 선함이 구현될 것이라는 믿음을 지니고 있었다.

이처럼 현실적이고 물질적인 행복은 기본적으로 스스로의 노력으로 얻는 것이라고 생각했지만, 동시에 행복에 대한 한국인들의 태도에는 '행복은 주어지는 것'이라는 의식이 분명하게 자리 잡고 있었다. 이러한 의식은 우리가 흔히 사용하는 '복 받는다', '타고난 복'이라는 말에서 쉽게 확인할 수 있다. 현대에 와서 '행복은 스스로 만들어가는 것'이라는 적극적이고 운명 개척적인 의식이 강조되고 있지만, 복에 대한 한국인들의 전통적인 의식은 '주어지는 것', '받는 것'이었다. 개인이 일생을 통해 누릴 수 있는 복은 그가 태어나면서부터 '타고난 복'이거나, 그때그때 상황에 따라 알맞게 '주어지는 복'이라고 생각했다.

이렇게 복을 '주어지는 것'으로 생각했지만, 그렇다고 해서 이러한 생각이 가만히 있어도 저절로 복이 주어지는 것을 의미하지는 않는다. '주어진 만큼의 복', '타고난 만큼의 복'이라는 생각했지만, 그 복을 누리기 위해서는 역시 스스로 노력이 수반되어야 한다. 스스로 노력이 수반되지 않았거나 복을 누릴 만한 개인적 조건을 갖추지 못했다면 아무리 '타고난 복'이라도 제대로 누릴 수 없다.

'주어진 만큼의 복'이라는 의식에 담겨 있는 깊은 의미는 '지나침'에 대한 경계라고 할 수 있다. 기본적으로 스스로 노력을 통해 얻을 수 있는 것이 행복이지만, 그렇다고 해서 노력만 하면 어느 한 개인이 무조건 많은 복을 얻을 수 있는 것은 아니다. 전통적인 한국인들은 수(壽), 부(富), 귀(貴), 다남(多男)의 현실적인 행복을 추구하면서도 항상 그 바람이 지나치는 것은 바람직하지 못한 것으로 생각했다. 지나치게 되면 그것은 더 이상 자연스럽고 소박한 의미로서의 복(福) 추구가 아니라 '탐(貪)'이 된다. 전통적인 한국인들이 바랐던 행복이 지극히 현실적이고 물질적인 것들이었으면서도 그것이 결코 무분별한 탐욕으로 인식되지 않을 수 있는 것은 이처럼 지나침에 대한 분명한 경계가 함께 있기 때문일 것이다. 어느 민족보다도 가장 인간적이고 현실중심적인 행복을 추구했지만, 그 가운데에서도 자신에게 주어진 만큼의 적절함을 파악하고 그 적절한 행복에 겸허하게 만족할 수 있었던 것이 전통적인 한국인들의 행복관이었다고 할 수 있는 것이다.

우리는 전통적인 문학 작품이나 구전(口傳) 설화 등을 통해 이 같은 주어진 만큼의 행복에 만족하지 못하고 그 이상의 행복을 탐했던 사람들이 결국에는 불행한 결말을 맞게 된다는 의식을 쉽게 확인할 수 있다. 사실 본래 의미로서의 '복(福) 추구'와 '탐(貪)' 사이의 경계를 적절히 유지하기란 분명 쉽지 않다. 하지만 바로 그 경계를 넘어서 버림으로써 맞이하게 되는 불행한 결과는 현재의 우리 주변에서도 너무나 많이 확인할 수 있다. 행복은 분명 인간으로서 누릴 수 있고 또 누려야만 하는 자연스러운 권리이다. 문제는 그것이 지나치지 않을 수 있도록 스스로 적절함을 겸허하게 깨닫는 일일 것이다. 이런 의미에서 전통적인 한국인들의 행복관에서 확인할 수 있는 '주어진 만큼의 행복'이라는 의식은 현대 우리들의 삶을 비추어 성찰해볼 수 있는 의미 깊은 거울이 될 수 있을 것이다.

3
현실 정치의 원리 제공

일상 삶 안에 초월적 진리를 적용하고 실현하는 한국 종교의 특징을 한층 더 구체적으로 확인할 수 있는 사례는 한국 종교의 현실 정치이 념으로서 작용이다. 언뜻 생각할 때 종교가 현실 정치이념으로 작용 했다는 점을 부정적 의미로 판단할 수 있다. 종교는 현세 삶의 영역, 특히 정치와 분리된 것이라는 인식 때문이다. 동서양의 역사에서 종 교와 정치의 잘못된 만남 사례가 적지 않은 탓도 있다. 종교와 정치 를 의식적으로 분리해야 종교 본연의 의미를 유지할 수 있다고 판단 한다. 그러나 종교 본래 의미에 충실하게 이해한다면 종교와 정치는 자연스러운 그리고 마땅한 연결 관계를 지닌다.

이 책의 I 장을 비롯하여 여러 부분에서 강조했듯이 종교는 인간 에게 '초월적 진리에 따르는 삶'을 제시해준다. 현세 삶을 살아가는 인간에게 궁극적 차원의 마땅한 진리를 일깨워주고 이끌어주는 것이 종교이다. 따라서 종교에는 초월적 진리와 함께 현세 삶 역시 중요한 의미를 지닌다. 종교의 근간이 초월적 진리임은 틀림없지만 그렇다고 초월적 진리만 일방적으로 강조하지 않는다. 오히려 종교가 추구하는 초월적 진리는 현세 삶과 연결에서 온전한 의미로 실현된다. 초월적 진리를 현세 삶에 적용하여 세상과 인간을 초월적 진리에 근거한 마땅한 기준으로 변화시킴이 종교의 본래 의미이다. 따라서 종교는 세상과 인간 관련의 모든 것에 무관할 수 없고 세상일의 현실 움직임에 진지한 관심을 지녀야 한다. 이런 의미에서 종교와 정치는 마땅히 연결되어야 한다.

물론 여기서 말하는 종교와 정치의 연결이 세속적 야합을 뜻하지는 않는다. 종교가 특권적 이익 추구를 위해 정치 세력과 결탁하거나, 정치권력이 지배력 강화 목적으로 종교를 이용하는 행태는 결코 용납할 수 없다. 종교와 정치의 연결은 현실 삶 안에 초월적 진리를 실현하는 종교 본래 의미 실현의 맥락에서 성립하고 정당화할 수 있다. 현실 삶 안의 초월적 진리 실현을 위해 세상과 인간의 구체적 현실에 관심을 지니고, 현세적 상황을 초월적 진리의 기준에서 성찰하여 비판하고, 초월적 진리 기준에 어긋나는 문제를 바로잡기 위해 노력하는 것이 종교의 정치적 의미이다. 종교의 본래 의미 안에 정치적 의미가 포함되어 있는 셈이다.

정치의 의미를 본격적으로 그리고 정교하게 논의하는 것은 이 책의 본분에 넘치는 일이지만, 세상과 인간 삶을 조화롭게 이끌기 위한 노력이 정치의 기본 의미라는 이해는 무리가 없을 것이다. 이렇게 이해할 때 정치와 종교의 기본 의미 또는 근원적 추구는 같은 방향을 향한다. 정치가 세상과 인간 삶을 조화롭게 이끌고자 노력하듯이 종교 역시 조화로운 세상과 인간 삶을 궁극적 완성의 경지로 추구한다. 다만 종교는 그 완성의 경지를 초월적 진리에 근거하여 제시한다는 특징을 지닌다. 초월적 기준이 마땅히 현실 삶 안에 실현되어야 하고 이런 맥락에서 현실 정치에 초월적 기준이 적용되고 실현되어야 함을 종교는 강조한다. 이러한 종교 본연의 정치적 의미를 한국 종교의 내용 안에서 확인할 수 있다.34)

(1) 유교가 제시하는 현실 정치의 원리

유교는 현세적 가르침에 초점을 맞추는 특성이 뚜렷하다는 점에서 현실 정치 원리와 밀접히 연관된다. 공자와 맹자를 비롯한 유교의 역사적 전개 과정에서 유교는 늘 현실 정치와 관계에서 구체적 의미를 드

---

34) 이후 설명할 한국 종교의 정치적 의미가 한국 역사 각 시대의 실제 현실 정치에 그대로 실현되었다는 뜻은 아니다. 세상의 여러 영역에서 이상과 현실 사이의 불일치 또는 괴리가 존재하듯이, 한국 종교가 제시한 이상적 정치 원리가 현실에 그대로 실현되었다고 평가할 수는 없다. 그럼에도 불구하고 한국 종교가 현실 세상을 조화롭게 이끌기 위한 원리를 제시한 점은 분명한 의미를 지닌다. 사실 종교적 가르침이 현실 세상과 인간의 삶에 실제로 실현되었는지 여부를 기준으로 종교의 가치를 판단하는 것은 적절하지 않다. 종교가 제시하는 진리 또는 기준은 본질적으로 현세적 기준과 전혀 다르고 심지어 상반된다. 이런 의미에서 초월적 진리이다. 따라서 종교가 제시하는 진리가 실제로 현실 세상에 실현되기는 쉽지 않다. 종교적 진리의 의미는 실현 여부보다 존재 자체에서 찾아야 한다. 흔히 북극성이나 등대에 비유하듯이 세상과 인간에게 한결같고 궁극적인 방향을 제시해주고 있다는 점이 종교의 진정한 가치이다. 한국 종교가 정치 원리를 제공했다는 점 역시 실현 여부에 초점을 맞추어 의미를 평가하는 것은 적합하지 않다.

러냈다. 공자와 맹자는 자신의 가르침을 현실 정치에 적용하고 실현할 적합한 군주를 찾아 천하를 돌아다녔고, 한(漢) 왕조가 처음 유교의 가르침을 통치 원리로 채택한 이후 여러 시대의 유학자들에게 현실 정치 참여는 당연한 소임이었다. 한국 종교의 역사에서도 현실 정치와 연결은 유교가 가장 두드러졌다.

현세적 가르침에 초점을 맞추고 현실 정치와 자연스럽게 연결되는 특성은 유교의 종교성 논란으로 이어지기도 한다. 유교는 종교가 아니라 철학적 또는 윤리적 가르침이라 판단하는 사람이 적지 않다. 그렇게 판단하는 근거에도 충분한 설득력이 있어 단순하게 결론 내릴 수 없는 논란이다. 다만 유교를 종교가 아니라고 판단하는 근거 중에 종교의 의미 또는 종교 정의를 너무 좁게 설정하는 점은 주의해야 한다. 그리스도교에 익숙한 서구 중심의 종교 기준(대표적으로 인격신, 내세 신앙 등)을 설정하고 이 기준을 충족하지 않으면 종교가 아니라는 판단은 종교 본래 의미 전체를 반영하지 못한다. 이 책에서 종교의 핵심으로 일관되게 제시하고 있는 '초월 추구'를 기준으로 유교를 이해하면 유교에서도 충분한 종교적 의미를 확인할 수 있다.[35]

---

35) 유교의 종교성 주장은 유교의 가르침 안에서도 초월 추구의 의미를 확인할 수 있음에 근거한다. 이를 위해 초월의 의미를 정확히 설정해야 한다. 이 책의 Ⅰ-2-(4)에서 제시했듯이 초월은 기본적으로 현세적 가치나 기준과 '전혀 다름' '너머'의 의미이다. 그래서 현세적 기준에서는 '역설적'으로 간주된다. 하지만 초월은 상황과 조건에 따라 이렇게 저렇게 뒤바뀌는 현세적 기준과 달리 인간과 세상의 한결같은 '마땅함'이다. 당연하고 마땅한 기준 또는 가치가 궁극적 의미를 지니고, 현세적 세상과 인간을 그에 부합하게 변화시키는 추구가 종교의 의미이다. 인간은 초월을 인격적 존재로 경험하기도 하고 비인격적 원리(또는 진리)로 이해하기도 한다. 다시 말해 초월 개념은 인격성-비인격성 모두를 포함한다. 초월의 의미를 이렇게 이해하면 유교 역시 초월을 추구하는 종교로서 의미를 지닌다. 유교의 역사적 전개에서 확인할 수 있는 상제(上帝), 천(天), 리(理), 태

다만 유교는 초월 추구를 전면적으로 앞세우지는 않는다. 초월적 진리에 뚜렷이 근거하고 있지만 초월적 진리 자체를 앞세우기보다는 초월적 진리의 현세적 적용에 집중한다. 초월적 진리 자체는 너무나 당연하고 마땅하기에 새삼 논의가 필요 없다. 태양이 동쪽에서 떠서 서쪽으로 지는 일, 때가 되면 계절이 변화하는 일, 자연의 모든 것이 스스로 생겨나고 자라고 사라지는 일은 늘 그러한 마땅한 질서이기에 인간이 굳이 관심을 집중하지 않아도 된다. 애당초 인간이 개입할 수 없는 '너머'의 차원이기도 하다. 인간의 관심 여부와 상관없이 '스스로 그러한 원리'[36]이다. 오히려 초월적 진리를 현세적 세상과 인간 삶에 적용하고 실현하는 일이야말로 인간이 개입할 수 있는 차원이고 또 해야 하는 사명이다. 유교에서 초월적 진리에 집중하거나 전면적인 논의가 두드러지지 않는 이유 그리고 유교가 현세 삶에 초점을 맞추는 특성을 이런 맥락에서 이해할 수 있다.

① 인정(仁政)

유교의 가르침에 근거한 현실 정치 원리에서 우선 주목할 내용은 인정(仁政)이다. 인정은 글자대로 인에 근거한 정치, 인을 실현하는 정치를 뜻한다. 인(仁)은 공자부터 유교의 핵심 가르침으로 일관되게 강

극(太極) 등의 개념이 모두 초월적 진리를 드러내고 있다. 유교는 위의 여러 개념이 일관되게 제시하는 비인격적 원리를 궁극적 의미의 초월적 진리로 전제하고 이에 부합하도록 현세적 세상과 인간의 변화를 추구하는 종교이다.

36) 유교를 비롯한 동양의 종교에서 초월적 진리를 설명할 때 자주 등장하는 '자연(自然)'의 글자 그대로 뜻이 이를 잘 나타낸다. 스스로(自) 그러함(然), 초월적 진리의 의미를 가장 적절하게 표현하는 단어이다.

조한 가치이다.

군자가 인을 버리면 어찌 (군자로서) 이름을 이룰 수 있겠는가?
군자는 밥 먹는 동안에도 인에 어긋나지 않고, 급하고 구차한 상
황에서도 반드시 인에 머무르고, 엎어지고 넘어질 때도 반드시 인
에 머무른다.[37)

『논어』여러 곳에서 수없이 인을 강조하는데, 유교의 궁극 목표 또
는 이상(理想)인 군자(君子)와 인은 결코 뗄 수 없음을 강조하는 위 구
절이 모든 것을 함축해준다. 군자의 가장 근본 가치, 다시 말해 군자
다움의 모든 면모를 하나로 함축한 가치가 인이다. 군자를 비롯한 유
교 가르침 전체의 근간이 인이다. 당연히 유교의 현실 정치 원리 역
시 인이 핵심이다.

이처럼 유교에서 인을 강조하지만 정작 인의 의미를 명확하게 규
정하기는 쉽지 않다.『논어』에서 공자가 인을 여러 번 설명하지만, 그
때그때 구체적 맥락과 내용이 다르다. 이는 인이 애당초 모호하거나
추상적·관념적 내용이기 때문은 아니다. 인은 인간의 일정 부분에
국한하지 않고 인간 존재와 삶 전체에 해당하는 가치이기 때문이다.
인간으로서 마땅히 갖추어야 할 모든 영역을 포괄하는 가치이고, 인
간 삶의 모든 상황에 근간으로 적용해야 하는 원리이다. 만나는 사람

---

37) 君子去仁 惡乎成名 君子無終食之間 違仁 造次 必於是 顚沛 必於是, 『논어(論語)』이인
(里仁)5

마다 그의 상황에 맞게 가르침을 제시해주었던 공자이기에 인의 의미를 제시하는 세부 맥락과 내용이 다양하다. 인은 모든 인간의 삶에 일관되게 유지되어야 하는 하나의 핵심 원리이지만 구체적인 의미는 사람마다 맞이하는 상황과 맥락에 따라 다양하게 드러난다. 인을 온전히 실현한 사람이 군자인 만큼 군자의 의미 역시 일정하게 규정할 수 없이 다양하고 총체적이다.

이런 의미에서 인을 한마디로 '인간다움'이라 이해할 수 있다. 인간이 온전히 인간다울 수 있는 특성, 인간답기 위해 갖추어야 할 마땅한 가치를 총체적으로 인이라 표현한 셈이다. 중요한 점은 인간다움의 실현이 개인의 내면 차원에 국한하지 않음이다. 인간다움은 인간이 함께 모여 사는 사회 공동체 차원에서도 실현되어야 한다. 인간 존재의 외면 차원에 해당하는 사회 공동체 전체의 상황과 개인의 내면 차원은 상호작용하고 상호보완적 의미를 지니기 때문이다. 개인 내면 차원에서 실현되는 인간다움이 모였을 때 진정한 사회 공동체 전체의 인간다움 실현으로 이어지고, 사회 공동체 전체의 인간다움 실현이 개인 내면의 인간다움 실현을 이끌어준다. 공자부터 유교의 가르침은 개인의 내면은 물론 사회 공동체 전체에도 인간다움이 온전히 실현되기를 추구했다. 유교 가르침의 핵심을 설명하는 수기안인(修己安人) 개념에서 확인할 수 있는 내용이다.

② 수기안인(修己安人)

수기는 글자대로 '나를 닦음'이다. 개인의 내면적 완성을 추구한다. 안인의 글자대로 의미는 '모든 사람을 편안하게 함'이다. 모든 사람이 편안할 수 있는 사회 공동체 전체의 조화와 질서를 완성하는 것이다. 개인의 내면적 차원과 사회 공동체 차원 양면을 함께 강조하는데, 양면의 추구 모두 '인간다움'의 가치를 근간으로 삼는다. 결국 인정의 핵심은 인간다움의 실현이다. 개인의 내면뿐 아니라 사회 공동체 전체에서도 인간다움을 실현하는 정치가 인정이다. 그리고 인정의 구체적 실천 원리를 수기안인으로 이해할 수 있다.

먼저 수기의 핵심을 흔히 극기복례(克己復禮)로 설명한다. '나를 이겨내고 예로 돌아간다.(예를 회복한다.)'는 의미이다. 사실 극기와 복례는 다른 둘이 아니다. 극기를 이루면 복례이고, 복례하는 것이 곧 극기이다. 극기에서 말하는 이겨내야 하는 '나'는 쉽게 말해 나 중심적 욕망 또는 세속적 가치에 휘둘린 내면의 상태이다. 이러한 내면의 상태는 나 자신의 혼란과 고통을 초래하고 다른 사람에게도 상처를 준다는 점에서 인간다움을 잃어버린 상태이다. 따라서 이를 이겨내고 인간다움의 마땅한 가치에 따른 조화롭고 안정된 내면의 상태를 회복해야 한다. 여기에서 인간다움의 마땅한 가치를 일깨워주는 것이 예(禮)이다. 예에 근거하여, 예로 돌아가 내면의 인간다움을 회복하는 것이 복례이다.

안연이 인에 관하여 물어보자 공자께서 말씀하셨다. "나를 이겨내고 예로 돌아가는(예를 회복하는) 것(克己復禮)이 인을 행하는 것이다. 하루라도 극기복례하면 천하가 인으로 귀결될 것이다. 인을 행함은 나에게서 시작하는 것이지 남에게서 시작하는 것이겠느냐?" 안연이 말하였다. "그 세부 내용을 묻고자 합니다." 공자께서 말씀하셨다. "예가 아니면 보지 말고, 예가 아니면 듣지 말고, 예가 아니면 말하지 말고, 예가 아니면 움직이지 말아야 한다."[38]

극기복례가 인을 실현하는 핵심이고, 이는 개인의 내면적 바탕에서 이루어야 하는 일임을 강조한다. 또한 예가 아니면 보지고 듣지도 말하지도 움직이지도 말아야 한다는 단호한 표현을 통해 모든 행동을 예에 근거하여 조절하고 예가 인간의 일상 삶 모든 행위의 근간이 되어야 함을 강조한다. 예는 인간다움, 즉 인을 현실 삶과 세상 안에 실현하기 위한 구체적인 지침에 해당한다. 결국 복례는 본래의 인간다움을 회복하는 것이다.

유교가 제시하는 현실 정치 원리의 좀 더 직접적인 의미는 안인에서 드러난다. 현실 정치의 가장 중요한 원리로 '모든 사람을 편안하게 함(安人)'을 제시한다. 추상적이거나 관념적으로 포장하지 않고 너무나 당연하게 느껴질 정도의 기본 가치를 직접적으로 앞세운다. 모두가 편안한 세상을 만든다는 지향 이외에 어떤 현실 정치 원리가 앞설 수 있겠는가.

공자는 안인을 군자의 기본 바탕으로 제시하면서 수기와 자연스러운 연결성을 강조한다.

자로가 군자에 관하여 물어보자 공자께서 말씀하셨다. "경(敬)으

---

38) 顏淵問仁 子曰 克己復禮爲仁 一日克己復禮 天下歸仁焉 爲仁由己 而由人乎哉 顏淵曰 請
   問其目 子曰 非禮勿視 非禮勿聽 非禮勿言 非禮勿動, 『논어(論語)』안연(顏淵)1

로 나를 닦는 것이다." 자로가 "이것뿐 입니까?"라고 말하자, 공자께서 말씀하셨다. "나를 닦아서 다른 사람을 편안하게 하는 것이다." 자로가 "이것뿐 입니까?"라고 말하자, 공자께서 말씀하셨다. "나를 닦아서 백성을 편안하게 하는 것이다. 나를 닦아 백성을 편안하게 하는 것은 요순도 걱정하시던 바다."[39]

나를 닦는 수기가 자연스럽게 다른 사람을 편안하게 해주는 안인으로 연결되어야 함을 강조한다. 수기와 안인은 동전의 양면과 같은 의미를 지닌다. 수기의 궁극적 지향이 안인이라 할 수 있고, 수기를 온전히 이룬 결과가 안인이라 할 수도 있다. 또한 온전히 안인을 실현할 때 진정 수기를 이루었음을 확인할 수 있다.

안인을 실현하기 위한 핵심은 충서(忠恕)이다. 충서의 의미는 두 글자 각각의 구성에서 쉽게 이해할 수 있다. 먼저 충은 마음 심(心)과 가운데 중(中)으로 구성되어 있다. '마음 한가운데'를 뜻한다. 여기에서 두 가지 의미를 읽을 수 있다. 하나는 인간의 마음 한가운데 간직된 본성의 강조이다. 앞서 수기의 의미에서 강조했듯이 '나를 닦음'은 나에게서 시작해야 한다. 나의 마음 한가운데 간직된 본성, 즉 본연의 인간다움에 집중하고 이를 구체적으로 드러내어 확장하는 것이 다른 사람을 편안하게 하는 안인의 바탕이다. 충에 담긴 또 하나 의미는 다른 사람을 편안하게 하는 구체적 방법을 나의 마음 한가운데서 확

---

39) 子路問君子 子曰 修己以敬 曰 如斯而已乎 曰 修己以安人 曰 如斯而已乎 曰 修己以安百姓 修己以安百姓 堯舜 其猶病諸,『논어(論語)』 헌문(憲問)45

인할 수 있음이다. 나의 마음을 들여다보면 다른 사람이 무엇을 원하는지, 어떻게 하면 편안해하는지 알 수 있다는 뜻이다. 나와 다른 사람 모두 인간이기에 편안함을 원하는 본성과 편안할 수 있는 조건을 공유하고 있기 때문이다.

이 맥락에서 충은 서(恕)와 연결된다. 서는 마음 심(心)과 같을 여(如)로 구성되어 있다. 내 마음과 같이 하는 것이 다른 사람을 편안하게 해준다는 의미이다. 내가 원하는 그대로 다른 사람에게 해주고 내가 원하지 않는 일을 다른 사람에게 강요하지 않음이 안인의 기본 원리이다. 동서고금의 여러 고전이나 격언에서 공통적으로 강조하는 이른바 황금률에 해당하는 내용이다. 이러한 인류 보편적 원리를 현실 정치에 적용하고 실현하는 시도가 언뜻 낙관적 이상주의로 보일 수 있으나, 서의 원리가 품고 있는 가치가 인간다운 세상을 위한 핵심임은 분명하다.

③ 군주(君主)가 먼저 인(仁)해야

인정(仁政)을 위한 또 하나 핵심은 최고 정치 권력자인 군주가 먼저 군자(君子)가 되어야 함이다. 군자에 의한 정치가 곧 인정이다. 유교가 제시하는 현실 정치의 근본 원리인 인(仁)은 모든 인간에 적용되지만, 이상적 정치인 인정을 실현하기 위해서는 누구보다 먼저 군주가 인을 실현해야 한다. 공자를 비롯해 유교에서 인정, 즉 인의 가치를 세상 전체와 모든 사람 안에 실현하는 가장 효율적인 방법은 군주가 먼저 인한 사람이 되는 것이라 판단한다.

흔히 이야기하는 위에서 아래로(Top-down)의 방식이라 생각하기 쉬운데, 이에 담긴 뜻은 단순히 최상의 결정권자에 의한 일사불란한 하달 방식이 효율적임을 강조하는 것은 아니다. 유교 그리고 유교가 현실 정치 원리로 작용하던 시대의 기준에서 군주는 모든 사람을 대표하는 존재이다. 모든 사람에 줄 수 있는 영향력 역시 크다. 이런 의미에서 군주의 솔선수범이 중요하다. 아울러 유교의 정치는 강압적 일방적으로 요구하지 않고 군주 또는 윗사람이 먼저 솔선수범하여 스스로 따르게 함을 이상으로 강조한다. 백성이나 아랫사람이 스스로 따르게 하는 가장 큰 힘은 내면의 덕, 즉 인이다.

이에 관한 구체적 내용을 『논어』의 여러 곳에서 확인할 수 있다. 아래 인용 구절이 대표적인 예이다.

> 공자께서 말씀하셨다. "덕으로 정치함은 비유하면 북극성이 그 자리에 머물러 있지만 여러 별이 그를 향하는 것과 같다."[40]

> 계강자가 공자에게 정치에 관해 물으니 공자께서 대답하셨다. "정치는 바르게(正) 하는 것이다. 그대가 앞장서 바르게 하면 누가 감히 바르지 않겠는가?"[41]

> 공자께서 말씀하셨다. "그 몸이 바르면 명령하지 않아도 행하고, 그 몸이 바르지 않으면 비록 명령해도 따르지 않는다."[42]

---

40) 子曰 爲政以德 譬如北辰居其所 而衆星共之, 『논어(論語)』 위정(爲政)1
41) 季康子 問政於孔子 孔子對曰 政者正也 子帥以正 孰敢不正, 『논어(論語)』 안연(顔淵)17
42) 子曰 其身正 不令而行 其身不正 雖令不從, 『논어(論語)』 자로(子路)6

계강자가 공자에게 정치에 관해 물었다. "만일 무도한 자를 죽여 도가 있게 한다면 어떻습니까?" 공자께서 대답하셨다. "그대는 정치를 하면서 어찌 죽임을 사용하는가? 그대가 선하고자 하면 백성도 선해진다. 군자의 덕은 바람이고, 소인의 덕은 풀이다. 풀 위에 바람이 불면 반드시 쓰러진다."[43]

④ 안정된 삶이 인정(仁政)의 기본

유교가 이상적 정치로 제시하는 인정이 자칫 관념적인 내용으로 보일 수 있는데, 사실 유교는 인정을 구체적이고 현실적 의미로 구현하고자 한다. 앞서 살펴본 안인(安人)의 가치에서도 인정은 모든 사람이 편안해지는 구체적이고 현실적인 결과로 드러나야 함을 강조한다. 인정 실현의 현실적 기준을 좀 더 명확하게 강조하여 제시해준 사람이 맹자(孟子)이다.

맹자는 공자의 가르침을 계승하고 체계화하여 실질적으로 유교의 전통을 형성한 인물이다. 공자가 인간다운 삶과 세상의 실현(仁의 실현)이라는 목표를 강조하는 데 집중했다면, 맹자는 공자의 가르침을 구체화하는 의미에서 그 목표의 근거 또는 실현 가능성을 제시했다. 인간이 왜 인간다운 삶을 살아야 하는지, 세상에 인간다움의 가치를 실현함이 왜 마땅한지의 근거를 제시함으로써 공자의 가르침을 한 단계 진전시킨 셈이다. 그 근거를 맹자는 인간 본성에서 찾았다.

---

43) 季康子 問政於孔子曰 如殺無道 以就有道 何如 孔子對曰 子爲政 焉用殺 子欲善 而民善矣 君子之德 風 小人之德 草 草上之風 必偃, 『논어(論語)』 안연(顔淵)19

인간의 타고난 자연스러운 본성에서 선(善)을 좋아하고 지향하는 성향44)을 강조함으로써, 선한 삶을 사는 것이 인간다움이고 인간다움의 실현이 인간의 본성에 부합하는 자연스럽고 마땅한 추구임을 강조했다. 아울러 인간의 본성인 만큼 인간다움의 실현은 누구에게나 가능함도 강조했다.

맹자는 인간다움의 실현을 본성론(本性論)의 맥락에서 구체화함과 더불어 인간다움을 세상에 실현하는 인정의 의미와 기준 역시 현실적으로 제시했다. 인정은 관념적 또는 원론적으로 논의하는 데 그치지 않고 실제 백성의 현실 삶 안에서 구체적 결과로 드러나야 함을 강조했다. 맹자는 당시 유력한 군주들을 만나 인정의 중요성을 강조하면서 인정이야말로 진정한 부국강병의 방법임을 설득했다. 이 과정에서 인정은 다름 아닌 백성의 삶을 편안하고 안정적이게 하는 일임을 강조했다.

먼저 맹자는 진정 나라를 위한 일은 단순한 부국강병책(富國强兵策)이 아니라 나라 전반에 인의(仁義)를 실현하는 것임을 일깨워준다.

맹자께서 양혜왕을 만나자 왕이 말했다. "어르신이 천리를 멀다하지 않고 오셨으니 (어르신께서도) 역시 나의 나라를 이롭게 할 일을 갖고 계시겠군요." 맹자께서 대답하셨다. "왕께서는 왜 꼭 이롭게 할 일을 말씀하십니까? 역시 인의(仁義)가 있을 뿐입니다.

---

44) 맹자는 이렇게 선을 지향하는 인간의 본성을 네 가지로 집약하여 사단(四端)이라 설명했다. 측은지심(惻隱之心), 수오지심(羞惡之心), 사양지심(辭讓之心), 시비지심(是非之心)이다. 『맹자(孟子)』 공손추장구상(公孫丑章句上)6

… 진실로 의(義)를 뒤로 하고 이로움을 앞세우면 빼앗지 않고
는 만족하지 않습니다. 인(仁)하면서 양친을 버리는 사람은 없고,
의(義)하면서 군주를 뒤로 미루는 사람은 없습니다. 왕께서는 역
시 인의를 말씀하셔야 합니다. 왜 꼭 이로움을 말씀하십니까?"[45]

양혜왕이 맹자에게 기대한 것은 나라를 이롭게 하는 부국강병의
방책이었다. 그런데 맹자는 양혜왕의 발상 자체가 잘못되었음을 지
적한다. 왕이 이로움(利)의 가치를 앞세우면 나라 전체가 이로움의
기준을 절대화하여 서로 빼앗는 혼란으로 이어질 수밖에 없다. 오히
려 왕이 앞세워야 할 진정한 가치는 인의(仁義)이다. 인의는 인간다
움의 핵심 가치이고, 인간다움이 온전히 실현된 나라가 진정 굳건한
나라임을 일깨워준다. 인정(仁政)이 실질적인 부국강병의 정치인 셈
이다. 이렇게 맹자는 인정의 의미를 추상적이지 않은 현실적 의미로
구체화한다.

맹자가 강조하는 인정의 현실적 의미는 다음 구절에서 더욱 분명
하게 드러난다.

산 사람을 잘 먹이고 죽은 사람을 장사지내는 데 근심이 없게 하는
것이 왕도(王道)의 시작입니다.[46]

---

45) 孟子見梁惠王 王曰 叟不遠千里而來 亦將有以利吾國乎 孟子對曰 王何必曰利 亦有仁義
而已矣 … .苟爲後義而先利 不奪不饜 未有仁而遺其親者也 未有義而後其君者也 王亦曰
仁義而已矣 何必曰利,『맹자(孟子)』양혜왕장구상(梁惠王章句上)1
46) 養生喪死 無憾 王道之始也,『맹자(孟子)』양혜왕장구상(梁惠王章句上)3

70세 노인이 비단옷을 입고 고기를 먹으며, 뭇 백성이 굶주리지 않고 춥지 않게 되고서도 (어진) 왕이지 않은 사람은 없었습니다.[47]

개와 돼지가 사람이 먹을 음식을 먹어도 단속할 줄 모르고, 길에 굶어죽은 시체가 있어도 창고를 열 줄 모르고, 사람이 (굶어) 죽으면 '내 (탓이) 아니다, 시절(흉년, 전쟁 탓)이다'라고 말하면, 이는 사람을 찔러 죽이고 '내가 아니라 무기(가 죽인 것)이다'라고 말하는 것과 어찌 다르겠습니까? 왕께서 시절에 죄를 돌리지 않으면 곧 천하의 백성이 올 것입니다.[48]

맹자께서 말씀하셨다. "땅이 사방 백 리만 되어도 (힘 있는 나라의) 왕일 수 있습니다. 왕께서 만일 백성에게 인정(仁政)을 베풀어 형벌을 줄이고 세금을 적게 하면, (백성은 제때에) 밭을 깊게 갈고 쉽게 김매기를 하고, 장성한 이들이 쉬는 날에 효제충신(孝悌忠信)을 닦고, (집에) 들어가서는 아버지와 형을 섬기고 나가서는 연장자와 윗사람을 섬기고, (외적이 공격해왔을 때는) 몽둥이를 만들어 진나라와 초나라의 견고한 갑옷과 예리한 무기를 치게 할 수 있습니다. … 그러므로 '인(仁)에는 대적할 것이 없다'고 한 것이

47) 七十者衣帛食肉 黎民不飢不寒 然而不王者未之有也,『맹자(孟子)』양혜왕장구상(梁惠王章句上)3
48) 狗彘食人食而不知檢 塗有餓莩而不知發 人死則日 非我也 歲也 是何異於刺人而殺之日 非我也 兵也 王無罪歲 斯天下之民至焉,『맹자(孟子)』양혜왕장구상(梁惠王章句上)3

니, 왕께서는 의심하지 않으시기 바랍니다.[49]

백성의 먹고사는 문제가 인정의 시작이자 핵심임을 강조한다. 맹자가 백성의 먹고사는 현실 문제에 집중하는 것은 물론 당시 전국(戰國)시대의 혼란을 반영한 것으로 이해할 수 있다. 그런데 맹자의 강조는 특정 시대 상황에 국한하지 않는 보편적이고 근원적인 의미를 지닌다. 백성의 현실 삶을 안정적이고 편안하게 해주는 안인(安人)이 정치의 핵심임은 이미 공자부터 강조한 바이고, 오늘날에도 여전히 유효한 정치 원리이다. 특히 백성의 안정적인 삶의 의미를 물질적 조건의 충족뿐 아니라 인간다운 가치의 실현까지 포함하고 있는 점에서 인정(仁政)과 직결된다. 맹자는 인간다움, 즉 인(仁)의 실현이 모든 것에 우선하는 현실 정치의 절대 원리임을 구체적 의미로 제시해주었다.

더 나아가 맹자는 백성의 현실 삶을 안정적이게 해주는 인정의 구체적 실현 방법으로 토지제도까지 제시한다. 당시 농경사회에서 땅은 백성의 안정적 삶을 보장해주는 핵심이다. 맹자는 백성이 안정적으로 그리고 자발적으로 농사에 집중하고, 여기에서 고정적이고 지속적인 수익을 얻을 수 있는 토지제도를 언급한다.[50] 흔히 정전제(井田制)라 표현하는 방식이다. 일정 지역의 땅을 정(井)자처럼 9등분하

---

49) 孟子對曰 地方百里 而可以王 王如施仁政於民 省刑罰 薄稅斂 深耕易耨 壯者以暇日 修其孝悌忠信 入以事其父兄 出以事其長上 可使制梃 以撻秦楚之堅甲利兵矣 … ,故曰仁者無敵 王請勿疑,『맹자(孟子)』양혜왕장구상(梁惠王章句上)5

50) 『맹자(孟子)』양혜왕장구상(梁惠王章句上)3 참조

여, 가장자리의 여덟 땅은 여덟 집에 나누어줘 경작하게 하면서 여기서 수확하는 곡물에는 세금을 부과하지 않는다. 실질적인 자신의 땅이고 노력한 만큼 수익이 보장되니 자발적으로 열심히 경작하여 수확을 증대할 것이다. 나라에 납부하는 세금은 9등분 땅 중 가운데 땅을 여덟 집이 공동 경작하여 충당한다. 맹자가 인정의 의미와 기준 그리고 실현 방법을 얼마나 현실적으로 구체화했는지 확인할 수 있다.

⑤ 정명(正名)

유교가 제시하는 현실 정치 원리의 또 하나는 정명(正名)의 가르침에서 확인할 수 있다.

> 제경공이 공자에게 정치에 관하여 물었다. 공자께서 대답하셨다.
> "임금은 임금답고, 신하는 신하답고, 아버지는 아버지답고, 자식은 자식다운 것입니다."[51]

군군신신부부자자(君君臣臣父父子子)라는 말이 정명 사상의 의미를 잘 설명해준다. 인간은 임금, 신하, 아버지, 자식 등과 같이 각자의 사회적 위치나 인간관계 안에서 여러 이름을 지니고 있다. 이렇게 관계 안에서 부여받은 이름에는 그에 해당하는 마땅한 위치와 본분 그리고 역할과 의무가 있다. 모두 자신에게 부여된 본분과 역할을 충실히 이루는 것이 '이름을 바르게 함(正名)'이며, 이것이 사회 공동체

---

51) 齊景公 問政於孔子 孔子對曰 君君臣臣父父子子, 『논어(論語)』안연(顏淵)11

전체의 가장 이상적인 조화와 질서이다.

　아울러 정명 사상에는 관계적 연대 의식과 상호 존중이 강조된다. 임금이 임금답고 신하가 신하다울 때 임금과 신하 사이에는 진정한 연대감이 형성될 수 있다. 자신의 역할과 의무에 스스로 충실할 때 상대방으로부터 자발적이고 충심에서 우러나오는 관계 형성을 기대할 수 있다. 임금이 임금다울 때 신하도 신하답고, 신하가 신하다울 때 임금도 임금다울 수 있다. 임금이 임금 대접을 받으려면 스스로 임금다워야 하고, 신하가 신하 대접을 받으려면 스스로 신하다워야 한다. 이런 점에서 정명 사상이 강조하는 관계 질서는 상호적 또는 쌍방적 특징을 지닌다. 바람직하고 조화로운 관계 질서는 한쪽에만 부과하는 일방적 의무에 의해서가 아니라 양쪽이 함께 각자의 의무와 역할을 다할 때 이루어지는 것임을 유교의 정명 사상은 강조한다.

　정명의 가르침에서 주목해야 하는 현실 정치의 원리는 두 가지이다. 정치의 기본적 의미 또는 궁극적 지향을 '조화로운 세상 만들기'로 표현한다면, 정명의 가르침은 조화로운 세상의 구체적 요건인 조화로운 관계 질서 형성의 두 가지 원리를 제시해준다. 첫째, 조화로운 관계 질서가 이루어지려면 사회 모든 구성원이 각자의 역할과 도리에 충실해야 한다. 누구는 성실히 자신의 역할과 도리를 다하는데 누군가는 그렇지 않을 때 그리고 그렇지 않은 자가 방기한 부분이 성실히 자신의 몫을 다한 사람에게 오히려 부가될 때 관계 질서의 조화는 깨진다. 관계 자체가 심각한 부담으로 작용한다. 둘째, 조화로운 관계 질서를 위해서는 상호 존중과 소통이 가능해야 한다. 상호 존중과 소통이 가능하려면 구체적으로 권리와 의무가 상호적이어야 한다. 한쪽에는 권리만 다른 한쪽에는 의무만 부여되는 일방적인 관계 질서는 조화로울 수 없다.

이렇게 이해한 정명 사상의 의미는 흔히 생각하는 유교의 관계 질서와 사뭇 다르다. 유교 문화의 뿌리가 깊은 한국인에게 유교적 관계 질서는 일방적이고 권위적이고 상명하복(上命下服)의 성격이 두드러졌다. 이러한 유교 문화에 영향을 받아 억압적이고 폭력적인 가부장 문화, 남성우월 문화, 서열 문화 등이 오랜 기간 한국 사회에 부정적 흔적을 남겼다. 그런데 정명의 가르침에서 확인했듯이 공자를 비롯한 근본유교의 가르침에서 확인할 수 있는 관계 질서는 상호적이고 쌍방 의무적이다. 정명에 근거한 근본유교의 관계 질서가 후대로 가면서 일방적이고 권위적인 성격으로 변화했다. 이 변화의 큰 기점은 한(漢) 시대의 동중서(董仲舒)가 유교를 한나라의 통치 질서에 적합하게 재해석한 일이다. 정명에 근거한 상호적 쌍방의무의 관계 질서는 황제를 정점으로 하는 하향식 통치 질서에 적합하지 않다. 이 맥락에서 새로운 유교의 가르침으로 강조된 것이 삼강(三綱)[52]이다. 역사적 전개 과정의 재해석과 변화를 전적으로 부정할 수는 없지만, 현대 사회의 인간관계에서 드러나는 부정적 단면을 고려하면 정명 사상에 근거한 근본유교의 관계 질서에 새삼 주목하게 된다.

[52) 임금이 신하의 기강이라는 군위신강(君爲臣綱), 아버지가 자식의 기강이라는 부위자강(父爲子綱), 남편이 부인의 기강이라는 부위부강(夫爲婦綱)이다. 임금과 신하, 아버지와 자식, 남자와 여자의 관계 질서를 정명의 가르침과 달리 임금·아버지·남자 중심의 일방적 관계로 규정하고 있다.

(2) 불교가 제시하는 현실 정치의 원리

불교는 일차적으로 현실 삶을 부정하고 초월적 해탈을 추구하는 출가 수행의 성격이 두드러진다.[53] 이런 맥락에서 불교의 현실 정치 원리 제시가 유교만큼 두드러지지는 않는다. 제한적 내용이지만 한국 종교의 역사에서 불교가 현실 정치의 원리와 연결된 내용을 정리해본다.

① 한국 불교의 현실 정치 원리로서 역할

한국 불교의 역사적 전개과정에서 확인할 수 있는 현실 정치 원리로서 역할은 구체적으로 두 가지 내용이다. 첫 번째는 삼국이 고대국가로서의 체제를 정비하는 과정에서 불교의 역할이고, 두 번째는 삼국과 고려에 걸쳐 불교가 이상적 통치이념 특히 화합정치 이념을 제공한 점이다.

첫 번째 고대국가 체제 정비 과정에서 불교의 역할에 관하여는 기존 연구에서 이미 많이 언급되었고 특별한 이견이 없는 사항이다. 삼국이 본격적으로 고대국가 체제를 정비할 무렵에 불교를 수용하거나 공인한 사실에서 잘 드러나듯이, 불교의 수용은 고대국가 체제 정비와 밀접한 관련이 있다. 이는 불교가 왕권의 안정과 강화 그리고 국가의 평안, 국민의 정신적 통일에 크게 도움이 되었기 때문이다.

고구려에는 소수림왕 2년(372)에 전진(前秦)의 왕 부견(符堅)이 사

---

53) 불교의 현실 삶 부정과 출가수행에 관해서는 불교의 궁극적 의도와 추구에 초점을 맞추어 좀 더 깊이 있는 이해가 필요하다. 불교의 현실 삶 부정과 출가수행이 단순히 현실 도피적 은둔의 삶을 추구하는 뜻은 아니다. 이에 관해서는 이 책의 Ⅲ-1-(1) 참조

신과 승려 순도(順道)를 보내 불상과 경문을 전하였고,[54] 백제에서는 침류왕 1년(384) 동진(東晉)에서 승려 마라난타(摩羅難陀)가 오자 왕이 그를 맞이하여 대궐에 모시고 예를 갖추어 경배하였으며,[55] 신라는 법흥왕 14년(527)에 이차돈 사건을 계기로 불교를 공인하였다.[56] 이들 불교의 수용과 공인 시기는 율령을 반포하고 역사서를 편찬하는 등 고대국가 체제를 정비하는 정책이 이루어진 시기와 일치한다. 보편적 가르침을 제시하는 불교가 여러 부족과 집단의 신앙이나 관념을 대체 통합하는 역할을 수행했다. 아울러 불교의 수용과 함께 중국으로부터 선진 문물이 유입될 수 있었던 점도 불교가 고대국가 체제 정비 과정에서 수행한 의미 있는 역할이다.

두 번째 불교가 이상적 통치이념 특히 화합정치 이념을 제공한 점은 고대국가 체제 정비 과정에서도 드러났지만 이후 삼국과 고려에 걸쳐 계속된 역할이다. 특히 고려 태조 왕건(王建)은 후삼국(後三國)의 오랜 전란으로 피폐해진 민심을 수습하고 국가의 화합과 안정을 위해 적극적인 숭불(崇佛) 정책을 시행하였다.[57] 숭불 정책은 이후 고려 역대 왕에게 그대로 계승되었다.

불교가 화합을 강조하는 이상적 통치이념을 제공할 수 있었던 것은 불교의 가르침이 지니고 있는 특성에 근거한다. 전륜성왕(轉輪聖王) 개념과 화엄(華嚴) 사상이 대표적인 역할을 하였다. 이상적 군주

---

54) 김부식(金富軾), 『삼국사기(三國史記)』 권18 「고구려본기(高句麗本紀)」 소수림왕 2년

55) 김부식(金富軾), 『삼국사기(三國史記)』 권24 「백제본기(百濟本紀)」 침류왕 1년

56) 김부식(金富軾), 『삼국사기(三國史記)』 권4 「신라본기(新羅本紀)」 법흥왕 14년

57) 『고려사(高麗史)』 권2 「태조(太祖)」

로서의 전륜성왕 개념과 전체성(totality) 또는 통합을 강조하는 화엄 사상을 통해 왕을 정점으로 다양성과 이질성을 포용하는 통치 질서를 강조할 수 있었다.

이러한 현실 정치 원리로서 불교의 역할은 내용 자체로는 충분히 긍정적 의미를 지만, 실제 한국 역사에서는 부정적 측면의 폐단도 이어졌다. 불교가 현실 정치 원리를 제공하는 역할을 하면서 국가불교 또는 호국불교로서의 성격이 확대되었고 현실 정치권력과 특혜 안에 너무 깊이 빠져들었다.

② 한국 불교의 호국불교(護國佛教) 특성 논란

한국 불교와 현실 정치의 연관에 관련하여 자주 거론되는 주제가 호국불교이다. 엄격히 개념 구분이 필요한 맥락도 있지만, 일단 여기에서는 호국불교와 국가불교 개념을 통합하여 다루고자 한다. 한국 불교의 역사적 전개과정에서 호국불교 또는 국가불교로서의 특성은 분명하게 확인할 수 있다. 삼국시대 고대국가 체제 정비와 왕권 강화를 위한 불교의 역할, 고려시대 국가의식(儀式)으로 행해진 불교의 례와 대장경 조판 등의 수많은 불사(佛事), 조선시대 승병(僧兵) 활동 등 한국 불교의 특성으로 호국불교 또는 국가불교를 지목하기에 충분한 사례가 많다.

그런데 호국불교의 면모를 한국 불교의 특성으로 앞세우는 것에 대해 현대 불교학계에서 비판적 문제제기가 이루어졌다.)은 "한국불교의 정체성에 관한 논의는 불교가 한국에 소개된 4세기부터 거론된 것이 아니라 일본 식민지배 시대에 시작되었다"는 길희성의 설명을 전제하면서, "호국불교 개념 역시 역사적 맥락이나 문헌적 증거 위에서 사용된 것이 아니라, 각 이익 집단의 이념적 목적의 산물로서 등장한 개념"이라 지적하였다.[58] 그리고 "호국불교 개념에 대한 이념적 사용은 정교분리가 헌법으로 규정되어 있는 현대 한국 사회에서 바람직한 현상이라고 할 수 없다"고 주장하였다.

김종명은 "불교가 전래된 삼국시대부터 오늘에 이어지고 있는 한국 역사에서 호국불교의 전개는 순수 불교와는 거리가 멀다"고 판단하면서, "호국불교의 역사는 자생적으로 출발하지 못했고, 불교는 지배층의 요구와 맞물려 국가의 간섭과 통제를 받아야 했다"는 점을 지적하였다.[59] "호국이 국(國)과 민(民)을 위한 실천적 불사로 전개되기보다 왕조와 지배계급의 집권논리를 옹호하고 나아가 영토의 수호와 확장을 위한 살육의 전쟁을 정당화하는 일까지도 담당했다"는 것이다. 그는 "중생의 해탈은 현실의 공간 속에서 가능하다"고 전제하면서, "호국은 바로 중생이 해탈을 이룰 수 있는 현실의 시간적 공간적 형태를 지켜주는 역할을 하며, 나아가 사회의 모순을 정화하고 중생의 삶을 안락하게 만들어 깨달음의 성취를 돕고 궁극적으로는 현실의 예토를 불국토화하자는 것"이라는 호국불교의 본래 의미를 제시하였다. "호국의 논리가 단순히 한 국가의 영토만을 수호한다는 의미가 아니라 중생이 살고 있는 국토를 사악과 전쟁으로부터 보호해 불교적 이상을 적극적으로 실천한다는 데 그 뜻이 있는데, 우리나라에서의

58) 김종명, 「호국불교 개념의 재검토―고려 인왕회의 경우」 『종교연구』 21집(2000)
59) 김종명, 「호국불교의 반성적 고찰」 『불교평론』 제3호(2000)

호국불교는 이와는 성격을 달리하고 있다"고 비판하였다.

호국불교 혹은 국가불교로서의 특성에 관한 논의는 일단 불교가 세속적인 정치권력과 무분별하게 결탁하면서 본연의 역할에 충실하지 못하는 모습으로 이어졌다는 점에서 비판적 평가가 더 설득력을 얻고 있는 듯하다. 다만 한국 불교가 국가불교로서의 역할이 두드러졌다는 점은 분명한 역사적 사실인 만큼, 한국불교의 특성을 역사적 사실에 충실하게 파악하고자 할 때 이 내용을 어떤 자리에 위치시킬지 고민해야 할 문제이다.

4
조화와 공존의 원리 제공

한국 종교의 의미를 '현실' 범주에서 파악할 때 또 하나 주제는 조화와 공존의 원리 제공이다. 현실 세상과 인간의 삶에서 드러나는 여러 부정적 문제를 근원적 의미로 총괄하면 '갈등과 대립'으로 표현할 수 있다. 종교는 세상과 인간의 한계 또는 부정적 문제를 근원적으로 극복하는 맥락에서 '조화와 공존'을 추구한다. 조화와 공존 추구는 모든 종교의 가르침에 일관하는 특성이다. 이는 비교종교학의 관점에서 정리한 '구원관'[60]의 기본 의미를 보면 쉽게 확인할 수 있다.

---

60) 비교종교학은 여러 종교의 내용을 횡적으로 비교한다. 비교를 통해 각 종교만이 지닌 개별적 특성도 드러나지만, 비교종교학이 제공해주는 중요한 의미는 종교 전체에 일관하는 보편적 특성이다. 이런 맥락에서 종교의 보편적 특성을 몇 가지 범주로 구분하여 정리한다. 흔히 설정하는 가장 넓은 범주는 세계관, 인간관, 구원관 등이다. 이 중 구원관은 종교 이해의 핵심 범주인데, 정작 구원관이라는 용어 사용에 이의를 제기하기도 한

종교적 구원의 의미를 비교종교학적으로 정의할 때 기본적으로 독일어에서 구원을 뜻하는 단어 'Heil'의 어원적 의미에 주목한다. Heil의 어원에는 '완전한, 전체적인, 통합적인, 온전한, 건강한' 등의 의미가 있다. 이에 근거하여 종교적 구원은 기본적으로 '흩어지고 분열되어 불완전하고 온전하지 못한 문제 상황의 극복 또는 치유'의 의미를 지닌다고 설명한다. '흩어지고 분열되어 불완전하고 온전하지 못한 문제 상황'은 '대립과 갈등', '완전한, 전체적인, 통합적인, 온전한, 건강한 상태'는 '조화와 공존'에 해당한다. 결국 종교는 현실 세상의 '갈등과 대립'을 극복하고 치유하여 '조화와 공존'을 추구한다. 특히 한국 종교는 이러한 조화와 공존의 특성이 두드러진다.

(1) 한국 종교의 조화 · 공존적 특성

'갈등과 대립'은 현실 삶의 모든 영역에서 드러나는데, 정작 종교와 종교 사이의 갈등과 대립이 한층 심각하고 다른 영역의 문제로 파급되기도 한다. 현대는 다종교(多宗敎) 상황이다. 서로 다른 여러 종교가 함께 존재하면서 각자의 절대적인 가치와 의미를 내세우는 상황이다. 한국의 전통적인 종교 상황 역시 표면적으로는 다종교 상황이다. 현재와 같이 서로 다른 문명권을 넘어서는 광범위한 다종교 상황(문

다. 구원이 그리스도교와 같은 특정 종교의 고유 언어일 수 있다는 문제 지적이다. 하지만 뚜렷한 대안이 정립되지 못한 상황이기에 어쩔 수 없이 구원관을 그대로 사용한다.

명과 문명의 충돌)이 아닌 동일 문화권 안이었지만, 둘 이상의 종교가 함께 관계하고 있었다는 점에서는 분명 다종교 상황이다.

하지만 현대의 다종교 상황과 비교했을 때 한국의 전통적인 다종교 상황에서는 매우 중요하고 흥미 있는 현상을 발견할 수 있다. 이 특색 있는 현상에 관해 다음의 기록은 분명한 증언을 해주고 있다.

한국인의 생활에는 개인이나 집단적인 인간들이 가지고 있는 혼성(混成)된 종교적 신념에서 볼 수 있는 바와 같이 고색창연(古色蒼然)한 문명이 뚜렷하게 발현되지 않는 곳이라고는 하나도 없다. 우리는 이러한 모든 문제들을 각기 나누어서 취급하지 않을 수 없지만 모든 한국인들의 마음속에는 이러한 문제들이 뒤엉키어 있다는 점을 독자들은 잊어서는 안 된다. 바꾸어 말해서 논리적인 점에서 보면 한국인들이 신봉하는 여러 가지의 상이한 의식(儀式)들은 서로가 상충(相衝)되지만 그들의 내부적인 면에서는 아무런 적의(敵意)를 느끼지 않고 오히려 수세기에 걸쳐 서로가 익숙하여지는 동안에 하나의 종교적인 혼성물(混成物)을 이루었으며, 한국인들은 이러한 혼성물 중에서 자기가 좋아하는 요소를 취하면서도 그 나머지에 대하여는 아무런 멸시의 감정을 나타내지 않는다. 그렇다고 해서 한국인들은 이와 같은 혼합된 종교 중에서 어느 한 측면만을 배타적으로 준봉(遵奉)할 필요는 없다. 마음 한 구석으로는 불교적 요소에 의존하고 있으나 어떤 때에는 조상으로부터 전해내려 오는 물신적(物神的) 미신을 믿을 수도 있다. 일반적으로 말해서 한국인들은 사회적으로는 유교도(儒教徒)이며 철

331

학적으로는 불교도(佛教徒)이며 고난을 당할 때에는 영혼숭배자
(靈魂崇拜者)이다.[61]

이 기록은 1886년 이후 한국에서 교육과 문화 활동을 펼치면서 한
국에 대한 애정 깊은 관심을 지녔던 호머 헐버트(Homer B. Hulbert,
1863~1949) 교수가 당시 한국인의 종교 생활에 대해 기록한 내용이
다. 이 내용 중에는 한국 종교 전통에 관한 현대의 연구 성과에 근거
했을 때 적절하지 않은 부분도 있지만, 저자인 헐버트 교수가 당시로
서는 비교적 객관적인 외국인의 입장에서 한국 대중의 일반적인 종
교 생활을 목격하고 기록했을 것이라는 점에서 의미 있는 자료이다.

이 기록에서 주목을 끄는 내용은 "논리적인 점에서 보면 한국인이
신봉하는 여러 가지의 상이한 의식이 서로 상충되지만 그들의 내부
적인 면에서는 아무런 적의를 느끼지 않고 있다"이다. 한국인은 서로
다른 종교적 의식을 대상으로 "하나의 종교적인 혼성물을 이루었으
며, 이러한 혼성물 중에서 자기가 좋아하는 요소를 취하면서도 그 나
머지에 대해서는 아무런 멸시의 감정을 나타내지 않았다"는 것이다.
"혼합된 종교 중에서 어느 한 측면만을 배타적으로 준봉하지 않고",
각자의 여러 가지 삶의 측면에 따라 그에 부합하는 종교적 가르침을
따르는 것이 한국인의 전통적인 종교 의식이라는 것이다. 전통적으로
한국인의 종교 의식 속에는 여러 종교가 함께 존재하고 있었고, 그러

---

61) Homer B. Hulbert, *The Passing of Korea*, William Heinemann Co., London,
1906 (『대한제국멸망사』, 신복룡 옮김, 평민사, 1984), 388쪽

면서도 한국인은 내면적으로 아무런 갈등이나 배타적 의식을 지니지 않았다. 현대의 기준에서 볼 때 분명 서로 다른 종교인 유교와 불교에 대해 한국인은 전통적으로 조화와 공존의 의식을 지니고 있었다.

현대인의 기준에서 볼 때 종교적 삶은 서로 다른 여러 종교 중에서 어느 한 종교를 선택하고 그 종교에 속하는 것, 그리고 일단 한 종교에 속하면 다른 종교에 대해서는 배타적인 태도를 지니는 것이 자연스럽고 당연하다. 현대의 기준에서 볼 때 전통적인 한국인이 여러 종교의 가르침을 동시에 받아들이고 서로 다른 종교를 함께 공유하면서도 전혀 문제를 느끼지 않았다는 사실은 분명 독특하고 흥미 있는 현상이다. 각 종교 사이의 구분 의식과 배타성이 극심한 현대 다종교 상황에 있어 분명 중요한 의미를 지니는 현상이다.

이러한 한국 종교의 조화와 공존 인식은 한국 종교의 역사적 전개 과정에서 지속적 흐름으로 확인할 수 있다. 먼저 삼국시대에서 통일신라 말까지의 한국 종교는 특별한 갈등이나 알력 없이 대등한 조화와 공존 관계를 유지하고 있었다. 물론 유교에 비해 불교의 외형적인 발전과 번영이 두드러졌던 것이 사실이지만, 그로 인해 유교와 불교 사이에 대립적인 배타의식이 형성되지는 않았다.

이 시기에 유교와 불교를 비롯한 한국 종교가 조화와 공존 관계를 유지할 수 있었던 것은 어떤 배경 또는 요인에 의해 가능했을까? 첫 번째로 이 시기의 유교와 불교는 거의 같은 조건이었다. 한국의 유교와 불교는 모두 중국으로부터 유입된 외래 문화였다. 기본적으로 중국에서와 같은 '전통 대 외래'라는 대립 구조가 없었다. 유입 시기 역시 거의 비슷하다는 점도 둘 사이의 대등한 조건이었다. 굳이 따지자면 불교보다 유교가 먼저 들어온 셈이지만 그렇다고 유교가 배타적인 기득권을 형성하지는 않았다.

두 번째로 이 시기의 유교와 불교는 자연스러운 역할분담을 이루고 있었다. 이 시기의 유교는 주로 정치이념, 교육과 학문, 도덕적 지침 등이 역할을 담당했다. 위정자에게는 성의로운 통치 이념을 제공하고, 일반 백성에게는 올바르게 현실 삶을 살아나갈 도덕적 지침을 제공했다. 또한 이러한 바탕을 확고히 하기 위해 교육과 학문을 담당했다. 반면 이 시기 불교의 역할은 두 가지였다. 먼저 국가적인 차원에서는 고대 국가의 정신적 지주, 왕권의 신장(伸張)과 국가의 평안, 국민의 정신적 통일 등의 역할을 담당했다. 이 역할은 불교 수용과 국가적 공인 과정에서부터 두드러진 특징이었다. 그리고 개인적인 차원에서는 무속신앙과 결합하여 현실적인 복락과 내세적인 영원한 생명력을 추구하는 신앙으로서의 역할을 담당했다. 이러한 역할분담과 함께 유교와 불교에 대한 기본적인 인식 역시 자연스럽게 구분되었다. '유교는 현실적 학문이고, 불교는 내세적 신앙'이라는 인식이다. 이처럼 유교와 불교는 자연스러운 역할 분담과 영역 구분을 통해 조화와 공존 관계를 유지할 수 있었다.

세 번째로 유교와 불교를 수용한 한국적 바탕에 주목할 필요 있다. 충분한 문헌적 뒷받침이 부족해 그 실체를 정확히 확증할 수 없지만, 유교와 불교를 받아들인 한국적 바탕에서 중국 중화의식(中華意識)과 같은 배타적 주체의식을 발견할 수 없음은 분명하다. 한국 고유의 바탕이 조화와 공존의 원리를 풍부히 갖추고 있었음을 확증할 수 있을 때까지 최종 결론을 유보하는 것이 공정한 학문적 태도이겠지만, 한국의 고유한 바탕이 유교와 불교를 대립이나 갈등 없이 조화롭게 수용한 배경의 하나였던 것은 인정할 수 있다.

고려시대에도 한국 종교의 조화·공존적 특성을 확인할 수 있다. 이 시기의 전체적인 특징은 불교에 대한 유교 측의 비판 의식이 형성되었다는 점이다.[62] 불교의 현실적인 폐단이 점차 심각해지고 이에 대한 유교 측의 비판의식이 시대적 흐름으로 형성되어가는 시기였다. 그러나 이 시기의 비판의식은 불교 자체를 거부하는 극단적이고 전면적인 배타성을 내재한 비판은 아니었다는 점에 주목해야 한다. 통일신라 말부터 조짐을 보이기 시작한 불교의 현실적인 폐단과 그로 인해 국가와 사회에 파급되는 부정적 영향을 경계하려는 의도일 뿐, 불교의 본래적인 가치와 의미 부정까지는 이르지 않고 있다. 앞서 시기에 확인한 조화와 공존의 종교 인식은 계속 유지되고 있었던 것으로 평가할 수 있다.

조선시대는 고려 말부터 형성된 배불(排佛) 분위기가 지속된 시기이다. 주자학(朱子學)의 이념에 입각해 설립된 조선 왕조 내내 철저한 유교 절대주의가 지배했고, 불교에 대한 극심한 탄압과 억제 정책이 시행되었다. 유교는 조선 중기에 이르러 사상적으로 깊은 발전을 이룰 수 있었고, 불교는 고려시대에 누렸던 혜택과 특권을 모두 잃어버리고 산승불교(山僧佛敎)의 형태로 명맥을 유지하게 되었다.

외면적으로는 분명 극단적인 배타의 상황이었지만, 조선시대의

---

62) 고려시대 유·불 관계는 주자학 도입 이전과 이후의 변화에 주목하여야 한다. 이에 관한 자세한 내용은 이 책의 Ⅱ-3 참조

유·불 관계는 내면적 차원의 이해를 병행할 필요가 있다. 공식적으로 그리고 국가 정책적으로는 불교를 인정하지 않았지만, 이전 시대의 유·불 조화와 공존 인식은 상당 부분 이어졌다. 계속해서 불교는 초월적 진리를 경험하는 신앙으로 인식되었고, 이런 맥락에서 유교와 또 다른 차원의 가치와 의미를 지니고 있었다.

이처럼 극단적인 배불 의식이 지배적이었던 조선시대에도 다른 한편으로는 유·불 조화와 공존 인식이 존재했음은 다음 세 가지 사실을 통해 확인할 수 있다.[63]

첫 번째는 조선시대에도 왕실을 비롯해 여러 사람이 불교 신앙을 수용하고 있었다는 사실이다. 배불 정책을 전면에 내세우고 추진했던 조선 왕실에서 불교 신앙이 지속되었다는 사실은 공식적 배불 정책과 개인적 불교 신앙을 다른 차원으로 자연스럽게 구분하였음을 입증해준다.

두 번째 주목할 내용은 조선시대에 제시된 유·불 조화론이다. 이 시대 유·불 조화론은 배불 상황에 대한 불교 측의 대응이라는 맥락을 지니고 있지만, 그 안에서 발견할 수 있는 유·불 인식은 조화와 공존이다. 유교와 불교는 근원적 의미에서 하나의 가르침 또는 진리로 조화·공존할 수 있음을 강조한다. 이러한 내용을 득통 기화(得通 己和, 1376~1433)와 서산 휴정(西山 休靜, 1520~1604)의 유·불 조화론에서 확인할 수 있다.

---

63) 오지섭, 「한국 유·불 공존의식의 배경에 관한 연구」 서강대학교 대학원 박사학위논문 (2001), 148-169쪽 참조

세 번째는 조선 유학자 중 내면적으로 불교 신앙을 받아들이거나 불교계와 교류하는 사람이 적지 않았다는 사실이다. 공식적으로는 분명한 유학자이지만, 그들에게 불교는 또 다른 차원의 의미와 가치를 지니는 가르침이었다. 유·불의 역할 분담에 의한 조화·공존 또는 유불겸수(儒佛兼修)의 인식이 이전 시대와 마찬가지로 지속되고 있음을 확인할 수 있다.

(2) 조화와 공존의 한국 문화 특성

이상에서 살펴보았듯이 한국 종교의 역사적 흐름에서 조화와 공존의 인식을 지속적으로 확인할 수 있다. 이러한 한국 종교의 조화와 공존 인식은 한국인의 삶과 문화에 그대로 영향을 주었다. 서로의 다름을 배타적으로 구분하고 배척하기보다 전체적으로 포용하고 존중하려는 조화와 공존의 특성이 한국 문화 전반에 존재한다.

한국 문화의 조화와 공존 특성은 단순히 모든 것을 뒤섞는 혼합주의를 의미하지 않는다. 또한 대립과 갈등을 피하기 위해 개별 특성을 손상시키거나 전체 안에 개별 특성을 함몰시키는 것을 의미하지도 않는다. 한국 문화의 조화와 공존 인식은 개별 특성을 유지하면서도 각자의 다름이 서로 갈등하고 대립하지 않음을 의미한다. 어느 하나에 의해 다른 것을 일방적으로 획일화하지 않고, 서로의 존재를 위협적인 대치 관계로 인식하지도 않고, 서로의 다름을 존중하면서 전체적으로 하나 됨을 의미한다.

이런 의미에서 조화와 공존 특성의 한국 문화를 '비빔밥 문화'로 표현한다. 비빔밥에 들어가는 재료는 각자 자신만의 분명하고 독자적인 특성을 지니고 있다. 개성 있는 재료를 한데 모았음에도 비빔밥 전체의 맛에서는 재료 각자의 독특성이 충돌하지 않는다. 오히려 혼자는 낼 수 없는 새로운 맛을 만들어낸다. 서로 다른 재료가 한데 모여 전체적으로 하나의 조화로운 맛을 내는 것, 그러면서도 각 재료가 본래의 특성을 잃어버리지는 않는 것, 이런 오묘한 섞임이 비빔밥이다. 한국 문화의 조화와 공존 특성은 이러한 비빔밥과 같다.

에필로그

"종교는 인간에게 어떤 의미를 지니는가, 지녀야 하는가 −종교의 공공성(公共性)"

이 책에서 종교가 한국인에게 어떤 의미를 지녔는지에 관하여 제시한 내용은 그대로 종교 본래의 의미와 역할에 해당한다. 종교는 인간에게 현세적 차원 너머의 '초월'을 인식하게 한다. 그렇다고 극단적으로 현세를 부정하고 떠나는 것이 종교의 '초월' 인식은 아니다. 종교 본래 의미에서 진정한 '초월' 인식은 자연스럽게 그리고 마땅히 '현실'로 이어진다. '초월'의 가치와 기준 또는 질서를 '현세' 안에 적용하고 실현하는 추구가 종교의 의미이다. '초월'의 가치와 기준에 부합하게 '현실' 세상과 인간 존재를 '변화'하는 노력이 종교의 역할이다. 한국 종교의 내용에서 이러한 종교 본래의 의미와 역할을 확인할 수 있다.

한국인에게 그랬듯이 종교는 세상과 인간에게 분명한 의미를 제시해준다. 그런데 현대는 종교를 부정하고 종교에 무관심한 상황이 심각하다. 많은 현대인이 종교의 의미와 역할을 인식하지 못한다. 사실 종교 부정과 무관심이 현대의 현상만은 아니다. 종교의 궁극적 대상인 신(神)의 존재와 의미를 부정하는 무신론(無神論)은 오랜 역사를 지니고 있다. 특히 현대에는 과학적 합리적 사고가 강조되고 물질주의적 가치 체계가 지배적이 되면서 신과 종교는 단지 만들어진 허구일 뿐이라는 인식이 더욱 확산되었다.

이들 적극적 무신론자들과 더불어 아예 종교에 무관심한 현대인도 많다. 종교에 무관심한 사람은 세부 의미에서 무신론자와 구분된다. 무신론자는 종교의 의미와 신의 존재를 부정하지만, 이는 다른 차원에서 종교에 관심을 유지하는 셈이다. 반면 종교에 무관심한 사람은 종교 혹은 신 자체에 관심이 없다. 그들의 삶에서 종교는 전혀 고려 대상이 아니다. 하지만 결과적으로 인간과 세상에 대한 종교의 역할과 의미를 인정하지 않는다는 점에서는 무신론과 종교 무관심을 같은 지평 위에 위치시킬 수 있다.

주목할 점은 왜 종교를 부정하고 어떻게 종교가 아무런 의미를 지니지 못하게 되었느냐이다. 이와 관련해서 여러 요인을 분석할 수 있지만 기본적으로 두 가지 점에 주목할 필요가 있다. 하나는 종교의 현실적 폐단과 모순이다. 동서양의 오랜 역사에서 종교는 여러 가지 현실적 폐단과 모순을 드러냈다. 종교인의 개인적 일탈, 종교 교단 내부의 부조리, 종교의 이름으로 자행되고 합리화된 폭력, 종교로 인해 파생된 갈등과 혼란 등은 오늘날에도 여전히 드러나고 있는 명백한 문제이다. 이러한 종교의 현실적 폐단과 모순이 종교 자체를 부정하고 무관심하게 만든 첫 번째 원인이다.

종교 부정과 무관심의 또 하나 원인은 왜곡된 종교 이해이다. 종교의 본래 의미를 제대로 그리고 충분히 이해하지 못한 문제이다. 위에 언급한 종교의 현실적 폐단과 모순은 명백한 현실이다. 이를 종교의 잘못이 아니라거나 종교와 관련 없는 것이라고 부정할 수는 없다. 하지만 현실적 폐단과 모순에 해당하는 종교의 면모가 종교 전체의 모습은 아니라는 사실, 그런 부정적 측면이 종교 본래의 의미이지 않다는 사실에 주목해야 한다. 종교를 부정하고 종교에 무관심하게 된 원인에는 종교가 드러내는 폐단과 모순을 그대로 종교 전체 또는 종교 본질의 문제로 연결시켜 판단하는 부적절한 종교 이해가 있다.

따라서 종교 부정과 무관심에 대응하는 적극적 방안은 종교의 본래 의미 이해이다. 이를 위한 가장 효과적이고 의미 있는 방법은 종교의 공공성(公共性) 강화이다. 종교가 세상을 위한 실질적 의미와 역할을 구현하여 모두가 종교의 존재 가치를 이해하고 인정할 수 있게 하는 일이다. 종교의 공공성은 오랜 기간 종교학과 신학 등 여러 분야에서 논의되었는데, 특히 현대 종교 부정과 무관심 문제에 대응하고 향후 종교가 지향해야 할 새로운 방향으로 종교의 공공성을 강조하고 있다.

종교의 공공성에 관한 학문적 논의는 여럿이다. 종교사회학자 로버트 벨라(Robert Bellah)가 공적 생활과 사회적 책임에 대한 종교의 위치와 역할을 강조하면서 시민종교(civil religion)라는 용어를 사용했고, 신학자 마틴 마티(Matin Marty)는 공공신학(Public theology)이란 용어를 사용하면서 교회가 공적 역할을 담당하기 위해 필요한 신학적 논의를 강조했다. 위르겐 하버마스(Jürgen Habermas)는 세속화냐 탈세속화냐의 이분법적 논의를 벗어나서 종교의 공적 역할이 요구되는 세속사회의 영역을 강조하였다.

이런 이론적 논의에 우선하여 종교의 본래 의미에서 종교의 공공성을 강조할 수 있다. 이 맥락에 이 책의 이론적 근거로 채택한 윌프레드 캔트웰 스미스(Wilfred Cantwell Smith)의 '축적적 전통으로서 종교' 그리고 종교의 왜곡된 이해 수정을 위해 제시한 '성과 속의 조화·넘나듦' 내용을 적용할 수 있다.

축적적 전통으로서 종교

스미스가 일깨워준 종교의 본래 모습은 '신앙(faith)'과 '축적적 전통(cumulative traditions)'이라는 두 차원을 마치 동전의 양면처럼 함께 지니고 있다. 사실 이 두 차원은 굳이 다른 이름으로 구분할 필요 없는 것이지만 기존의 잘못된 종교 개념을 제거하고 올바른 종교 이해를 위해서 스미스 자신이 의도적으로 설정한 개념이다.

'신앙'은 종교적 인간의 내적 상태를 의미한다. 좀 더 구체적으로 표현한다면 '초월'을 체험한 인간이 자신의 존재와 삶 전체를 초월을 향해 방향 설정한 내면 상태를 의미한다. 이때의 '초월'은 인격적인 신(神)일 수도 있고 비인격적인 실재나 원리일 수도 있다. 핵심은 인간이 초월을 체험하고 그 체험을 자신의 전 존재에 있어 가장 궁극적인 의미로 받아들이게 되었다는 사실이다.

스미스에 의하면 신앙은 인간의 보편적 자질(universal quality)이다. 초월적 진리를 자신의 전 존재에 있어 가장 궁극적인 의미로 받아들이는 체험 그 자체는 모든 인간에게 열려 있는 보편적인 현상이다. 인간이라면 누구나 초월적 진리를 경험할 수 있는 가능성을 지니고 있다. 이 말은 곧 종교에 있어 신앙은 가장 보편적인 본질에 해당함을 의미한다. 초월을 체험하는 구체적인 양상과 상황은 서로 다를 수 있지만 초월 체험 그 자체는 보편적인 본질이다.

'축적적 전통'은 개인의 내면적인 신앙이 외형적으로 표현된 모든 것을 의미한다. 종교적 인간이 초월을 체험하고 초월을 향해 모든 것을 헌신한 마음 상태에서 그 결과로 자연스럽게 우러나와 형성된 모든 것이 축적적 전통이다. 종교적 삶을 구성하는 외적·객관적 자료의 전체 덩어리를 의미하는 것으로 사원, 경전, 신학적 체계, 무용 양식, 법, 사회 제도, 관습, 도덕적 규범, 신화 등을 가리킨다.

중요한 점은 축적적 전통이라고 해서 한번 쌓이고 나면 그대로 고착화되고 획일화되지 않는다는 사실이다. 축적적 전통은 항상 변하고 항상 축적되며 항상 신선하다. 종교적 인간의 신앙 자체가 늘 살아 움직이는 것이기에 그 신앙의 표현으로서의 축적적 전통은 시대적 상황과 지역의 조건에 따라 다양하게 변화할 수 있다. 신앙이 시공을 넘어서 모든 인간에게 공통적으로 확인할 수 있는 보편성인 것에 비해, 축적적 전통은 구체적인 시간과 공간에 영향을 받아 다양화될 수 있는 개별성이다.

축적적 전통으로서 종교, 즉 종교가 시대적 상황과 지역의 조건에 따라 다양하게 변화될 수 있는 것이라는 사실은 종교 이해의 여러 중요한 논의를 가능하게 해준다. 세상에는 왜 이렇게 서로 다른 종교가 많이 존재하는지, 여러 종교 사이의 다름을 어떻게 이해해야 하는지, 다름으로 인한 갈등과 대립을 어떻게 조화와 공존으로 전환시킬 수 있는지 등의 논의가 축적적 전통으로서 종교 이해에 근거해 이루어질 수 있다.

성과 속의 조화·넘나듦

모든 종교 현상의 기본 구조는 성과 속의 이원성이다. 성과 속은 분명 질적으로 전혀 다른 차원이다. 모든 종교 현상은 성과 속의 구분으로부터 시작한다. 현실 삶과 세상을 일차원적인 평면으로 인식하다가 성과 속의 전혀 다른 두 차원으로 균열을 경험하는 것이 종교 현상의 시작이자 핵심이다. 종교는 이러한 균열을 거쳐 속의 차원이 아닌 성의 차원을 궁극적으로 추구한다.

문제는 성과 속의 구분 그리고 성의 추구를 이분법적 대립과 배제로 왜곡 이해하는 경우가 많다는 점이다. 성과 속을 구분하면서 양쪽을 극단적으로 대립시키고 속을 철저하게 배제시킨 상태로서의 성을 추구하곤 한다. 인간의 현세 삶과 세상을 단순히 속으로 규정하고 부정적 의미로만 인식한다. 종교적 추구, 즉 성의 추구가 현세 삶과 세상을 배제시키기 위한 극단적 싸움 과정이 되어버린다. 이러한 성속의 이분법적 대립은 여러 가지 종교 관련 폐단과 모순으로 이어졌고, 종교 자체에 대한 부정적 판단을 불러왔다.

성과 속의 배타적 이분법은 종교를 현세 삶과 분리시키는 결과로 이어진다. 종교의 가치와 의미를 '지금 여기'의 삶 안에서가 아니라 '나중 저기'의 차원 안에 가두어놓거나, 종교를 보통 사람이 사는 세상과 동떨어진 특이한 일부 사람만의 영역으로 제한시킨다. 이런 왜곡된 종교 이해로 인해 종교는 인간에게 아무 의미가 없고 세상에 아무런 역할도 하지 못한다는 종교 무용론(無用論)이 많은 사람의 인식이 되어버렸다.

종교의 본래 의미는 결코 성과 속의 이분법적 대립이 아니다. 성과 속의 구분이 극단적 대립과 배제를 뜻하지 않는다. 종교 본래 의미의 성과 속 구분은 궁극적으로 성과 속의 조화 혹은 넘나듦을 지향한다. 성의 추구는 극단적으로 속을 부정하거나 제거하는 것이 아니라 성의 가치에 따라 속을 변화시키는 것이다. 속의 가치와 질서가 지배하는 현세 삶을 성의 가치와 질서에 맞게 변화시키는 것이다. 이러한 변화는 당연히 현세 삶 안에서 이루어져야 한다. 종교적 추구, 성의 추구는 현세 삶 안에서 구체화되고 실현되어야 한다.

'축적적 전통으로서 종교' 원리는 종교가 시대적 사회적 문화적 맥락 안의 존재임을 말해준다. 모든 시대 · 사회 · 문화적 존재는 존재함에 따른 마땅한 역할과 의무를 지닌다. 종교 역시 마찬가지이다. 이런 맥락의 역할과 의무가 곧 종교의 공공성이다.

또한 '성과 속의 조화 · 넘나듦' 원리는 종교적 추구가 '나중 저기'가 아닌 '지금 여기'에서 이루어져야 함을 강조한다. 종교적 추구가 '지금 여기'에서 이루어져야 함은 종교가 제시하는 가치와 의미가 현실 세상 안에서 구체적으로 실현되어야 한다는 뜻이다. 다시 말해 종교적 가치와 의미가 그 시대와 사람의 삶에 살아 있는 의미를 줄 수 있어야 한다는 것이다. 종교가 그 시대와 사람의 삶에 살아 있는 의미를 주는 것, 이것이 바로 종교의 공공성이다.

전통적으로 한국인에게 종교는 '초월'과 '현실' 두 범주에서 분명한 의미를 지녔음을 이 책에서 제시했다. 한국인을 넘어 인간과 세상 전체에 지니는 종교의 의미와 역할을 확인한 셈이다. 한국인의 역사적 맥락에서 확인할 수 있는 종교의 의미와 역할이 그대로 현대 상황에 회복될 때 종교 부정과 무관심 상황에 적절히 대응할 수 있을 것이다. 종교는 무의미하고 공허한 가치를 추구하는 것이 아니라 현실 세상과 인간에게 근원적 의미를 제공해준다는 종교의 공공성이 온전히 실현될 때 자연히 모두가 종교의 본래 의미를 이해하고 종교 부정과 무관심 문제를 해소할 수 있다.

참고문헌

원전

『경국대전(經國大典)』

『계림잡전(鷄林雜傳)』

『고려사(高麗史)』

『고려사절요(高麗史節要)』

『권수정혜결사문(勸修定慧結社文)』

『금강반야바라밀경(金剛般若波羅密經)』

『난랑비서(鸞郎碑序)』

『논어(論語)』

『논어집주(論語集註)』

『대방광불화엄경(大方廣佛華嚴經)』

『대지도론(大智度論)』

『대학(大學)』

『도덕경(道德經)』

『동사열전(東師列傳)』

『맹자(孟子)』

『모자이혹론(牟子理惑論)』

『벽위편(闢衛編)』

『북사(北史)』

『불씨잡변(佛氏雜辨)』

『동국이상국집(東國李相國集)』

『사기(史記)』

『삼가귀감(三家龜鑑)』

『삼강행실도(三綱行實圖)』

『삼국사기(三國史記)』

『삼국유사(三國遺事)』

『삼국지(三國志)』

『상서대전(尙書大傳)』

『상재상서(上宰相書)』

『서학변(西學辨)』

『선가귀감(禪家龜鑑)』

『소학(小學)』

『송고승전(宋高僧傳)』

『순암문집(順菴文集)』

『시무(時務)28조(條)』

『시경(詩經)』

『심기리편(心氣理篇)』

『심문천답(心問天答)』

『양고승전(梁高僧傳)』

『유마경(維摩經)』

『유석질의론(儒釋質疑論)』

『율곡전서(栗谷全書)』

『임신서기석(壬申誓記石)』

『장자(莊子)』

『제왕운기(帝王韻記)』

『주교요지(主教要旨)』

『주자가례(朱子家禮)』

『중용(中庸)』

『천도인사책(天道人事策)』

『천주실의(天主實義)』

『천학고(天學考)』

『천학문답(天學問答)』

『청정도론(淸淨道論)』

『청허집(淸虛集)』

『팔천송반야경(八天頌般若經)』

『한서(漢書)』

『해동고승전(海東高僧傳)』

『현정론(顯正論)』

『현토역해보조법어(懸吐譯解普照法語)』

『효행록(孝行錄)』

단행본

강돈구 외, 『근대성의 형성과 종교지형의 변동(1·2)』, 한국학중앙연구원, 2005−2006

갤럽조사보고서, 『한국인의 종교 1984−2021』, 한국갤럽조사연구소, 2021

고영섭 엮음, 『한국불교사연구 : 한국불교연구 100년 논문선』, 민족사, 2022

고익진, 『한국고대불교사상사』, 동국대학교출판부, 1989

금장태, 『한국의 선비와 선비 정신』, 서울대학교출판부, 2000

금장태, 『유교사상과 종교적 세계』, 한국학술정보, 2004

금장태, 『한국유교의 이념과 서학문제』, 한국학술정보, 2004

길희성, 『종교 10강 : 종교에 대해 많이 묻는 질문들』, 동연, 2021

길희성, 『한국 불교 사상 개관』, 동연, 2023

김경집, 『한국불교통사 : 한국 고대에서 현대까지 불교역사의 통찰』, 운주사, 2022

김낙진, 『의리의 윤리와 한국의 유교문화』, 집문당, 2004

김도현, 『한국의 마을 천제(天祭)』, 모시는사람들, 2021

김두진, 『한국고대의 종교신앙과 국가체제 정비』, 일조각, 2025

김성례 외, 『한국 종교문화 연구 100년: 역사적 성찰과 전망』, 청년사, 1999

김순석, 『근대 유교개혁론과 유교의 정체성』, 모시는사람들, 2016

김승혜 외, 『죽음이란 무엇인가 : 여러 종교에서 본 죽음의 문제』, 한국종교학회 편, 창, 2009

김영태 엮음, 『동아시아 한국불교사료 : 일본문헌 편』, 동국대학교출판부, 2015

김정신 외 공저, 『단군 · 단군신화 · 단군신앙』, 한국정신문화연구원 편, 고려원, 1984

김종만, 『한국종교 따로보기』, 안북스, 2024

김종서, 『서양인의 한국 종교 연구』, 서울대학교 출판부, 2006

김탁, 『한국신종교를 관통하는 이념, 인간중심주의(新人本主義)』, 민속원, 2023

김형석, 『근대전환기 도교 · 불교의 인식과 반응』, 학고방, 2020

김호동, 『한국 고 · 중세 불교와 유교의 역할』, 경인문화사, 2007

나종석, 『유교와 한국 근대성 : 현대 한국 사회의 기원에 대한 고찰』, 예문서원, 2024

노길명, 『한국의 종교운동』, 고려대학교출판부, 2005

동국대학교 K학술확산연구소 편, 『한국불교의 스펙트럼』, 동국대학교 출판문화원, 2024

류승국, 『한국사상의 연원과 역사적 전망』, 성균관대학교 출판부, 2008

류승국, 『한국유학사』, 성균관대학교 출판부, 2008

류제동, 『하느님과 일심: 윌프레드 캔트웰 스미스의 종교학과 대승기신론의 만남』, 한국학술정보, 2007

박광수, 『한국신종교의 사상과 종교문화』, 집문당, 2012

박광연 외, 『동아시아 한국불교사료 : 중국문헌편』, 동국대학교 출판부, 2014

박병련, 『필화(筆禍)에 담긴 유교적 비판정신 : 정직과 충후의 딜레마』, 한국학중앙연구원출판부, 2017

박석무, 『다산에게 배운다』, 창비, 2019

방원일, 『개신교 선교사와 한국종교의 만남』, 소명출판, 2023

손용택 외, 『구비문학으로 읽는 한국인의 종교성』, 한국학중앙연구원출판부, 2018

송현주, 『한국불교, 근대종교로 태어나다』, 모시는사람들, 2025

신규탁 외, 『한국불교문화의 전승과 실제: 화엄과 법화의 회통』, 범성, 2014

심재룡 외, 『고려시대의 불교사상』, 서울대학교출판부, 2006

심재룡 외, 『조선시대의 불교사상』, 서울대학교출판문화원, 2020

안외순, 『정치, 함께 살다 : 위민과 민본으로 공존하는 유교정치학』, 글항아리, 2016

오석원, 『한국 도학파의 의리사상』, 성균관대학교 출판부, 2005

유교사전편찬위원회, 『유교대사전(儒敎大事典)』, 박영사, 1990

유동식, 『한국 무교(巫敎)의 역사와 구조』, 연세대출판부, 1978

유동식, 『풍류도와 한국의 종교사상』, 연세대학교 출판부, 1997

유정동, 『유교의 근본정신과 한국 유학』, 성균관대학교 출판부, 2014

윤경수, 『한국고소설의 동굴모티프 연구: 단군신화의 수용을 중심으로』, 태학사, 1999

윤사순, 『한국유학사상론』, 예문서원, 1997

윤승용, 『한국 신종교와 개벽사상』, 모시는사람들, 2017

윤이흠, 『한국인의 종교관: 한국정신의 맥락과 내용』, 서울대학교 출판부, 2001

윤이흠, 『한국의 종교와 종교사 : 유고집』, 박문사, 2016

이경원, 『한국의 종교사상: 궁극적 실재의 제문제』, 문사철, 2010

이기백 편, 『단군신화론집』, 새문사, 1990

이길용, 『종교로 읽는 한국사회』, 꽃자리, 2016

이대근, 『(무교와 그리스도교의 관점에서 바라본) 한국 종교사상사』, 가톨릭, 2014

이동희, 『조선조 주자학의 영광과 그늘 : 한국 유교문화사 스페셜』, 문사철, 2023

이병도, 『한국유학사』, 아세아문화사, 1987

이상훈 외, 『한국문화와 종교적 다양성: 갈등을 넘어서』, 한국정신문화연구원, 2003

이선아, 『단군신화와 게세르칸 : 북방 영웅 신화의 원형 탐구』, 민속원, 2020

이성무, 『조선의 유교 체제와 동양적 가치』, 푸른사상, 2016

이용범 엮음,『죽음의례, 죽음, 한국사회』, 모시는사람들, 2013

이은봉,『단군신화 연구』, 온누리, 1986

이은봉,『한국고대종교사상』, 집문당, 1999

이은선,『잃어버린 초월을 찾아서: 한국 유교의 종교적 성찰과 여성주의』,
　　모시는사람들, 2009

이종욱,『고조선사연구』, 일조각, 1993

이희재,『한국 불교의 회통적 전통』, 불교춘추사, 2015

임채우·유흔우·박미라 공편,『단군 자료 집성』, 한국민족종교협의회,
　　2015

장석만,『한국 근대종교란 무엇인가?』, 모시는사람들, 2017

장인성,『한국 고대 도교』, 서경문화사, 2017

정규훈,『한국의 신종교: 동학, 증산교, 대종교, 원불교의 형성과 발전』, 서
　　광사, 2001

정태혁,『한국불교융통사』, 정우서적, 2002

정병조 외,『한국종교사상사(1-4)』, 연세대학교출판부, 1996-1998

정옥자,『우리가 정말 알아야 할 우리 선비』, 현암사, 2002

정재서,『한국 도교의 기원과 역사』, 이화여자대학교출판부, 2006

정재식,『한국의 종교, 사회, 윤리의 전통 : 비교·역사적 자기 이해와 그
　　너머』, 송재룡·임영빈 옮김, 다산출판사, 2020

조성환,『키워드로 읽는 한국철학 : 하늘-종교-실학-개벽-도덕-생명』,
　　모시는사람들, 2022

조현범 외,『문화 정체성과 종교』, 한국학중앙연구원출판부, 2016

조흥윤,『한국종교문화론』, 동문선, 2002

차옥숭,『(한국인의 종교 경험)·무교』, 서광사, 1997

최광식,『한국 고대의 토착신앙과 불교』, 고려대학교출판부, 2007

최준식,『최준식의 한국 종교사 바로 보기: 유불선의 틀을 깨라』, 한울, 2007

한국철학사연구회,『한국철학사상사』, 도서출판 한울, 1997

한영우,『정도전 사상의 연구』, 서울대, 1983

한형조 외,『500년 공동체를 움직인 유교의 힘』, 글항아리, 2013

허남진 외, 『삼국과 통일신라의 불교사상』, 서울대학교출판문화원, 2005

허흥식, 『한국중세불교사연구』, 일조각, 1994

Don Baker, *Korean Spirituality*, University of Hawaii Press, 2008 (『한국인의 영성』, 박소정 옮김, 모시는사람들, 2012)

Geradus van der Leeuw, *Religion in Essence and Manifestation*, Harper & Row, 1963

Homer B. Hulbert, *The Passing of Korea*, William Heinemann Co., 1906 (『대한제국멸망사』, 신복룡 옮김, 평민사, 1984)

Jonathan Smith, *Imagining Religion : from Babylon to Jonestown*, University of Chicago Press, 1982 (『종교 상상하기 : 바빌론에서 존스타운까지』, 장석만 옮김, 청년사, 2013)

Korean National Commission for UNESCO ed., *Korean philosophy: its tradition and modern transformation*, Hollym, 2004

Mircea Eliade, *Cosmos and History: The Myth of Eternal Return*, Harper & Row, 1959 (『영원회귀의 신화』, 심재중 역, 이학사, 2003)

Martina Deuchler, *The Confucian transformation of Korea: a study of society and ideology*, Cambridge, Mass.: Council on East Asian Studies, Harvard University, 1992 (『한국의 유교화 과정: 신유학은 한국 사회를 어떻게 바꾸었나』, 이훈상 옮김, 너머북스, 2013)

Mirces Eliade, *Patterns in Comparative Religion*, Sheed & Ward, 1958 (『종교형태론』, 이은봉 역, 한길사, 1996)

Piers Vitebsky, *The Shaman*, Macmillan, 1995 (『샤먼, 살아있는 인류의 지혜』, 김성례 · 홍석준 옮김, 창해, 2005)

Russell McCutcheon, *Manufacturing Religion : the discourse on sui generis religion and the politics of nostalgia*, Oxford University Press, 1997

Wilfred Cantwell Smith, *The Meaning and End of Religion*, Haper & Row, 1978 (『종교의 의미와 목적』, 길희성 옮김, 분도출판사, 1991)

Wilfred Cantwell Smith, *Faith and Belief*, Princeton University Press, 1979

Wilfred Cantwell Smith, *Toward a World Theology: Faith and the Comparative History of Religion*, The Westminster Press, 1981

William Brede Kristensen, *The Meaning of Religion*, Martinus Nijhoff, 1971

논문

금장태, 「정도전의 벽불(闢佛) 사상과 그 논리적 성격」, 『민태식고희기념논 문집』, 1973

길희성, 「한국불교사와 개혁운동」, 『동아연구』 제11집, 서강대 동아연구소, 1987

길희성, 「한국불교 정체성의 탐구」, 『한국종교연구』 2집, 서강대학교 종교연 구소, 2000

길희성, 「한국불교 특성론과 한국불교 연구의 방향」, 『한국종교연구』 3집, 서강대학교 종교연구소, 2001

김대용, 「정도전의 정치이념과 배불론」, 『충북대 호서문화연구』, 1992

김승혜, 「한국인의 하느님 개념 – 개념 정의와 삼교(三敎) 교섭의 관점에 서」, 『종교·신학연구』 제8호, 서강대 종교·신학연구소, 1995

김승혜, 「20세기 한국유교 연구의 다섯 가지 쟁점」, 『한국종교연구』 3집, 서 강대학교 종교연구소, 2001

김승혜, 「한국유교 연구의 새지평」, 『한국종교연구』 4집, 서강대학교 종교연 구소, 2002

김인종, 「고운(孤雲)의 생애」, 『고운 최치원(孤雲 崔致遠)』 대우학술총서 공 동연구, 민음사, 1989

김일환, 「최승로의 비판의식과 유교정치사상」, 『동양철학의 체계와 인식』 안 병주 교수 정년기념 논문집, 아세아문화사, 1998

김종명, 「호국불교 개념의 재검토 – 고려 인왕회의 경우」, 『종교연구』 21집, 2000

김종명, 「호국불교의 반성적 고찰」, 『불교평론』 제3호, 2000

남호현, 「보편 종교의 '특수한' 자리 잡기 –한국 천주교회의 기원 논쟁과 최 근의 논점들」, 『서강인문논총』, 2024

노평규, 「이규보 철학사상 연구」, 성균관대학교 박사학위 논문, 1991

박종천, 「가족종교의 관점에서 보는 한국종교문화」, 『민족문화연구』, 2019

변동명, 「고려 최씨 무인정권 시기의 유자 출신 승려」, 『전남사학』 11집, 1997

안창범, 「화랑도의 종교적 성격과 선(仙)·불(佛)·유(儒)와의 관계」, 『제주 대논문집』, 1985

오지섭, 「한국 유·불 공존 의식의 배경에 관한 연구」, 서강대학교 박사학위 논문, 2001

유권종, 「유교의 상례와 죽음의 의미」, 『철학탐구』 제16집, 2004

유승국, 「신라시대에 있어서 유·불·도 삼교의 교섭에 관한 연구」, 『대한민국 학술원 논문집』 제35집, 1996

윤영해, 「한국에서 불교와 유교의 만남과 그 관계변화」, 『한국불교학』 제19집, 1994

이기백, 「강수(強首)와 그의 사상」, 『신라시대의 국가불교와 유교』 한국연구 총서 제35집, 1978

이병도, 「정삼봉(鄭三峰)의 유불관(儒佛觀)」, 『백성욱박사송수기념논문집』, 1959

이용결, 「예언」, 『한국가톨릭대사전』, 한국가톨릭대사전 편찬위원회, 2002

이종익, 「정도전의 벽불론(闢佛論) 비판」, 『불교학보』 8집, 1971

임영빈, 「한국 종교 지형에서 유교 종교성이 미치는 영향」, Asian Journal of Religion and Society, 2023

장성재, 「삼봉(三峰) 벽불론(闢佛論)의 재조명」, 『동국대철학사상』, 1993

정병조, 「불교사상사」, 『한국종교사상사 I』, 연세대출판부, 1991

조남국, 「최승로의 시무론(時務論)과 유불관(儒佛觀)」, 『동방사상논고』, 1984

최동희, 「천도교」, 『한국종교사상사 III』, 연세대학교출판부, 1993

최영성, 「고운(孤雲) 최치원의 삼교관(三敎觀)과 그 특질」, 『동양고전연구』 제9집, 1997

최영성, 「한국사상의 원형과 특질 — 풍류사상, 민족종교와 관련하여」, 『한국철학논집』, 2017

최일범, 「고운(孤雲) 최치원(崔致遠)의 사상 연구 – 삼교관(三敎觀)을 중심으로」, 『동방사상논고』 도원 유승국 박사 화갑기념논문집, 1984

한상길, 「개화사상의 형성과 근대불교」, 『불교학보』 45집, 동국대 불교문화연구원, 2006

한영우, 「정도전의 인간과 사회사상」, 『진단학보』 50, 1980

한종만, 「한국의 유·불·도 삼교 회통론(會通論)」, 『여산 유병덕 화갑기념 한국철학종교사상사』, 원광대 종교문제연구소, 1990

황종렬, 「마태오 리치의 천─ 상제관에 대한 동아시아의 응답」, 『한국종교연구』 6집, 서강대학교 종교연구소, 2004

Chongsuh Kim, "The Concept of 'Korean Religion' and Religious Studies in Korea", *Journal of Korean Religions* Volume1 Numbers1&2 September 2010, Institute for the Study of Religion, Sogang University, Korea

Don Baker, "A Slippery, Changing Concept: How Korean New Religions Define Religion", *Journal of Korean Religions* Volume1 Numbers1&2 September 2010, Institute for the Study of Religion, Sogang University, Korea

Hee─Sung Keel, "What Does It Mean to Study Korean Religion(s)?", *Journal of Korean Religions* Volume1 Numbers1&2 September 2010, Institute for the Study of Religion, Sogang University, Korea

Kuk─Won Bae, *Homo Fidei: A Critical Understanding of Faith in the Writings of Wilfred Cantwell Smith and its Inplications for the Study of Relgion*, a thesis for the degree of Doctor of Philosophy, Harvard University, 1997

Laurel Kendall, "On the Problem of Material Religion and Its Prospects for the Study of Korean Religion", *Journal of Korean Religions* Volume1 Numbers1&2 September 2010, Institute for the Study of Religion, Sogang University, Korea

Robert E. Buswell, Jr., "Thinking about 'Korean Buddhism': A Continental Perspective", *Journal of Korean Religions* Volume1 Numbers1&2 September 2010, Institute for the Study of Religion, Sogang University, Korea

Wilfred Cantwell Smith, "Comparative Religion: Whither and Why?", *The History of Religions: Essays in Methodology*, The University of Chicago Press, 1959

찾아보기

서명

「난랑비서(鸞郎碑序)」 57, 58
「모자이혹론(牟子理惑論)」 57, 84
「시무28조」 63, 65, 66
『경국대전(經國大典)』 74
『계림잡전(鷄林雜傳)』 52
『고려사(高麗史)』 42, 65, 173
「곡례曲禮」 60
『금강경(金剛經)』 122, 123, 124
『논어(論語)』 49, 103, 104, 105, 106, 114, 115, 131,
    132, 140, 161, 165, 167, 168, 169, 171
『도덕경(道德經)』 54, 55, 96, 97, 98, 101, 138
「문선文選」 60
『불씨잡변(佛氏雜辨)』 71
「사기(史記)」 49
『삼강행실도(三綱行實圖)』 148
『삼국사기(三國史記)』 37, 41, 46, 51, 52, 54, 55, 58,
    60, 67, 147, 173
『삼국유사(三國遺事)』 37, 38, 42, 51, 110
『삼국지(三國志)』 40, 45
『상서대전(尙書大傳)』 49
『상재상서(上宰相書)』 82
『서학변(西學辨)』 79, 82
『시경(詩經)』 82
『심기리편(心氣理篇)』 71
『심문천답(心問天答)』 71
『이아(爾雅)』 60
『장자(莊子)』 96, 98, 99, 100, 101
「제왕운기」 37
『주교요지(主敎要旨)』 82
『주자가례(朱子家禮)』 148
「중용」 138, 141
『천주실의(天主實義)』 79, 82
「천학고(天學考)」 79, 82
「한서(漢書)」 49
『해동고승전(海東高僧傳)』 51, 52
「효경(孝經)」 60

가

간화선 181
강수(强首) 94, 96, 98, 104, 125, 232, 239
거사(居士)불교 180
격(覡) 208
격절신(隔絶神) 54
고행 193
공(空) 42, 108
공공신학 289

공부(工夫) 4, 106, 112, 126, 127, 166, 195, 220, 232
공자(孔子) 75, 91, 106, 154, 169, 210, 211, 230, 258,
    260, 262, 263, 264, 266, 270, 272
교단(敎團)도교 85
교종(敎宗) 118
구약성서 187, 190
구원관 278, 280
국가도교 83
국가불교 81, 83, 96, 99, 171, 175, 177, 276, 278
군자(君子) 10, 164, 166, 167, 168, 169, 170, 260, 262,
    263, 264, 266
굿 66, 69, 208, 226
궁극적 의미 39, 42, 46, 52, 56, 141, 190, 200, 210,
    216, 258, 260
권근(權近) 112
권상연 126, 128
그리스도교 10, 12, 14, 18, 28, 39, 42, 49, 72, 120, 122,
    124, 125, 126, 128, 130, 132, 134, 136, 164, 185,
    187, 189, 190, 198, 200, 202, 211, 212, 216, 218,
    226, 258, 280
극기복례 262, 263
금강반야바라밀경 195
기발이승(氣發理乘) 203
기복적 81, 99, 177
기우제 62
기자(箕子) 75
기자동래설(箕子東來說) 75
기자조선(箕子朝鮮) 93
기해박해 129, 133
김유신 60
깨달음 10, 42, 44, 142, 143, 145, 147, 149, 150, 152,
    154, 162, 171, 173, 175, 177, 181, 192, 193, 195,
    197, 237, 243, 245, 247, 249, 251, 255, 277

나

난도(難道) 241
노론(老論) 128
노자 83, 87, 91, 154, 156, 158, 161

다

다신적(多神的) 56
다양성과 복합성 4, 5, 8, 14, 16, 30, 31, 39, 41, 48
단골 208, 226
단군신화 10, 50, 52, 53, 54, 56, 58, 66, 68, 70, 85
단군왕검 52, 58
대동(大同) 236
대승불교 237, 243
대아(大我) 211

대안(大安) 173
도가사상 83
도교 83, 85, 87, 88, 92, 94, 106, 110, 116, 127, 138, 142, 154, 162
도심(道心) 164, 166, 167, 181
도첩제 118
동맹(東盟) 58
동중서 230, 272
동학 120, 136, 138
득통기화(得通己和) 336
때와 형세 200, 203, 205

마

마니교 23
마라난타(摩羅難陀) 81, 274
마태오 리치 126, 132, 133
막고해(莫古解) 85
막마 226
맹자 75, 154, 183, 218, 230, 255, 258, 266, 268, 270
몰아(沒我, ecstasy) 66, 169, 208
몸주대감 226
무(巫) 208
무격(巫覡) 208
무녀(巫女) 208
무부무군(無父無君) 128, 134
무소유 12, 171, 181, 240, 241, 243
무속신앙 10, 12, 14, 16, 39, 50, 64, 66, 68, 69, 70, 122, 124, 142, 207, 208, 209, 225, 226, 228, 237, 283
무슬림 26, 28
무아(無我) 10, 42, 147, 195
무애행 175
무위(無爲) 10, 91, 92, 154, 158, 159, 161, 162, 164
무인(巫人) 208
무주상(無住相) 197, 198, 251
무주상보시 197, 198
무천(舞天) 58
묵자(墨子) 178
묵호자(墨胡子) 81
문화적응주의 126, 130, 132
물상화(物像化, reification) 6, 8, 20, 21, 23, 25, 26, 28, 29, 30, 31, 37, 50
민중불교 181

바

박수 208
방편(方便) 175, 241
배교 126
배불(排佛) 10, 108, 110, 111, 112, 114, 116, 177, 178, 179, 180, 283, 285
법가 154

벽불론(闢佛論) 116, 117
벽이단(闢異端) 114, 115, 116, 232
병인박해 129, 130
병인양요 130
보살(菩薩) 171, 197, 237, 243, 247, 249
보우(普雨) 119
보유론 127, 132, 133
복례 262, 263
부견(符堅) 79, 274
불교 10, 12, 14, 16, 18, 26, 28, 39, 42, 54, 60, 62, 64, 69, 70, 72, 77, 79, 81, 83, 87, 88, 89, 90, 91, 92, 94, 96, 98, 99, 100, 102, 104, 106, 108, 110, 111, 112, 114, 115, 116, 118, 119, 134, 136, 142, 143, 145, 147, 149, 150, 152, 154, 158, 171, 173, 175,177, 179, 180, 181, 192, 195, 196, 197, 198, 216, 226, 237, 239, 240, 241, 243, 245, 247, 249, 251, 274, 276, 277, 278, 280, 281, 283, 285
불교비판론 99, 100, 104, 108, 111
불로장생 83, 154
비나리 226
비념 226
비손 226

사

사문유관 143, 145
산악(山嶽) 신앙 105
삼강(三綱) 234, 272
삼교병행론 92
삼신 208, 228
삼한(三韓) 68, 69
상구보리(相求菩提) 하화중생(下化衆生) 205
상제(上帝) 54, 64, 133, 234, 258
샤머니즘 66, 68, 207
샤먼 66, 208
서(恕) 264
서학(西學) 10, 120, 125, 126, 132, 133, 138
석가모니 143, 145, 150, 152, 171, 175, 192, 193, 195, 197
선불교 175, 177
선정(禪定) 193
선종(禪宗) 118, 177
성(聖)과 속(俗) 44, 45, 215, 216, 239, 289, 291, 292
성(誠) 222, 224
성리학 64, 122, 134, 230
성스러움 52
세내교 94, 96, 239
세외교 94, 96, 239
소도 68
소아(小我) 211
소요유 159, 162
소인(小人) 166, 169, 266

수기안인(修己安人) 12, 262
수보리(須菩提) 195, 197
순도(順道) 79, 263, 274
순자(荀子) 154
숭불(崇佛) 274
승군 177
승병 276
시민종교 289
시조(始祖) 신앙 10, 50, 58, 77
신단수 10, 56, 66
신령(神靈) 68, 69, 208, 226
신미양요 130
신선 35, 83, 85, 154, 289
신시 10, 52, 56
신유박해 128, 129, 132
신유학 89, 110, 111, 230
신정론(神正論) 198, 200, 202, 203, 205
신종교 10, 14, 120, 136, 138
신해박해 126, 128
신후담(愼後聃) 126, 132
실상(實相) 145
심방 244

아

아(我) 147, 251
아도(阿道) 79, 81
안빈낙도 185, 255
안정복 126, 132
양명학 230
업보 237
엑스타시(ecstasy, 몰아경沒我境) 66
역설적 진리 33, 42, 141
연기(緣起) 10, 147, 149, 150, 241, 243, 251
영고(迎鼓) 75
예(禮) 311
오상아 10, 159
우사(雨師) 10, 56
우주목 56, 66
우주산 56
운사(雲師) 10, 56
원구(圓丘) 62, 64
원죄 190
원효 173, 175, 177
위만조선 75, 77
위파사나 181
윌프레드 캔트웰 스미스 6, 8, 17, 18, 31, 42, 94, 152, 171
유·불·도 8, 10, 48, 49, 50, 52, 54, 58, 60, 62, 64, 66, 70, 72, 74, 75, 83, 88, 89, 90, 91, 92, 102, 120, 124, 138, 216, 225

유교 10, 12, 14, 16, 18, 28, 39, 42, 54, 60, 64, 69, 70, 75, 77, 79, 83, 88, 89, 90, 91, 92, 94, 96, 98, 99, 100, 102, 104, 106, 108, 110, 111, 112, 115, 116, 120, 122, 126, 128, 129, 130, 132, 133, 134, 136, 138, 142, 152, 154, 158, 162, 164, 166, 167, 168, 181, 183, 185, 187, 198, 200, 202, 207, 210, 211, 212, 216, 218, 220, 222, 224, 226, 230, 232, 234, 236, 237, 239, 240, 258, 260, 262, 263, 264, 266, 270, 272, 274, 280, 281, 283, 285
유교국가 10, 69, 116, 120
유대교 18, 21, 136, 190
유불겸수(儒佛兼修) 285
유일신 124
윤지충 126
윤회(輪廻) 62, 115, 192, 237
율곡 200, 201, 202, 203, 205
의례(儀禮) 도교 83, 101
의례 18, 32, 35, 37, 58, 60, 64, 69, 70, 83, 116, 177, 208, 209, 226, 228, 234
이규보 10, 99, 104, 106, 108, 125
이기론(理氣論) 122, 133
이단 90, 94, 96, 111, 112, 114, 115, 116, 232
이도(易道) 26, 241
이벽 126
이색(李穡) 112
이성계 112
이슬람 18, 23, 26, 190
이승훈 126, 128
이익(李瀷) 81, 116, 120, 125, 132, 185, 245, 247, 249, 257, 277
이지연 129, 133
이차돈 72, 81, 274
이통기국(理通氣局) 238
인격주의적 종교 이해 24
인심(人心) 164
인정(仁政) 12, 260, 264, 266, 268, 270
일상(日常) 영성 12, 215
임신서기석 60

자

자비 12, 115, 237, 243, 245, 247, 249, 251, 253
자유의지 190, 200
장자 83, 154, 156, 158, 159, 161, 162, 268, 270
재가불교 181
전륜성왕 274, 276
정도전 10, 112, 113, 114, 115, 116, 117
정명 12, 270, 272
정몽주 112
정약용 120, 126, 128
정약전 126
정전제 270

정하상 129, 133
정혜결사 177
제석(帝釋) 10, 54, 62, 209, 226, 228
제석도량(帝釋道場) 62
조광조 12, 122, 183, 185
조로아스터교 26
조화와 공존 12, 74, 88, 89, 92, 98, 104, 108, 124, 278, 280, 281, 283, 285, 287, 291
종교철학 24
종교학 6, 17, 18, 32, 50, 94, 164, 167, 198, 278, 280, 288
종말론 215
주몽신화 58
주문모 128
주자학 10, 90, 98, 108, 110, 111, 112, 114, 115, 116, 120, 122, 125, 130, 133, 134, 180, 187, 230, 234, 283
중도(中道) 104, 241, 243
중용 168, 169, 218, 222
중화의식 75, 89, 283
지눌 10, 175, 177
지둔(支遁) 79
진산사건 126

차

창시자 21
천계(天界, 혹은 영계靈界) 66
천군(天君) 68, 69
천당지옥설 134
천명 211
천수(天壽) 209, 228
천신(天神) 10, 50, 54, 58, 83, 85, 138
천인감응 200, 202, 205
천제(天祭) 78
천주(天主) 133, 138
천주교 10, 125, 126, 128, 129, 130, 132, 133, 134, 138
천주교 박해 126, 128, 129, 130, 132
초문사 79
초월과 현실 6, 7, 8, 41, 45, 46, 141
초월성 33, 35, 42, 54, 56, 60, 167, 173, 190, 208, 216, 218, 220
초월의 내재 56, 70
초월적 진리 12, 21, 23, 33, 35, 37, 41, 42, 44, 45, 56, 141, 142, 152, 167, 168, 170, 171, 173, 175, 183, 185, 187, 198, 214, 216, 218, 220, 222, 224, 225, 239, 257, 258, 260, 285, 289
최승로(崔承老) 10, 96, 99, 100, 102, 104, 125
최제우 138
최치원 89, 90, 91, 92, 96, 104, 125
추상화 23, 25
축적적 전통 6, 8, 18, 30, 33, 35, 37, 171, 289, 291

출가수행 10, 134, 150, 152, 154, 171, 175, 179, 181, 192, 193, 237, 241, 243, 274
충서(忠恕) 263
치병(治病) 70
치성 226
칠성신 209, 228

타 · 파

탐(貪) 256
터주 268
토템신앙 74
통과의례 245, 268
폐불론(廢佛論) 129
포용과 원융 74, 89
풍류도 91
풍백(風伯) 73
풍요다산 78

하

해탈 243, 274, 277
혁거세신화 58
현세 삶 12, 44, 45, 56, 68, 69, 143, 145, 149, 151, 153, 155, 159, 160, 163, 172, 184, 186, 191, 196, 198, 199, 201, 206, 211, 213, 228, 230, 232, 239, 241, 242, 243, 245, 251, 259, 262, 293
혜공(惠空) 204, 205
혜숙(惠宿) 173
호국불교 12, 77, 276, 277
호패제 138
혼합주의 337
홍익인간 66, 68
화랑도 91
화엄(華嚴) 247, 274, 276
화쟁(和諍) 사상 206
환웅 10, 52, 54, 56, 58, 66
환인 10, 52, 54, 56, 58, 66, 142
효(孝) 278
휴정(休靜)
휴정 10, 177, 178, 179, 285
힌두교 28, 136